BIBLIOTHÈQUE DES MÉMOIRES

MÉMOIRES

DE

MARMONTEL

PUBLIÉS

AVEC PRÉFACE, NOTES ET TABLES

PAR

MAURICE TOURNEUX

TOME TROISIÈME

PARIS

LIBRAIRIE DES BIBLIOPHILES

Rue de Lille, 7

M DCCC XCI

MÉMOIRES
DE
MARMONTEL

PUBLIÉS

AVEC PRÉFACE, NOTES ET TABLES

PAR

MAURICE TOURNEUX

TOME TROISIÈME

PARIS

LIBRAIRIE DES BIBLIOPHILES

Rue de Lille, 7

—

M DCCC XCI

MÉMOIRES

DE

MARMONTEL

MÉMOIRES D'UN PÈRE

POUR SERVIR

A L'INSTRUCTION DE SES ENFANS

LIVRE X

TANT que le Ciel m'avoit laissé dans Mme Odde une sœur tendrement chérie, et qui m'aimoit plutôt d'un amour filial que d'une amitié fraternelle, sûr d'avoir dans son digne et vertueux époux un véritable ami, dont la maison seroit la mienne, dont les enfans seroient les miens, je savois où vieillir en paix. L'estime et la confiance qu'Odde s'étoit acquises, l'excellente réputation dont il jouissoit dans son état, me rendoient son avancement facile et assuré; et, n'eût-il fait que conserver l'emploi qu'il avoit à Saumur, ma petite fortune ajoutée à la sienne nous auroit fait vivre dans une honnête aisance. Ainsi, lorsque le monde et moi nous aurions été las, ennuyés l'un de l'autre, ma vieillesse avoit un asile honorable et plein de douceur. Dans cette heureuse confiance, je me laissois aller, comme vous avez vu, au courant de la vie, et sans inquiétude je me voyois sur mon déclin.

Mais lorsque j'eus perdu ma sœur et ses enfans; lorsque, dans sa douleur, Odde, abandonnant une ville où il ne voyoit plus que des tombeaux, et, renonçant à son emploi, se fut retiré dans sa patrie, mon avenir, si serein jusqu'alors, s'obscurcit à mes yeux; je ne vis plus pour moi que les dangers du mariage, ou que la solitude d'un triste célibat et d'une vieillesse abandonnée.

Je redoutois dans le mariage des chagrins domestiques qu'il m'auroit été impossible d'essuyer sans mourir, et dont je voyois mille exemples; mais un malheur plus effrayant encore étoit celui d'un vieillard obligé, ou d'être le rebut du monde, en y traînant une ennuyeuse et infirme caducité, ou de rester seul, délaissé, à la merci de ses valets, livré à leur dure insolence et à leur servile domination.

Dans cette situation pénible, j'avois tenté plus d'une fois de me donner une compagne, et d'adopter une famille qui me tînt lieu de celle que la mort avoit moissonnée autour de moi ; mais, par une heureuse fatalité, aucun de mes projets ne m'avoit réussi, lorsque je vis arriver à Paris la sœur et la nièce de mes amis MM. Morellet. Ce fut un coup du Ciel.

Cependant, tout aimables qu'elles me sembloient l'une et l'autre : la mère, par un caractère de franchise, de cordialité, de bonté ; la fille, par un air de candeur et de modestie qui, joint à la beauté, l'embellissoit encore ; toutes les deux, par un langage où j'aperçus sans peine autant d'esprit que de raison, je n'imaginois pas qu'à cinquante ans passés je fusse un mari convenable à une personne qui n'avoit guère que dix-huit ans. Ce qui m'éblouissoit en elle, cette fleur de jeunesse, cet éclat de beauté, tant de charmes que la nature avoit à peine achevé de former, étoit ce qui devoit éloigner de moi l'espérance, et, avec l'espérance, le désir de la posséder.

Je ne vis donc pour moi, dans cette agréable aventure, que l'avantage d'une nouvelle et charmante société.

Soit que Mme de Montigny fût prévenue en ma faveur, soit que ma bonhomie lui convînt au premier abord, elle fut bientôt avec l'ami de ses frères comme avec un ancien ami qu'elle-même auroit retrouvé. Nous soupâmes ensemble.

La joie qu'ils avoient tous d'être réunis anima ce souper. J'y pris la même part que si j'eusse été l'un des leurs. Je fus invité à dîner pour le lendemain, et successivement se forma l'habitude de nous voir presque tous les jours.

Plus je causois avec la mère, plus j'entendois parler la fille, plus je trouvois à l'une et à l'autre ce naturel aimable qui m'a toujours charmé. Mais, encore une fois, mon âge, mon peu de fortune, ne me laissoient voir pour moi aucune apparence au bonheur que je présageois à l'époux de Mlle de Montigny, et plus de deux mois s'étoient écoulés sans que l'idée me fût venue d'aspirer à ce bonheur-là.

Un matin, l'un de mes amis, et des amis de MM. Morellet, l'abbé Maury, vint me voir, et me dit : « Voulez-vous que je vous apprenne une nouvelle? Mlle de Montigny se marie. — Elle se marie? avec qui? — Avec vous. — Avec moi? — Oui, avec vous-même. — Vous êtes fou, ou vous rêvez. — Je ne rêve point, et ce n'est point une folie; c'est une chose très sensée, et dont aucun de vos amis ne doute. — Écoutez-moi, lui dis-je, et croyez-moi, car je vous parle sérieusement. Mlle de Montigny est charmante; je la crois accomplie, et c'est pour cela même que je n'ai jamais eu la folle idée de prétendre au bonheur d'être son époux. — Eh bien! vous le serez sans y avoir prétendu. — A mon âge? — Bon! à votre âge! Vous êtes jeune encore, et en pleine santé. » Alors le voilà qui déploie toute son éloquence à me prouver que rien n'étoit plus convenable; que je serois aimé; que nous ferions un bon ménage; et, d'un ton de prophète, il m'annonça que nous aurions de beaux enfans.

Après cette saillie, il me laissa livré à mes réflexions; et, tout en me disant à moi-même qu'il étoit fou, je commençai à n'être pas plus sage.

Mes cinquante-quatre ans ne me semblèrent plus un obstacle si effrayant; la santé, à cet âge, pouvoit tenir lieu de jeunesse. Je commençai à croire que je pouvois inspirer non pas de l'amour, mais une bonne et tendre amitié; et je me rappelai ce que disoient les sages : que l'amitié fait plus de bons ménages que l'amour.

Je croyois avoir remarqué, dans cette jeune et belle personne, du plaisir à me voir, du plaisir à m'entendre : ses beaux yeux, en me regardant, avoient un caractère d'intérêt et de bienveillance. J'allai jusqu'à penser que, dans les attentions dont m'honoroit sa mère, dans le plaisir que témoignoient ses oncles à me voir assidu chez eux, il entroit peut-être quelque disposition favorable au vœu que je n'osois former. Je n'étois pas riche; mais cent trente mille francs, solidement placés, étoient le fruit de mes épargnes. Enfin, puisqu'un ami sincère, l'abbé Maury, trouvoit cette union non seulement raisonnable, mais désirable des deux côtés, pourquoi moi-même aurois-je pensé qu'elle fût si mal assortie?

J'étois engagé ce jour-là à dîner chez MM. Morellet. Je m'y rendis avec une émotion qui m'étoit inconnue. Je crois même me souvenir que je mis un peu plus de soin à ma toilette; et dès lors je donnai une attention sérieuse à ce qui commençoit à m'intéresser vivement. Aucun mot n'étoit négligé, aucun regard ne m'échappoit; je faisois délicatement des avances imperceptibles, et des tentatives légères sur les esprits et sur les âmes. L'abbé ne sembloit pas y faire attention; mais sa sœur, son frère et sa nièce, me paroissoient sensibles à tout ce qui venoit de moi.

Vers ce temps, l'abbé fit un voyage à Brienne en Champagne, chez les malheureux Loménie, avec lesquels il étoit lié depuis sa jeunesse; et, en son absence, la société devint plus familière et plus intime.

Je savois bien que de flatteuses apparences pouvoient rendre trompeur l'attrait d'une première liaison; je savois quelle illusion pouvoit faire la grâce unie à la beauté; deux ou trois mois de connoissance et de société étoient bien peu pour s'assurer du caractère d'une jeune personne. J'en avois vu plus d'une dans le monde que l'on n'avoit instruite qu'à feindre et à dissimuler; mais on m'avoit dit tant de bien du naturel de celle-ci, et ce naturel me sembloit si naïf, si pur et si vrai, si éloigné de toute espèce de dissimulation, de feinte et d'artifice; la bonté, l'innocence, la tendre modestie, en étoient si visiblement exprimées dans son air et dans son langage, que je me sentois invinciblement porté à le croire tel qu'il s'annonçoit; et, si je n'ajoutois pas foi à tant de vraisemblance, il falloit donc me défier de tout, et ne croire jamais à rien.

Une promenade aux jardins de Sceaux acheva de me décider. Jamais ce lieu ne m'a paru si beau, jamais je n'avois respiré l'air de la campagne avec tant de délices; la présence de Mlle de Montigny avoit tout embelli : ses regards répandoient je ne sais quoi d'enchanteur autour d'elle. Ce que j'éprouvois n'étoit pas ce délire des sens que l'on appelle amour : c'étoit une volupté calme, et telle qu'on nous peint celle des purs esprits. Le dirai-je ? il me semble que je connus alors pour la première fois le vrai sentiment de l'amour.

Jusque-là le plaisir des sens avoit été le seul attrait qui m'eût conduit. Ici je me sentis enlevé hors de moi par de plus invincibles charmes; c'étoient la candeur, l'innocence, la douce sensibilité, la chaste et timide pudeur, une honnêteté dont le voile ornoit la grâce et la beauté; c'étoit la vertu, couronnée des fleurs de la jeunesse, qui ravissoit mon âme encore plus que mes yeux ; sorte d'enchantement mille fois au-dessus de tous ceux des Armides que j'avois cru voir dans le monde.

Mon émotion étoit d'autant plus vive qu'elle étoit retenue... Je brûlois d'en faire l'aveu ; mais à qui l'adresser ? et comment seroit-il reçu ? La bonne mère y donna lieu. Dans l'allée où nous nous promenions, elle étoit à deux pas de nous avec son frère.

« Il faut, me dit-elle en souriant, que j'aie bien de la confiance en vous pour vous laisser ainsi causer avec ma fille tête à tête. — Madame, lui dis-je, il est juste que je réponde à cette confiance, en vous disant de quoi nous nous entretenions. Mademoiselle me faisoit la peinture du bonheur que vous goûtez à vivre ensemble tous les quatre en famille ; et moi, à qui cela faisoit envie, j'allois vous demander si un cinquième, comme moi, par exemple, gâteroit la société. — Je ne le crois pas, me répondit-elle ; demandez plutôt à mon frère. — Moi, dit le frère avec franchise, je trouverois cela très bon. — Et vous, Mademoiselle ? — Moi, dit-elle, j'espère que mon oncle l'abbé sera de l'avis de maman ; mais, jusqu'à son retour, permettez-moi de garder le silence. »

Comme on ne doutoit pas qu'il ne fût de l'avis commun, mon intention une fois déclarée, et la mère, la fille et l'oncle étant d'accord, je ne dissimulai plus rien. Je crus même m'apercevoir qu'un sentiment qui m'occupoit sans cesse trouvoit quelque accès dans le cœur de celle qui en étoit l'objet.

L'abbé se fit attendre, enfin il arriva; et, quoique tout se fût arrangé sans son aveu, il le donna. Le lendemain, le contrat fut signé. Il y institua sa nièce son héritière après sa mort et après la mort de sa sœur; et moi, dans cet acte dressé et rédigé par leur notaire, je ne pris d'autre soin que de rendre, après moi, ma femme heureuse et indépendante de ses enfans.

Jamais mariage ne s'est fait sous de meilleurs auspices. Comme la confiance entre Mlle de Montigny et moi étoit mutuelle et parfaite, et que nous nous étions bien persuadés l'un l'autre du vœu que nous allions faire à l'autel, nous l'y prononçâmes sans trouble et sans aucune inquiétude[1].

---

1. D'après une note relevée sur les registres de Saint-Roch avant 1871, le mariage fut célébré le 11 octobre 1777. L'acte, dont M. Bégis possède une copie, énonce ainsi l'état civil de la fiancée : Marie-Adélaïde Lerein de Montigny, fille de Louis-René de Montigny et de Françoise Morellet, rue Saint-Honoré, ci-devant paroisse Saint-Pierre de la ville de Lyon.

Au retour de l'église, où Chastellux et Thomas avoient tenu sur nous le voile nuptial, on voulut bien nous laisser seuls quelques momens; et ces momens furent employés à nous bien assurer l'un l'autre du désir de nous rendre mutuellement heureux. Cette première effusion de deux cœurs que la bonne foi d'un côté, l'innocence de l'autre, et des deux côtés l'amitié la plus tendre, unissent à jamais, est peut-être l'instant le plus délicieux de la vie.

Le dîner, après la toilette, fut animé d'une gaieté du bon vieux temps. Les convives étoient d'Alembert, Chastellux, Thomas, Saint-Lambert, un cousin de MM. Morellet, et quelques autres amis communs. Tous étoient occupés de la nouvelle épouse; et, comme moi, ils en étoient si charmés, si joyeux, qu'à les voir on eût dit que chacun en étoit l'époux.

Au sortir de table, on passa dans un salon en galerie, dont la riche bibliothèque de l'abbé Morellet formoit la décoration. Là, un clavecin, des pupitres, annonçoient bien de la musique; mais quelle musique nouvelle et ravissante on alloit entendre! L'opéra de *Roland*[1], le premier opéra

---

1. *Roland*, tragédie lyrique de Quinault, réduite en trois actes par Marmontel, musique de Piccini, représentée le 17 janvier 1778.

françois qui eût été mis en musique italienne, et, pour l'exécuter, les plus belles voix et l'élite de l'orchestre de l'Opéra.

L'émotion qu'excita cette nouveauté eut tout le charme de la surprise. Piccini étoit au clavecin; il animoit l'orchestre et les acteurs du feu de son génie et de son âme. L'ambassadeur de Suède et l'ambassadeur de Naples assistèrent à ce concert; ils en étoient ravis. Le maréchal de Beauvau fut aussi de la fête. Cette espèce d'enchantement dura jusqu'au souper, où furent invités les chanteurs et les symphonistes.

Ainsi se passa ce beau jour, l'époque et le présage du bonheur qui s'est répandu sur tout le reste de ma vie, à travers les adversités qui l'ont troublé souvent, mais qui ne l'ont point corrompu.

Il étoit convenu que nous habiterions ensemble, les deux oncles, la mère et nous, que nous payerions un cinquième par tête dans la dépense du ménage; et cet arrangement me convenoit à tous égards. Il réunissoit l'avantage de la société domestique à celui d'une société toute formée du dehors, et dont nous n'avions qu'à jouir.

J'ai fait connoître une partie de ceux que nous pouvions appeler nos amis; mais il en est encore dont je n'ai pas voulu parler comme en passant, et sur lesquels mes souvenirs se plaisent à se reposer.

Vous avez, mes enfans, entendu dire mille fois par votre mère, et dans sa famille, quel étoit pour nous l'agrément de vivre avec M. de Saint-Lambert et Mme la comtesse d'Houdetot, son amie; et quel étoit le charme d'une société où l'esprit, le goût, l'amour des lettres, toutes les qualités du cœur les plus essentielles et les plus désirables, nous attiroient, nous attachoient, soit auprès du sage d'Eaubonne, soit dans l'agréable retraite de la Sévigné de Sannois. Jamais deux esprits et deux âmes n'ont formé un plus parfait accord de sentimens et de pensées; mais ils se ressembloient surtout par un aimable empressement à bien recevoir leurs amis. Politesse à la fois libre, aisée, attentive; politesse d'un goût exquis, qui vient du cœur, qui va au cœur, et qui n'est bien connue que des âmes sensibles.

Nous avions été, Saint-Lambert et moi, des sociétés du baron d'Holbach, d'Helvétius, de Mme Geoffrin; nous fûmes aussi constamment de celle de Mme Necker; mais, dans celle-ci, je datois de plus loin que lui : j'en étois presque le doyen.

C'est dans un bal bourgeois, circonstance assez singulière, que j'avois fait connoissance avec Mme Necker, jeune alors, assez belle, et d'une fraîcheur éclatante, dansant mal, mais de tout son cœur.

A peine m'eut-elle entendu nommer qu'elle vint à moi avec l'air naïf de la joie. « En arrivant à Paris, me dit-elle, l'un de mes désirs a été de connoître l'auteur des *Contes moraux*. Je ne croyois pas faire au bal une si heureuse rencontre. J'espère que ce ne sera pas une aventure passagère. Necker, dit-elle à son mari en l'appelant, venez vous joindre à moi pour engager M. Marmontel, l'auteur des *Contes moraux*, à nous faire l'honneur de nous venir voir. » M. Necker fut très civil dans son invitation; je m'y rendis. Thomas étoit le seul homme de lettres qu'ils eussent connu avant moi; mais bientôt, dans le bel hôtel où ils allèrent s'établir, Mme Necker, sur le modèle de la société de Mme Geoffrin, choisit et composa la sienne.

Étrangère aux mœurs de Paris, Mme Necker n'avoit aucun des agrémens d'une jeune Françoise. Dans ses manières, dans son langage, ce n'étoit ni l'air, ni le ton d'une femme élevée à l'école des arts, formée à l'école du monde. Sans goût dans sa parure, sans aisance dans son maintien, sans attrait dans sa politesse, son esprit, comme sa contenance, étoit trop ajusté pour avoir de la grâce.

Mais un charme plus digne d'elle étoit celui de la décence, de la candeur, de la bonté. Une éducation vertueuse et des études solitaires lui avoient donné tout ce que la culture peut ajouter dans l'âme à un excellent naturel. Le sentiment en elle étoit parfait; mais, dans sa tête, la pensée étoit souvent confuse et vague. Au lieu d'éclaircir ses idées, la méditation les troubloit; en les exagérant, elle croyoit les agrandir; pour les étendre, elle s'égaroit dans des abstractions ou dans des hyperboles. Elle sembloit ne voir certains objets qu'à travers un brouillard qui les grossissoit à ses yeux; et alors son expression s'enfloit tellement que l'emphase en eût été risible, si l'on n'avoit pas su qu'elle étoit ingénue.

Le goût étoit moins en elle un sentiment qu'un résultat d'opinions recueillies et transcrites sur ses tablettes. Sans qu'elle eût cité ses exemples, il eût été facile de dire d'après qui et sur quoi son jugement s'étoit formé. Dans l'art d'écrire, elle n'estimoit que l'élévation, la majesté, la pompe; les gradations, les nuances, les variétés de couleur et de ton, la touchoient foiblement. Elle avoit entendu louer la naïveté de La Fontaine, le naturel de Sévigné; elle en parloit par ouï-dire, mais elle y étoit peu sensible. Les grâces de la négligence, la facilité, l'abandon, lui étoient inconnus. Dans la conversation même, la familiarité lui déplaisoit. Je m'amusois souvent à voir jusqu'où elle portoit cette délicatesse. Un jour, je lui citois quelques expressions familières que je croyois, disois-je, pouvoir être reçues dans le style élevé, comme : *faire l'amour, aller voir ses amours, commencer à voir clair; prenez votre parti; pour bien faire, il faudroit; non, vois-tu : faisons mieux,* etc. Elle les rejeta comme indignes du style noble. « Racine, lui dis-je, a été moins difficile que vous : il les a toutes employées », et je lui en fis voir les exemples. Mais son opinion, une fois établie, étoit invariable; et l'autorité de Thomas ou celle de Buffon étoient pour elle un article de foi.

On eût dit qu'elle réservoit la rectitude et la justesse pour la règle de ses devoirs. Là, tout étoit précis et sévèrement compassé; les amusemens même qu'elle sembloit vouloir se procurer avoient leur raison, leur méthode.

On la voyoit tout occupée à se rendre agréable à sa société, empressée à bien recevoir ceux qu'elle y avoit admis, attentive à dire à chacun ce qui pouvoit lui plaire davantage; mais tout cela étoit prémédité, rien ne couloit de source, rien ne faisoit illusion.

Ce n'étoit point pour nous, ce n'étoit point pour elle qu'elle se donnoit tous ces soins : c'étoit pour son mari. Nous le faire connoître, lui concilier nos esprits, faire parler de lui avec éloge dans le monde, et commencer sa renommée, tel fut le principal objet de la fondation de sa société littéraire. Mais il falloit encore que son salon, que son dîner, fussent pour son mari un délassement, un spectacle : car, en effet, il n'étoit là qu'un spectateur silencieux et froid. Hormis quelques mots fins qu'il plaçoit çà et là, personnage muet, il laissoit à sa femme le soin de soutenir la conversation. Elle y faisoit bien son possible ; mais son esprit n'avoit rien d'avenant à des propos de table. Jamais une saillie, jamais un mot piquant, jamais un trait qui pût réveiller les esprits. Soucieuse, inquiète, sitôt qu'elle voyoit la scène et le dialogue languir, ses regards en cherchoient la cause dans nos yeux. Elle avoit même quelquefois la naïveté de s'en plaindre à moi. « Que voulez-vous, Madame, lui disois-je, on n'a pas de l'esprit quand on veut, et l'on n'est pas toujours en humeur d'être aimable. Voyez M. Necker lui-même, s'il est tous les jours amusant. »

Les attentions de Mme Necker et tout son désir de nous plaire n'auroient pu vaincre le dégoût de n'être à ses dîners que pour amuser son mari. Mais il en étoit de ces dîners comme de beaucoup d'autres, où la société, jouissant d'elle-même, dispense l'hôte d'être aimable, pourvu qu'il la dispense de s'occuper de lui.

Lorsque Necker a été ministre, ceux qui ne l'avoient pas connu dans sa vie privée ont attribué son silence, sa gravité, son air de tête, à l'arrogance de son nouvel état. Mais je puis attester qu'avant même qu'il eût fait fortune, simple associé du banquier Thélusson, il avoit le même air, le même caractère silencieux et grave, et qu'il n'étoit ni plus liant, ni plus familier avec nous. Il recevoit civilement sa compagnie ; mais il n'avoit avec aucun de nous cette cordialité qui flatte, et qui donne à la politesse une apparence d'amitié.

Sa fille a dit de lui qu'il *savoit tenir son monde à distance*. Si telle avoit été l'intention de son père, en le disant elle auroit trahi bien légèrement le secret d'un orgueil au moins ridicule. Mais la vérité simple étoit qu'un homme accoutumé dès sa jeunesse aux opérations mystérieuses d'une banque, et enfoncé dans les calculs des spéculations commerciales, connoissant peu le monde, fréquentant peu les hommes, très peu même les livres, superficiellement et vaguement instruit de ce qui n'étoit pas la science de son état, devoit, par discrétion, par prudence, par amour-propre, se tenir réservé pour ne pas donner sa mesure ; aussi parloit-il librement et abondamment de ce qu'il savoit bien, mais sobrement de tout le reste. Il étoit donc adroit et sage, et non pas arrogant. Sa fille est quelquefois une aimable étourdie.

A l'égard de Mme Necker, elle avoit parmi nous des amis qu'elle distinguoit ; et je fus toujours de ce nombre. Ce n'étoit pas que nos esprits et nos goûts fussent bien d'accord : j'affectois même d'opposer mes idées simples et vulgaires à ses hautes conceptions; et il falloit qu'elle descendît de ces hauteurs inaccessibles pour communiquer avec moi. Mais, quoique indocile à la suivre dans la région de ses pensées, et plus dominé par mes sens qu'elle n'auroit voulu, elle ne m'en aimoit pas moins.

Sa société avoit pour moi un agrément bien précieux, celui d'y retrouver l'ambassadeur de Naples et celui de Suède, deux hommes dont j'ai le plus regretté l'absence et la perte. L'un, par sa bonhomie et sa cordialité, autant que par ses goûts et ses lumières, me rendoit tous les jours son commerce plus désirable; l'autre, par sa tendre amitié, par sa douce philosophie, par je ne sais quelle suave odeur de vertu naïve et modeste, par je ne sais quoi de mélancolique et d'attendrissant dans son langage et dans son caractère, m'attachoit plus intimement encore. Je les voyois chez moi, chez eux, chez nos amis, le plus souvent qu'il m'étoit possible, et jamais assez à mon gré.

Heureux dans mes sociétés, plus heureux dans mon intérieur domestique, j'attendois, après dix-huit mois de mariage, les premières couches de ma femme, comme l'événement qui mettroit le comble à mes vœux. Hélas! combien cruellement je fus trompé dans mes espérances! Cet enfant, si ardemment désiré, étoit mort en venant au monde. Sa mère, étonnée, inquiète de ne pas entendre ses cris, demandoit à le voir; et moi, immobile et tremblant, j'étois encore dans le salon voisin à attendre sa délivrance, lorsque ma belle-mère vint me dire : « Venez embrasser votre femme et la sauver du désespoir; votre enfant est mort en naissant. » Je crus sentir mon cœur meurtri du coup que ces mots y portèrent. Pâle et glacé, me soutenant à peine, je me traînai jusqu'au lit de ma femme, et là, faisant un effort sur moi-même : « Ma bonne amie, lui dis-je, voici le moment de me prouver que vous vivez pour moi. Notre enfant n'est plus, il est mort avant d'avoir vu la lumière. » La malheureuse jeta un cri qui me perça le cœur, et tomba évanouie entre mes bras. Comme elle lira ces *Mémoires,* passons sur ces momens cruels, pour ne pas rouvrir sa blessure, qui n'a que trop longtemps saigné.

A son second enfant, je la vis résolue à le nourrir de son lait; je m'y opposai : je la croyois trop foible encore. La nourrice que nous avions choisie étoit, en apparence, la meilleure possible : l'air de la santé, la fraîcheur, un teint, une bouche de rose, de belles dents, le plus beau sein, elle avoit tout, hormis du lait. Ce sein étoit de marbre, l'enfant dépérissoit; il étoit à Saint-Cloud; et, en attendant que sa mère fût en état d'aller le voir, le curé du village nous avoit promis d'y veiller : il nous en donnoit des nouvelles ; mais le cruel nous abusoit.

En arrivant chez la nourrice, nous fûmes douloureusement détrompés. « Mon enfant pâtit, me dit sa mère ; vois comme ses mains sont flétries ; il me regarde avec des yeux qui implorent ma pitié. Je veux que cette femme me l'apporte à Paris, et que mon accoucheur la voie. » Elle vint ; il fut appelé, il visita son sein, il n'y trouva point de lait. Sur-le-champ il alla nous chercher une autre nourrice ; et aussitôt que l'enfant eut pris ce nouveau sein, où il puisoit à pleine source, il en trouva le lait si bon qu'il ne pouvoit s'en rassasier.

Quelle fut notre joie de le voir revenir à vue d'œil et se ranimer comme une plante desséchée et mourante que l'on arrose ! Ce cher enfant étoit Albert, et nous semblions avoir un doux pressentiment des consolations qu'il nous donne.

Ma femme, pour garder la nourrice auprès d'elle et faire respirer un air pur à l'enfant, désira d'avoir une maison de campagne ; et un ami de MM. Morellet nous prêta la sienne à Saint-Brice.

Dans ce village étoient deux hommes estimables, intimement unis ensemble, et avec qui moi-même je fus bientôt lié. L'un étoit le curé, frère aîné de l'abbé Maury, homme d'un esprit sage et d'un caractère excellent; l'autre étoit un ancien libraire appelé Latour[1], homme doux, paisible, modeste, d'une probité délicate, et aussi obligeant pour moi qu'il étoit charitable envers les pauvres du village. Sa bibliothèque fut la mienne.

Je travaillois à l'*Encyclopédie*. Je me levois avec le soleil; et, après avoir employé huit ou dix heures de la matinée à répandre sur le papier cette foule d'observations que j'avois faites dans mes études, je donnois le reste du jour à ma femme et à mon enfant. Il faisoit déjà nos délices.

A mesure que le bon lait de notre jeune Bourguignonne faisoit couler la santé dans ses veines, nous voyions sur son petit corps, sur tous ses membres délicats, les chairs s'arrondir, s'affermir; nous voyions ses yeux s'animer; nous voyions son visage se colorer et s'embellir. Nous croyions voir aussi sa petite âme se développer, et son intelligence éclore. Déjà il sembloit nous entendre, et commençoit à nous connoître; son sourire et sa voix répondoient au sourire, à la voix de sa mère;

---

1. Louis-François Delatour, imprimeur et bibliographe (1727-1807), auteur, entre autres travaux, du *Catalogue des livres imprimés et manuscrits de la bibliothèque de M. de Lamoignon* (1770, in-folio), dont il effectua la revision précisément « dans sa solitude chérie de Saint-Brice », ainsi que le constatait une note jointe à un exemplaire possédé depuis par Barbier.

je le voyois aussi se réjouir de mes caresses. Bientôt sa langue essaya ces premiers mots de la nature, ces noms si doux qui, des lèvres de l'enfant, vont droit au cœur du père et de la mère.

Je n'oublierai jamais le moment où, dans le jardin de notre petite maison, mon enfant, qui n'avoit encore osé marcher sans ses lisières, me voyant à trois pas de lui à genoux, lui tendant les mains, se détacha des bras de sa nourrice, et, d'un pied chancelant, mais résolu, vint se jeter entre mes bras. Je sais bien que l'émotion que j'éprouvai dans ce moment est un plaisir que la bonne nature a rendu populaire; mais malheur à ces cœurs blasés à qui, pour être émus, il faut des impressions artificielles et rares! Une femme de nos amis disoit de moi assez plaisamment : « Il croit qu'il n'y a que lui au monde qui soit père. » Non, je ne prétends pas que, pour moi, l'amour paternel ait des douceurs particulières; mais, ce bonheur commun ne fût-il accordé qu'à moi, je n'y serois pas plus sensible. Ma femme ne l'étoit pas moins aux premières délices de l'amour maternel; et vous concevez qu'auprès de notre enfant nous n'avions l'un et l'autre à désirer aucun autre spectacle, aucune autre société.

Notre famille, cependant, et quelques-uns de nos amis, venoient nous voir tous les jours de fêtes. L'abbé Maury étoit du nombre, et il falloit entendre comme il se glorifioit d'avoir présagé mon bonheur.

Nous voyions aussi quelquefois nos voisins, le curé de Saint-Brice, le bon Latour et sa digne femme, qui aimoit la mienne.

Nous faisions assez fréquemment des promenades solitaires ; et le but de ces promenades étoit communément cette châtaigneraie de Montmorency que Rousseau a rendue célèbre.

« C'est ici, disois-je à ma femme, qu'il a rêvé ce roman d'*Héloïse*, dans lequel il a mis tant d'art et d'éloquence à farder le vice d'une couleur d'honnêteté et d'une teinte de vertu. »

Ma femme avoit du foible pour Rousseau ; elle lui savoit un gré infini d'avoir persuadé aux femmes de nourrir leurs enfans, et d'avoir pris soin de rendre heureux ce premier âge de la vie. « Il faut, disoit-elle, pardonner quelque chose à celui qui nous a appris à être mères. »

Mais moi qui n'avois vu, dans la conduite et dans les écrits de Rousseau, qu'un contraste perpétuel de beau langage et de vilaines mœurs ; moi qui l'avois vu s'annoncer pour être l'apôtre et le martyr de la vérité, et s'en jouer sans cesse avec d'adroits sophismes ; se délivrer par la calomnie du fardeau de la reconnoissance ; prendre dans son humeur farouche et dans ses visions sinistres les plus fausses couleurs pour noircir ses amis ; diffamer ceux des gens de lettres dont il avoit le plus à se louer, pour se signaler seul et les effacer tous, je faisois sentir à ma femme, par le bien même que Rousseau avoit fait, tout le mal qu'il auroit pu s'abstenir de faire si, au lieu d'employer son art à servir ses passions, à colorer ses haines, ses vengeances, ses cruelles ingratitudes, à donner à ses calomnies des apparences spécieuses, il eût travaillé sur lui-même à dompter son orgueil, son humeur irascible, ses sombres défiances, ses tristes animosités, et à redevenir ce que l'avoit fait la nature, innocemment sensible, équitable, sincère et bon.

Ma femme m'écoutoit tristement. Un jour elle me dit : « Mon ami, je suis fâchée de vous entendre parler souvent mal de Rousseau. L'on vous accusera d'être ému contre lui de quelque inimitié personnelle, et peut-être d'un peu d'envie.

— Pour de la personnalité dans mon aversion, elle seroit, lui dis-je, très injuste, car il ne m'a jamais offensé, et il ne m'a fait aucun mal. Il seroit plus possible qu'il y eût de l'envie, car je l'admire assez dans ses écrits pour en être envieux, et je m'accuserois de l'être si je me surprenois à médire de lui ; mais j'éprouve au contraire, en vous parlant des maladies de son âme, cette tristesse amère que vous ressentez à m'entendre. — Pourquoi donc, reprit-elle, dans vos écrits, dans vos discours, le traiter si sévèrement? Pourquoi insister sur ses vices? N'y a-t-il pas de l'impiété à troubler la cendre des morts? — Oui, la cendre des morts qui n'ont, lui dis-je, laissé aucun exemple, aucun souvenir pernicieux pour les vivans; mais des poisons assaisonnés dans les écrits d'un éloquent sophiste et d'un corrupteur séduisant; mais des impressions funestes qu'il a faites sur les esprits par de spécieuses calomnies; mais tout ce qu'un talent célèbre a laissé de contagieux doit-il passer à la faveur du respect que l'on doit aux morts, et se perpétuer d'âge en âge? Certainement j'y opposerai, soit en préservatifs, soit en contre-poisons, tous les moyens qui sont en mon pouvoir; et, ne fût-ce que pour laver la mémoire de mes amis des taches dont il l'a souillée, je ne laisserai, si je puis, à ce qui lui reste de prosélytes et d'enthousiastes, que le choix de penser que Rousseau a été méchant ou qu'il a été fou. Ils m'accuseront, moi, d'être envieux; mais tant d'hommes illustres à qui j'ai rendu le plus juste et le plus pur hommage attesteront que jamais l'envie n'a obscurci dans mes écrits la justice et la vérité. J'ai épargné Rousseau tant qu'il a vécu, parce qu'il avoit besoin des hommes, et que je ne voulois pas lui nuire. Il n'est plus; je ne dois aucun ménagement à la réputation d'un homme qui n'en a ménagé aucune, et qui, dans ses Mémoires, a diffamé les gens qui l'ont le plus aimé. »

A l'égard d'*Héloïse,* ma femme convenoit du danger de cette lecture; et ce que j'en ai dit dans un *Essai sur les romans* n'eut pas besoin d'apologie. Mais moi-même avois-je toujours aussi sévèrement jugé l'art qu'avoit mis Rousseau à rendre intéressant le crime de Saint-Preux, le crime de Julie, l'un séduisant son écolière, l'autre abusant de la bonne foi, de la probité de Wolmar? Non, je l'avoue, et ma morale, dans ma nouvelle position, se ressentoit de l'influence qu'ont nos intérêts personnels sur nos opinions et sur nos sentimens.

En vivant dans un monde dont les mœurs publiques sont corrompues, il est difficile de ne pas contracter au moins de l'indulgence pour certains vices à la mode. L'opinion, l'exemple, les séductions de la vanité, et surtout l'attrait du plaisir, altèrent dans de jeunes âmes la rectitude du sens intime : l'air et le ton léger dont de vieux libertins savent tourner en badinage les scrupules de la vertu, et en ridicule les règles d'une honnêteté délicate, font que l'on s'accoutume à ne pas y attacher une sérieuse importance. Ce fut surtout de cette mollesse de conscience que me guérit mon nouvel état.

Le dirai-je? il faut être époux, il faut devenir père, pour juger sainement de ces vices contagieux qui attaquent les mœurs dans leur source, de ces vices doux et perfides qui portent le trouble, la honte, la haine, la désolation, le désespoir, dans le sein des familles.

Un célibataire, insensible à ces afflictions qui lui sont étrangères, ne pense ni aux larmes qu'il fera répandre, ni aux fureurs et aux vengeances qu'il allumera dans les cœurs. Tout occupé, comme l'araignée, à tendre ses filets et à guetter l'instant d'y envelopper sa proie, ou il retranche de sa morale le respect des droits les plus saints, ou, s'il lui en revient quelque souvenir, il les regarde comme des lois tombées en désuétude. Ce que tant d'autres se permettent de faire, ou s'applaudissent d'avoir fait, lui paroît, sinon légitime, du moins très excusable : il croit pouvoir jouir de la licence des mœurs du temps.

Mais, lorsque lui-même il s'est mis au nombre de ceux que les séductions d'un adroit corrupteur peuvent rendre malheureux pour toute la vie; lorsqu'il voit que les artifices, le langage flatteur et attrayant d'un jeune fat, n'ont qu'à surprendre ou l'innocence d'une fille, ou la foiblesse d'une femme, pour désoler le plus honnête homme, et lui-même peut-être un jour; averti par son intérêt personnel, il sent combien l'honneur, la foi, la sainteté des mœurs conjugales et domestiques, sont pour un époux, pour un père, des propriétés inviolables; et c'est alors qu'il voit d'un œil sévère ce qu'il y a de criminel et de honteux dans de mauvaises mœurs, de quelque décoration que le revête l'éloquence, et sous quelques dehors de bienséance et d'honnêteté que le déguise un industrieux écrivain.

Je blâmois donc Rousseau, mais, en le blâmant, je m'affligeois que de tristes passions, un sombre orgueil et une vaine gloire eussent gâté le fond d'un si beau naturel.

Si j'avois eu la passion de la célébrité, deux grands exemples m'en auroient guéri, celui de Voltaire et celui de Rousseau; exemples différens, opposés sous bien des rapports, mais pareils en ce point que la même soif de louange et de renommée avoit été le tourment de leur vie.

Voltaire, que je venois de voir mourir, avoit cherché la gloire par toutes les routes ouvertes au génie, et l'avoit méritée par d'immenses travaux et par des succès éclatans; mais sur toutes ces routes il avoit rencontré l'envie et toutes les furies dont elle est escortée. Jamais homme de lettres n'avoit essuyé tant d'outrages, sans autre crime que de grands talens et l'ardeur de les signaler. On croyoit être ses rivaux en se montrant ses ennemis; ceux qu'en passant il fouloit aux pieds l'insultoient encore dans leur fange. Sa vie entière fut une lutte, et il y fut infatigable. Le combat ne fut pas toujours digne de lui, et il eut encore plus d'insectes à écraser que de serpens à étouffer. Mais il ne sut jamais ni dédaigner ni provoquer l'offense : les plus vils de ses agresseurs ont été flétris de sa main ; l'arme du ridicule fut l'instrument de ses vengeances, et il s'en fit un jeu redoutable et cruel. Mais le plus grand des biens, le repos, lui fut inconnu. Il est vrai que l'envie parut enfin lasse de le poursuivre, et l'épargner au moins sur le bord du tombeau. Dans le voyage qu'on lui permit de faire à Paris, après un long exil, il jouit de sa renommée et de l'enthousiasme de tout un peuple reconnoissant des plaisirs qu'il lui avoit donnés. Le débile et dernier effort qu'il faisoit pour lui plaire, *Irène* fut applaudie comme l'avoit été *Zaïre;* et ce spectacle, où il fut couronné, fut pour lui le plus beau triomphe. Mais dans quel moment lui venoit cette consolation, ce prix de tant de veilles? Le lendemain je le vis dans son lit. « Eh bien ! lui dis-je, enfin êtes-vous rassasié de gloire ? — Ah! mon ami, s'écria-t-il, vous me parlez de gloire, et je suis au supplice, et je me meurs dans des tourmens affreux ! »

Ainsi finit l'un des hommes les plus illustres dans les lettres, et l'un des plus aimables dans la société. Il étoit sensible à l'injure, mais il l'étoit à l'amitié. Celle dont il a honoré ma jeunesse fut la même jusqu'à sa mort; et un dernier témoignage qu'il m'en donna fut l'accueil plein de grâce et de bonté qu'il fit à ma femme, lorsque je la lui présentai. Sa maison ne désemplissoit pas du monde qui venoit le voir, et nous étions témoins de la fatigue qu'il se donnoit pour répondre convenablement à chacun. Cette attention continuelle épuisoit ses forces; et, pour ses vrais amis, c'étoit un spectacle pénible. Mais nous étions de ses soupers, et là nous jouissions des dernières lueurs de cet esprit qui alloit s'éteindre.

Rousseau étoit malheureux comme lui et par la même passion; mais l'ambition de Voltaire avoit un fond de modestie, vous pouvez le voir dans ses lettres; au lieu que celle de Rousseau étoit pétrie d'orgueil, la preuve en est dans ses écrits.

Je l'avois vu dans la société des gens de lettres les plus estimables accueilli et considéré : ce ne fut pas assez pour lui, leur célébrité l'offusquoit; il les crut jaloux de la sienne. Leur bienveillance lui fut suspecte. Il commença par les soupçonner, et il finit par les noircir. Il eut, malgré lui, des amis; ces amis lui firent du bien, leur bonté lui fut importune. Il reçut leurs bienfaits; mais il les accusa d'avoir voulu l'humilier, le déshonorer, l'avilir; et la plus odieuse diffamation fut le prix de leur bienfaisance.

On ne parloit de lui dans le monde qu'avec un

intérêt sensible. La critique elle-même étoit pour lui pleine d'égards et tempérée par des éloges. Elle n'en étoit, disoit-il, que plus adroite et plus perfide. Dans le repos le plus tranquille, il vouloit toujours ou se croire, ou se dire persécuté. Sa maladie étoit d'imaginer dans les événemens les plus fortuits, dans les rencontres les plus communes, quelque intention de lui nuire, comme si dans le monde tous les yeux de l'envie avoient été attachés sur lui. Si le duc de Choiseul avoit fait conquérir la Corse, ç'avoit été pour lui ôter la gloire d'en être le législateur; si le même duc alloit souper, à Montmorency, chez la maréchale de Luxembourg, c'étoit pour usurper la place qu'il avoit coutume d'occuper auprès d'elle à table. Hume, à l'entendre, avoit été envieux de l'accueil que lui avoit fait le prince de Conti. Il ne pardonnoit pas à Grimm d'avoir eu sur lui quelque préséance chez Mme d'Épinay; et l'on peut voir dans ses Mémoires comment son âpre vanité s'est vengée de cette offense.

Ainsi, pour Voltaire et pour lui, la vie avoit été perpétuellement, mais diversement agitée. Elle avoit eu pour l'un des peines souvent bien cuisantes, mais des jouissances très vives; pour l'autre, ce n'étoient que des flots d'amertume, sans presque aucun mélange de joie et de douceur. Assurément à aucun prix je n'aurois voulu de la condition de Rousseau ; il n'avoit pu l'endurer lui-même, et, après avoir empoisonné ses jours, je ne suis point surpris qu'il en ait volontairement abrégé la triste durée.

Pour Voltaire, j'avoue que je trouvois sa gloire encore trop chèrement payée par toutes les tribulations qu'elle lui avoit fait éprouver, et je disois encore : « Moins d'éclat et plus de repos. »

Restreint dans mon ambition, d'abord par le besoin de mesurer mon vol à la foiblesse de mes ailes, et puis encore par l'amour de ce repos de l'esprit et de l'âme qui accompagne un travail paisible, et que je croyois le partage de l'humble médiocrité, j'aurois été content de cet heureux état. Ainsi, renonçant de bonne heure à des tentatives présomptueuses, j'avois, pour ainsi dire, capitulé avec l'envie, et je m'étois réduit à des genres d'écrire dont on pouvoit sans peine pardonner le succès. Je n'en fus pas plus épargné ; et j'éprouvai que les petites choses trouvent encore, dans de petites âmes, une envieuse malignité.

Mais je m'étois fait deux principes : l'un, de ne jamais provoquer dans mes écrits l'offense par l'offense ; l'autre, d'en mépriser l'attaque et de n'y répondre jamais. Je fus trente ans inébranlable dans ma résolution ; et toute la rage des Fréron, des Palissot, des Linguet, des Aubert et de leurs semblables, n'avoit pu m'irriter contre eux.

Pourquoi donc, au moment de la querelle sur la musique, avois-je été moins impassible? C'est que je n'étois pas le seul insulté par mes adversaires, et que j'avois à venger un artiste inhumainement attaqué dans ses intérêts les plus chers.

Piccini étoit père de famille, et d'une famille nombreuse qui subsistoit du fruit de son travail; son caractère paisible et doux le rendoit plus intéressant encore. Je le voyois seul, sans intrigue, travailler de son mieux à plaire à un nouveau public; et je voyois en même temps une cabale impitoyable l'assaillir avec furie, comme un essaim de guêpes. J'en témoignai mon indignation; la cabale en fut irritée, et les guêpes tournèrent contre moi tous leurs aiguillons.

Les chefs de la cabale avoient une presse à leurs ordres pour imprimer leurs facéties, et un journal pour les répandre. J'y étois insulté tous les jours. Je n'avois pas la même commodité pour me défendre; et, quand je l'aurois eue, cette petite guerre n'auroit pas été de mon goût. Cependant je voulois m'égayer à mon tour, car me fâcher contre des railleurs, c'eût été faire un triste personnage.

J'imaginai de mettre en action leur intrigue et de les peindre au naturel, n'ayant, pour les rendre plaisans, qu'à rimer leur propre langage. Ils imprimoient leur prose, je récitois mes vers; et tous les jours c'étoit à qui feroit mieux rire son monde.

C'est ainsi que fut composé mon poème sur la musique pour la défense de Piccini ; peut-être aurois-je mieux fait de laisser parler *Roland, Atys, Didon*, etc.; mais je n'ai pas toujours fait ce qu'il y avoit de mieux à faire ; et j'avoue que, cette fois, je ne crus pas son injure et la mienne assez vengées par le silence du mépris. Au reste, si d'une dispute aussi frivole et aussi éphémère j'ai fait un poème en douze chants, ce sont les incidens qui m'y ont engagé, et par une pente insensible. J'aurois pu, je l'avoue, mieux employer mon temps ; mais mon travail habituel exigeoit du relâche, et c'étoient ces momens de dissipation et de délassement que je donnois à *Polymnie*.

Le temps de mon séjour à Saint-Brice fut marqué par un événement d'un intérêt plus sérieux : ce fut la retraite de M. Necker du ministère des finances[1]. J'ai déjà dit que son caractère n'étoit rien moins que séduisant. Il ne m'avoit jamais donné lieu de croire qu'il fût mon ami. Je n'étois pas le sien ; mais, comme il me marquoit autant d'estime et de bienveillance que j'en pouvois attendre d'un homme aussi froidement poli, et que, de mon côté, j'avois une haute opinion de

---

1. Le 21 mai 1781.

ses talens, de ses lumières, de l'ambition qu'il avoit eue de se signaler dans sa place en faisant le bien de l'État, je m'affligeai de sa retraite.

J'avois d'ailleurs pour Mme Necker la plus sincère vénération, car je n'avois vu en elle que bonté, sagesse et vertu; et l'affection particulière dont elle m'honoroit méritoit bien que je prisse part à un événement dont je ne doutois pas qu'elle ne fût très affectée.

Lorsque je l'appris à Saint-Brice, les croyant déjà retirés dans leur maison de campagne à Saint-Ouen, je m'y rendis sur l'heure. Ils n'y étoient pas arrivés encore, et, poursuivant ma route, j'allois les trouver à Paris. Je les rencontrai en chemin. « Vous veniez nous voir? me dit Necker; montez dans notre voiture, et venez à Saint-Ouen. » Je les y accompagnai. Nous fûmes seuls toute la soirée avec Germany[1], frère de Necker, et ni le mari ni la femme ne me dissimulèrent leur profonde tristesse. Je tâchai de la diminuer en parlant des regrets qu'ils laisseroient dans le public, et de la juste considération qui les suivroit dans leur retraite; en quoi je ne les flattois pas. « Je ne regrette, me dit Necker,

---

1. Louis Necker (1730-1804) avait pris, pour se distinguer de son frère, le nom d'une propriété qu'il possédait aux environs de Genève.

que le bien que j'avois à faire, et que j'aurois fait si l'on m'en eût laissé le temps. »

Pour moi, je ne voyois alors, dans sa situation, qu'une retraite honorable, une fortune indépendante, du repos, de la liberté, des occupations dont il auroit le choix, une société qui n'étoit pas de celles que la faveur attire et que la défaveur éloigne; et, dans son intérieur, tout ce que la vie privée et domestique pouvoit avoir de douceur pour un homme sage. Mais j'avoue que je parlois d'après mes goûts plus que d'après les siens : car je pensois bien que, sans l'occupation des affaires publiques et l'influence qu'elles donnent, il ne pouvoit être content. Sa femme parut sensible au soin que je prenois d'affoiblir l'impression du coup dont il étoit frappé. Ainsi ma liaison avec eux, bien loin d'être affoiblie par cet événement, n'en fut que plus étroite.

Ma femme, pour l'amour de moi, répondoit à leurs prévenances et à leurs invitations, mais elle avoit pour M. Necker une aversion insurmontable. Elle avoit apporté de Lyon la persuasion que M. Necker étoit la cause de la disgrâce de M. Turgot, le bienfaiteur de sa famille; et, à l'égard de Mme Necker, elle ne trouvoit pas en elle cet air attrayant qu'elle avoit elle-même avec ses amis.

Bien différente et bien plus aimable étoit une

autre Genevoise, la belle Vermenoux[1], la plus intime amie de M. et Mme Necker. Depuis que j'avois fait connoissance avec elle, chez ces époux dont elle avoit formé les nœuds, je l'avois toujours cultivée; mais son amitié pour ma femme depuis mon mariage fut pour nous un nouveau lien.

Mme de Vermenoux, au premier abord, étoit l'image de Minerve; mais sur ce visage imposant brilloit bientôt cet air de bonté, de douceur, cette sérénité, cette gaieté naïve et décente qui embellit la raison, et qui rend la sagesse aimable. L'inclination dont elle et ma femme se prirent mutuellement fut de la sympathie, si l'on n'entend par là que le parfait accord des esprits, des goûts et des mœurs. Avec quel plaisir cette femme, habituellement solitaire et naturellement recueillie, nous voyoit arriver à sa maison de campagne de Sèvres! avec quelle joie son âme se livroit aux douceurs de l'intimité, et s'épanouissoit dans les petits soupers que nous allions faire à Paris avec elle! Assez jeune encore pour goûter les charmes

---

1. Anne-Germaine Larrivée, dame Girardot de Vermenoux, née à Genève en 1740, morte à Montpellier le 27 décembre 1783. Un pastel de Liotard, conservé dans la famille de Tronchin, la représente offrant un sacrifice à Esculape, et une terre cuite de son buste a été vendue en 1828 à la vente posthume de Houdon.

de la vie, la mort nous l'enleva ; mais, en la regrettant, j'ai reconnu depuis que, pour elle, de plus longs jours n'auroient été remplis que de tristesse et d'amertume. Plus tard, elle auroit trop vécu.

J'en reviens à Saint-Brice et au tendre intérêt qui nous y occupoit, dans ce temps-là, ma femme et moi : c'étoit sa nouvelle grossesse. Le bon air, l'exercice, la vie réglée de la campagne, lui avoient été favorables ; et, l'hiver nous ayant ramenés à Paris, elle y mit au monde le plus beau de nos enfans. Ainsi, pour nous encore, tout sembloit prospérer ; et, jusque-là, rien de plus doux que la vie que nous menions.

Atys[1], en dépit de l'envie, avoit le même succès qu'avoit eu *Roland*. Les beaux airs de ces deux opéras, chantés au clavecin, faisoient les délices de notre société dans les concerts de la comtesse d'Houdetot et de sa belle-sœur, Mme de La Briche.

Celle-ci, bonne musicienne et chantant avec goût, quoiqu'avec une foible voix, avoit la rare modestie de réunir chez elle des talens qui effaçoient les siens ; et, loin d'en témoigner la moindre jalousie, elle étoit la première à les faire bril-

---

1. *Atys*, tragédie lyrique de Quinault, réduite en trois actes par Marmontel, musique de Piccini, représentée le 22 février 1780, et fréquemment reprise jusqu'en 1792.

ler. Parfait modèle de bienséance, sans aucune affectation, aisée dans sa politesse, facile dans ses entretiens, ingénue dans sa gaieté, contant bien, causant bien, elle étoit simplement et naturellement aimable. Son langage et son style étoient purs et même élégans; mais, sensible jusqu'à l'amitié, rien de passionné n'altéroit la douceur et l'égalité de son âme. Ce n'étoit point la femme que l'on auroit désirée pour être vivement ému, mais c'étoit celle qu'on auroit choisie pour jouir d'un bonheur tranquille.

En parlant de mes anciennes sociétés, j'ai dit que j'y avois vu M. Turgot; mais, soit que nos mœurs et nos caractères ne se convinssent pas assez, soit que ma liaison avec M. Necker lui déplût encore davantage, il ne m'avoit jamais témoigné que de la froideur. Cependant, comme ancien ami de l'abbé Morellet, il avoit pris part à mon mariage, et je dus à ma femme quelques marques de ses bontés : j'y répondis avec d'autant plus de respect qu'il étoit disgracié, et que je le voyois sensible à sa disgrâce.

Cependant je perdois successivement mes anciens amis. L'ambassadeur de Suède, rappelé auprès de son roi pour être son ministre de confiance, me fut enlevé pour toujours. Celui de Naples nous quitta pour aller être vice-roi en Sicile. L'une et l'autre séparation me fut d'autant plus douloureuse qu'elle devoit être éternelle. Les lettres de Caraccioli étoient remplies de ses regrets. Il ne cessoit de m'appeler en Sicile avec ma famille, offrant de m'envoyer à Marseille un navire pour nous transporter à Palerme.

J'ai dit quelle étoit, depuis quarante ans, mon amitié pour d'Alembert, et quel prix je devois attacher à la sienne. Depuis la mort de Mlle de Lespinasse, il étoit consumé d'ennui et de tristesse. Mais quelquefois encore il laissoit couler, dans la profonde plaie de son cœur, quelques gouttes du baume de cette amitié consolante. C'étoit surtout avec ma femme qu'il se plaisoit à faire diversion à ses peines. Ma femme y prenoit l'intérêt le plus tendre. Lui et Thomas, les deux hommes de lettres dont les talens et les lumières auroient dû lui en imposer le plus, étoient ceux avec qui elle étoit le plus à son aise. Il n'y avoit pour elle aucun amusement préférable à leur entretien.

Thomas sembloit encore avoir longtemps à vivre pour la gloire et pour l'amitié.

Mais d'Alembert commençoit à sentir les déchiremens de la pierre; et bientôt il n'exista plus que pour souffrir et mourir lentement dans les plus cruelles douleurs.

Dans une foible esquisse de son éloge [1], j'ai

---

1. Voyez tome II, p. 137, note.

essayé de peindre la douce égalité de ce caractère, toujours vrai, toujours simple, parce qu'il étoit naturel, éloigné de toute jactance, de toute dissimulation, *mêlé de force et de foiblesse, mais dont la force étoit de la vertu, et la foiblesse de la bonté.*

En le pleurant, j'étois loin de penser à lui succéder dans la place de secrétaire perpétuel de l'Académie françoise. Je fus moi-même sur le point de le suivre au tombeau, frappé d'une fièvre maligne semblable à celle dont Bouvart m'avoit déjà sauvé, et dont il me guérit encore. Combien ne dois-je pas bénir la mémoire d'un homme à qui deux fois j'ai dû la vie, et qui, jusqu'à la défaillance de ses esprits et de ses forces, n'a cessé de donner les soins les plus tendres à mes enfans !

A peine étois-je en convalescence qu'il fallut aller donner à Fontainebleau le nouvel opéra que j'avois fait avec Piccini. Cet opéra étoit *Didon*. Comme il étoit tout entier de moi, je l'avois construit à mon gré ; et, pour y faire faire un pas de plus à notre nouvelle musique, j'avois profité du moment où une marque de faveur que Piccini venoit d'obtenir avoit ranimé son génie. Voici ce qui s'étoit passé.

Cette année (1783), le maréchal de Duras, gentilhomme de la chambre en exercice, me demanda si je n'avois rien fait de nouveau, et me témoigna le désir d'avoir à donner à la reine, à Fontainebleau, la nouveauté d'un bel opéra. « Mais je veux, me dit-il, que ce soit votre ouvrage. On ne vous sait pas assez de gré de ce que vous faites pour rajeunir les vieux opéras de Quinault. » Je reconnus à ce langage mon confrère à l'Académie, et ses anciennes bontés pour moi.

« Monsieur le maréchal, lui dis-je, tant que mon musicien Piccini sera découragé comme il l'est, je ne puis rien promettre. Vous savez avec quelle rage on lui a disputé le succès de *Roland* et d'*Atys*; ils ont réussi l'un et l'autre, et jusque-là le vrai talent a triomphé de la cabale; mais, dans l'*Iphigénie en Tauride*, il a succombé, quoiqu'il s'y fût surpassé lui-même.

« L'entrepreneur de l'Opéra, de Vismes, pour grossir sa recette par le concours des deux partis, a imaginé de faire jouter Gluck et Piccini sur un même sujet : il leur a fourni deux poèmes de l'*Iphigénie en Tauride*. Gluck, dans le poème barbare qui lui est échu en partage, a trouvé des horreurs analogues à l'énergie de son style, et il les a fortement exprimées. Le poème remis à Piccini, tout mal fabriqué qu'il étoit, se trouvoit susceptible d'un intérêt plus doux; et, au moyen des corrections que l'auteur y a faites sous mes yeux, il a pu donner lieu à une musique touchante. Mais, après la forte impression qu'avoit faite sur les yeux et sur les oreilles le féroce opéra de Gluck, les émotions qu'a produites l'opéra de Piccini ont paru foibles et légères. L'*Iphigénie* de Gluck est restée au théâtre dont elle s'étoit emparée; celle de Piccini n'a pu s'y soutenir, il en est consterné; et vous seul, Monsieur le maréchal, pouvez le relever de son abattement. — Que faut-il faire pour cela? me demanda-t-il. — Une chose, lui dis-je, très facile et très juste : changer en pension la gratification annuelle qui lui a été promise lorsqu'on l'a fait venir en France, et lui en accorder le brevet. — Très volontiers, me dit le maréchal. Je demanderai pour lui cette grâce à la reine, et j'espère l'obtenir. »

Il la demanda, il l'obtint; et, lorsque Piccini alla avec moi l'en remercier : « C'est à la reine, lui dit-il, qu'il faut marquer votre reconnoissance en composant pour elle cette année un bel opéra. — Je ne demande pas mieux, me dit Piccini en nous en allant; mais quel opéra ferons-nous? — Il faut faire, lui dis-je, l'opéra de *Didon*; j'en ai depuis longtemps le projet dans la tête. Mais je vous préviens que je veux m'y développer; que vous aurez de longues scènes à mettre en musique, et que dans ces scènes je vous demanderai un récitatif aussi naturel que la simple déclamation. Vos cadences italiennes sont monotones : la parole est plus variée, plus soutenue dans ses accens, et je vous prierai de la noter comme je vous la déclamerai. — Eh bien! me dit-il, nous verrons. » Ainsi fut formé le dessein de donner au récitatif cette facilité, cette vérité d'expression, qui fut si favorable au jeu de la célèbre actrice à qui le rôle de Didon étoit destiné.

Le temps nous pressoit : j'écrivis très rapidement le poème; et, pour dérober Piccini aux distractions de Paris, je l'engageai à venir travailler près de moi dans ma maison de campagne : car j'en avois acquis une très agréable, où nous vivions réunis en famille dans la belle saison. En y arrivant, il se mit à l'ouvrage; et, lorsqu'il l'eut achevé, l'actrice qui devoit jouer le rôle de Didon, Saint-Huberty, fut invitée à venir dîner avec nous. Elle chanta son rôle d'un bout à l'autre à livre ouvert, et l'exprima si bien que je crus la voir au théâtre.

Elle alloit faire un voyage en Provence : elle voulut y emporter son rôle pour l'étudier chemin faisant; et, pendant son absence, on s'occupa des répétitions. Ce fut dans ce temps-là que j'essuyai cette maladie qui me mit au bord du tombeau. Quand vint le moment de me rendre à Fontainebleau, je n'étois pas encore bien rétabli, et ma femme, inquiète sur ma convalescence, voulut m'accompagner.

Ce fut là qu'en dînant chez Mme de Beauvau nous entendîmes parler pour la première fois des vues qu'on avoit sur moi pour cette place de secrétaire de l'Académie, que d'Alembert avoit rendue si difficile à remplir après lui.

Cette difficulté, dont l'homme le plus vain auroit pu être intimidé, n'étoit pas la seule qui me retînt. La place demandoit une assiduité dont je me croyois incapable. C'étoit donc bien sincèrement que je me refusois à l'honneur qu'on vouloit me faire; mais on m'opposa des motifs auxquels je crus devoir me rendre, et il fut décidé que je serois du nombre des aspirans à cette place. Seulement je me réservai de ne pas la solliciter.

La circonstance m'étoit favorable pour les suffrages de la cour. Le succès de *Didon* y fut complet[1]; et aux éloges que l'on donnoit à la musique de Piccini on mêloit aussi quelques mots de louanges pour l'auteur du poème. « C'est le seul opéra, disoit le roi, qui m'ait intéressé. » Il le redemanda deux fois.

Ce succès me fut très sensible; ma femme en jouissoit, et c'étoit là pour moi l'objet le plus intéressant. Le voyage eut pour elle un agrément

---

1. *Didon*, tragédie lyrique en trois actes, représentée à Fontainebleau le 16 octobre 1783, et, sur le théâtre de l'Opéra, le 1er décembre suivant. Selon M. Th. de Lajarte, *Didon* fut jouée deux cent cinquante fois de 1783 à 1826.

inexprimable. Les promenades dans la forêt, les rendez-vous de chasse, les courses de chevaux, les parties de plaisir à Thomery, où, à dîner, l'on nous donnoit de somptueuses matelotes, et pour fruits d'excellens raisins; tous les jours de spectacle, des places dans la loge de Mme d'Angiviller, dont la maison étoit la nôtre, et qui, à l'envi de son époux, mettoit une grâce touchante à nous attirer; l'attention de la nombreuse et bonne compagnie qui sans cesse abondoit chez elle; enfin tous les plaisirs que pouvoit réunir une cour jeune et magnifique, et tout ce qui personnellement pouvoit témoigner à ma femme qu'elle étoit estimée et chérie dans la société qui environnoit la cour : tout cela, dis-je, fit pour elle et pour moi, du séjour de Fontainebleau, un continuel enchantement.

Deux incidens nous y causèrent un peu d'inquiétude : le premier fut une apparence de rechute et quelque ressentiment de fièvre que j'éprouvai au commencement du voyage. Les médecins de la cour en auroient fait une maladie, si ma femme eût voulu les croire ; mais, sans aucun de leurs remèdes, et en me faisant déjeuner tous les jours avec un panier de beau raisin bien mûr, elle me rendit la santé. L'autre incident fut la petite vérole d'Albert, que nous avions amené avec nous; mais, l'éruption ne s'étant déclarée qu'à la fin du voyage, sur-le-champ nous partîmes, et Albert fut remis dans les mains de notre ami Bouvart, qui prit de lui le même soin qu'il auroit eu de son enfant.

LIVRE XI

NOTRE retour à Paris, l'Académie françoise ayant été convoquée pour l'élection de son secrétaire perpétuel, sur vingt-quatre voix électives j'en réunis dix-huit. Mes deux concurrens étoient Beauzée et Suard.

Le succès de *Didon* fut le même à Paris qu'il avoit été à la cour ; et cet opéra fit pour nous les plaisirs de l'hiver, comme avoient fait *Roland* et *Atys* dans leur nouveauté.

L'ancien banquier de la cour, M. de La Borde, ajouta ses concerts à ceux de la comtesse d'Houdetot et de Mme de La Briche[1] : ce fut l'occasion de ma connoissance avec lui.

---

1. Mlle Adélaïde-Edmée Prévost, nièce de Lemaistre, trésorier de l'ordinaire des guerres, qui la dota richement et lui fit épouser, en 1780, Alexis-Janvier de La Live de La Briche, frère de La Live de Jully, de La Live d'Épinay et

Il avoit deux filles à qui la nature avoit accordé tous les charmes de la figure et de la voix, et qui, écolières de Piccini, rendoient l'expression de son chant plus douce et plus touchante encore.

Prévenu par les politesses de M. de La Borde, j'allois le voir, j'allois dîner quelquefois avec lui; je le voyois honorable, mais simple, jouïr de ses prospérités sans orgueil, sans jactance, avec une égalité d'âme d'autant plus estimable qu'il est bien difficile d'être aussi fortuné sans un peu d'étourdissement. De combien de faveurs le Ciel l'avoit comblé! Une grande opulence, une réputation universelle de droiture et de loyauté, la confiance de l'Europe, un crédit sans bornes; et, dans son intérieur, six enfans bien nés, une femme d'un esprit sage et doux, d'un naturel aimable, d'une décence et d'une modestie qui n'avoient rien d'étudié, excellente épouse, excellente mère, telle enfin que l'envie elle-même la trouvoit irrépréhensible.

Che non trova l'invidia ove l'emende.
ARIOSTE.

Que manquoit-il aux vœux d'un homme aussi

---

de Mme d'Houdetot. De cette union naquit, en 1781, une fille qui épousa M. Molé, plus tard premier ministre sous le règne de Louis-Philippe.

complètement heureux? Il a péri sur un échafaud, sans autre crime que sa richesse, et dans cette foule de gens de bien qu'un vil scélérat envoyoit à la mort. Cette affreuse calamité ne nous menaçoit point encore, et, dans mon humble médiocrité, je me croyois heureux moi-même. Ma maison de campagne avoit pour moi, dans la belle saison, encore plus d'agrément que n'avoit eu la ville. Une société choisie, composée au gré de ma femme, y venoit successivement varier nos loisirs, et jouir avec nous de cette opulence champêtre que nous offroient, dans nos jardins, l'espalier, le verger, la treille, les légumes, les fruits de toutes les saisons : présens dont la nature couvroit sans frais une table frugale, et qui changeoient un dîner modique en un délicieux festin.

Là régnoient une innocente joie, une confiance, une sécurité, une liberté de penser dont on connoissoit les limites, et dont on n'abusoit jamais.

Vous nommerai-je tous les convives que l'amitié y rassembloit? Raynal, le plus affectueux, le plus animé des vieillards; Célésia[1], ce Génois philosophe qui ressembloit à Vauvenargues; Bar-

---

1. Pierre-Paul Célésia (les anciennes éditions portent Silesia), dont il est plusieurs fois question dans les lettres de Galiani à Mme d'Épinay, et qui fit un séjour en France en 1781.

thélemy[1], qui, dans nos promenades, faisoit penser à celles de Platon avec ses disciples; Bréquigny[2], qui avoit aussi de cette aménité et de cette sagesse antique; Carbury[3], l'homme de tous les temps et de tous les pays par la riche variété de son esprit et de ses connoissances; Boismont[4], tout François dans ses mœurs, mais singulier par le contraste de ses agrémens dans le monde et de ses talens dans la chaire; Maury, plus fier de nous divertir par un conte plaisant que de nous étonner par un trait d'éloquence, et qui, dans la société, nous faisoit oublier l'homme supérieur pour ne montrer que l'homme aimable; Godard[5], qui avoit aussi la verve d'une gaieté pleine d'esprit; Desèze, qui bientôt vint donner à nos entretiens encore plus d'essor et de charmes.

---

1. L'auteur du *Voyage du jeune Anacharsis*.
2. L.-G. Oudart Feudrix de Bréquigny, célèbre érudit, membre de l'Académie française (1714-1794).
3. Le comte Marin Carbury de Céphalonie, lieutenant-colonel au service de la Russie et directeur du corps des cadets, auteur du *Monument de Pierre le Grand* (Paris, Nyon, 1777, in-folio, 12 pl.), relation des travaux employés pour transporter à Saint-Pétersbourg le rocher sur lequel fut érigée la statue équestre due à Falconet et à son élève, Mlle Collot.
4. L'abbé Nicolas Thyrel de Boismont (1715-1786), membre de l'Académie française.
5. Jacques Godard, avocat au Parlement (1762-1791), député de Paris à l'Assemblée législative.

« Nous sommes trop heureux, me disoit ma femme, il nous arrivera quelque malheur. » Elle avoit bien raison ! Apprenez, mes enfans, combien, dans toutes les situations de la vie, la douleur est près de la joie.

Cette bonne et sensible mère avoit nourri le troisième de ses enfans. Il étoit beau, plein de santé ; nous croyions n'avoir plus qu'à le voir croître et s'embellir encore, quand tout à coup il est frappé d'une stupeur mortelle. Bouvart accourt ; il emploie, il épuise tous les secours de l'art, sans pouvoir le tirer de ce funeste assoupissement. L'enfant avoit les yeux ouverts ; mais Bouvart s'aperçut que la prunelle étoit dilatée ; il fit passer une lumière : les yeux et la paupière restèrent immobiles. « Ah ! me dit-il, l'organe de la vue est paralysé ; le dépôt est formé dans le cerveau ; il n'y a plus de remède. » Et, en disant ces mots, le bon vieillard pleuroit ; il ressentoit le coup qu'il portoit à l'âme d'un père.

Dans ce moment cruel, j'aurois voulu éloigner la mère ; mais, à genoux au bord du lit de son enfant, les yeux remplis de larmes, les bras étendus vers le ciel, et suffoquée de sanglots : « Laissez-moi, disoit-elle, ah ! laissez-moi du moins recevoir son dernier soupir. » Et combien ses sanglots, ses larmes, ses cris, redoublèrent lorsqu'elle le vit expirer ! Je ne vous parle point de ma douleur; je ne puis penser qu'à la sienne. Elle fut si profonde que de plusieurs années elle n'a pas eu la force d'en entendre nommer l'objet. Si elle en parloit elle-même, ce n'étoit qu'en termes confus : *Depuis mon malheur*, disoit-elle, sans pouvoir se résoudre à dire : *Depuis la mort de mon enfant.*

Dans la triste situation où étoient mon esprit et mon âme, de quoi pouvois-je m'occuper qui ne fût analogue à l'amour maternel et à la tendresse conjugale? Le cœur plein de ces sentimens dont j'avois devant moi le plus touchant modèle, je conçus le dessein de l'opéra de *Pénélope*. Ce sujet me saisit; plus je le méditois, plus je le trouvois susceptible des grands effets de la musique et de l'intérêt théâtral.

Je l'écrivis de verve, et dans toute l'illusion que peut causer un sujet pathétique à celui qui en peint le tableau. Mais ce fut cette illusion qui me trompa. D'abord je me persuadai que la fidélité de l'amour conjugal auroit sur la scène lyrique le même intérêt que l'ivresse et le désespoir de l'amour de Didon; je me persuadai encore que, dans un sujet tout en situations, en tableaux, en effets de théâtre, tout s'exécuteroit comme dans ma pensée, et que les convenances, les vraisemblances, la dignité de l'action, y seroient observées comme dans les programmes que j'en avois tracés à de mauvais décorateurs et à des acteurs maladroits. Le contraire arriva ; et, dans les momens les plus intéressans, toute illusion fut détruite. Ainsi la belle musique de Piccini manqua presque tous ses effets. Saint-Huberty la relevoit, aussi admirable dans le rôle de Pénélope qu'elle l'avoit été dans celui de Didon ; mais, quoiqu'elle y fût applaudie toutes les fois qu'elle occupoit la scène, elle fut si mal secondée que, ni à la cour, ni à Paris[1], cet opéra n'eut le succès dont je m'étois flatté ; et c'est à moi qu'en fut la faute. Je devois savoir de quelles gens ineptes je faisois dépendre le succès d'un pareil ouvrage, et ne pas y compter après ce que j'ai dit de *Zémire et Azor*.

Je n'avois pas été plus heureux dans le choix d'un sujet d'opéra-comique que j'avois fait avec Piccini pour le Théâtre-Italien ; et, quand j'y pense, j'ai peine à concevoir comment je fus séduit par ce sujet du *Dormeur éveillé*, qui, dans les *Mille et une Nuits*, pouvoit être amusant, mais qui n'avoit rien de comique : car le véritable comique consiste à se jouer d'un personnage ridicule ; et celui d'Assan ne l'est pas[2].

---

1. *Pénélope* fut représentée le 2 novembre 1785 à Fontainebleau, et, le 9 décembre suivant, à Paris.

2. Un opéra-comique portant le même titre, paroles de M. de Ménilglaise, musique de J.-B. de La Borde, avait été joué sans succès à Fontainebleau, aux spectacles de la cour,

En général, après des succès, on doit s'attendre à trouver le public plus difficile et plus sévère. C'est une réflexion que je ne faisois pas assez ; je devenois plus confiant quand j'aurois dû être plus timide, et au théâtre ma vanité en fut punie par des disgrâces.

On m'accordoit plus d'indulgence aux assemblées publiques de l'Académie françoise ; là je ne briguois point des applaudissemens ; je n'y parlois que pour remplir les simples fonctions de ma place, ou pour suppléer les absens. Si quelquefois j'y payois à mon tour le tribut de l'homme de lettres, c'étoit sans ostentation. Les morceaux de littérature que j'y lisois n'avoient rien de brillant, mais n'avoient rien d'ambitieux. C'étoit le fruit de mes études et de mes réflexions sur le goût, sur la langue, sur les caprices de l'usage, sur le style, sur l'éloquence, tous sujets convenables à l'esprit d'un auditoire académique et habitué parmi nous. Aussi cet auditoire étoit-il bénévole ; et je croyois m'y voir au milieu d'un cercle d'amis.

Cette faveur dont je jouissois dans nos assemblées publiques, jointe à l'exacte discipline que je faisois observer, sans aucune partialité, dans nos

---

en novembre 1764 ; *le Dormeur éveillé* de Marmontel, musique de Piccini, y fut mieux accueilli le 14 novembre 1783, ainsi que, le 22 juin suivant, à la Comédie-Italienne.

séances particulières, m'y donnoit quelque poids et assez de crédit. Le clergé me savoit bon gré des égards qu'on y avoit pour lui; la haute noblesse n'étoit pas moins contente de ces respects d'usage qu'on lui rendoit à mon exemple; et, à l'égard des gens de lettres, ils me savoient assez jaloux de l'égalité académique pour me laisser le soin d'en rappeler les droits, si quelqu'un les eût oubliés. Plusieurs même, persuadés que, dans nos élections, je ne cherchois que le mieux possible, me consultoient pour joindre leur suffrage à ma voix. Ainsi, sans brigue et sans intrigue, j'avois de l'influence, et j'en usai, comme il étoit juste, pour vaincre les obstacles que l'on s'efforçoit d'opposer à l'élection de l'un de mes amis.

L'abbé Maury, dans sa jeunesse, ayant prêché au Louvre, avec un grand succès, le panégyrique de saint Louis devant l'Académie françoise, et, depuis, celui de saint Augustin à l'assemblée du clergé de France, bientôt célèbre dans les chaires de Paris, et appelé à prêcher à Versailles l'Avent et le Carême devant le roi, avoit acquis des droits incontestables à l'Académie françoise, et il ne dissimula point que tel étoit l'objet de son ambition.

Ce fut alors que s'élevèrent contre lui les rumeurs de la calomnie; et, comme c'étoit aux oreilles de l'Académie que ces bruits devoient parvenir, on avoit soin de les adresser en droiture à son secrétaire. J'écoutai tout le mal qu'on voulut me dire de lui; et, quand j'eus tout bien entendu, le prenant en particulier : « Vous êtes attaqué, lui dis-je, et c'est à moi de vous défendre; mais c'est à vous de me donner des armes pour repousser vos ennemis. » Alors je lui expliquai, article par article, tous les torts qu'on lui attribuoit. Il m'écouta sans s'émouvoir; et, avec une facilité qui m'étonna, il réfuta ces accusations, me démontrant la fausseté des unes, et, pour les autres, me mettant sur la voie de tout vérifier moi-même.

La seule qu'il ne put d'abord démentir que vaguement, parce qu'elle étoit vague, lui étoit intentée par un académicien qui l'accusoit de perfidie et de noirceur. L'accusateur étoit La Harpe, avec lequel il avoit été en grande liaison.

« Puisqu'il m'accuse de perfidie, j'aurois droit, me dit l'abbé Maury, de lui en demander la preuve. Je l'en dispense, et c'est moi qui me charge de prouver qu'il me calomnie, pourvu toutefois qu'il s'explique et qu'il articule des faits. Mettez-moi vis-à-vis de lui. »

Je proposai cette entrevue, et l'accusateur l'accepta; mais je ne voulus pas être seul témoin et arbitre; et, en les invitant tous les deux à dîner, je demandai qu'il me fût permis d'admettre à ce dîner deux académiciens des plus intègres et des plus sages, M. Thomas et M. Gaillard.

Le dîner se passa paisiblement et décemment ; mais, au sortir de table, nous étant retirés tous les cinq dans un cabinet : « Messieurs, dis-je à nos deux arbitres, M. La Harpe croit avoir à se plaindre de M. l'abbé Maury ; celui-ci prétend que la plainte n'est pas fondée ; nous allons les entendre. Parlez, Monsieur de La Harpe, vous serez écouté en silence ; et de même en silence M. l'abbé Maury sera entendu après vous. »

L'accusation étoit grave. Il s'agissoit d'une satire que l'abbé Maury auroit conseillé à un Russe, ami de La Harpe, de faire contre lui, dans le temps qu'ils étoient tous les trois de la même société. Le comte de Shouvalof, le seul témoin que La Harpe auroit pu produire, étoit retourné en Russie ; et, comme on ne pouvoit l'entendre, on ne pouvoit le réfuter.

L'abbé Maury, dans sa défense, fut donc réduit à discuter l'accusation elle-même, et ce fut par les circonstances qu'il fallut démontrer qu'elle se démentoit. C'est ce qu'il fit avec tant d'ordre, de précision, de clarté, avec une présence d'esprit et de mémoire si merveilleuse que nous en fûmes confondus. Enfin, dans cette discussion, il serra de si près son adversaire, et avec tant de force, que celui-ci resta muet. L'avis unanime des trois témoins fut donc que La Harpe n'avoit aucun reproche à faire à l'abbé Maury; et il y eut devant nous, entre eux, une apparence de réconciliation.

« Je n'en crois pas moins, me dit La Harpe, ce que m'a certifié mon ami Shouvalof. — Vous pouvez le croire, lui dis-je; mais, en honnête homme, vous n'avez plus droit de le dire; et, sans compter mon opinion, celle de deux hommes aussi justes, aussi impartiaux que Thomas et Gaillard, doit vous fermer la bouche. Pour moi, si, dans le monde, j'entendois répéter vos plaintes, trouvez bon que je rende compte de ce qui vient de se passer chez moi. »

Je pris le même soin d'éclaircir tous les autres faits imputés à l'abbé Maury. Je les trouvai tous supposés, et non seulement dénués de preuves, mais dépourvus de vraisemblance. Dès lors on eut beau s'obstiner à me dire du mal de lui, je répondis que, dans la louange comme dans la satire, les épithètes gratuites ne prouvoient que la bassesse du flatteur ou la malice du médisant; je défiai même les malveillans d'articuler un fait que je ne fusse en état de détruire; et, de tout mon crédit, j'engageai mes confrères à consoler un grand talent d'une grande persécution en le recevant à l'Académie. Il fut reçu, et dès lors rien ne fut plus intime que notre mutuelle amitié.

L'abbé Maury avoit, dans le caractère, un excès d'énergie et de véhémence qu'il contenoit difficilement, mais qu'il me laissoit modérer. Quand je trouvois en lui des mouvemens impétueux à réprimer, je les lui reprochois avec une franchise qui le soulevoit quelquefois, mais qui ne l'irritoit jamais. Il étoit violent et doux, et aussi juste que sensible.

Un jour, dans son impatience, il me dit que j'abusois trop de l'ascendant que j'avois pris sur lui. « Je n'ai, lui dis-je, et ne veux avoir sur vous d'autre ascendant que celui de la raison animée par l'amitié; et, si j'en use, ce n'est que pour vous empêcher de vous nuire à vous-même. Je connois la bonté, la droiture de votre cœur; mais vous avez encore trop de feu et trop de verdeur dans la tête. Votre esprit n'est pas mûr, et cette sève qui en fait la force a besoin d'être tempérée. Vous savez avec quel plaisir je loue en vous ce qui est louable; avec la même sincérité je reprendrai ce qui sera répréhensible; et, lorsque je croirai qu'une vérité dure vous sera nécessaire, je vous estime trop pour croire avoir besoin de l'adoucir. Au reste, c'est ainsi que j'entends être votre ami. Si la condition vous déplaît, vous n'avez qu'à le dire, je cesserai de l'être. » Pour toute réponse, il m'embrassa.

« Ce n'est pas tout, repris-je : cette sévérité

dont je me fais un devoir envers vous en est un pour vous envers moi ; vous avez les défauts qui sont naturels à la force, et moi j'ai ceux de la foiblesse. La trempe de votre âme peut donner à la mienne plus de vigueur et de ressort ; et j'exige de vous de ne me passer rien qui sente la mollesse et la timidité. Ainsi, dans l'occasion, je pourrai vous donner des conseils de prudence et de modération, et vous m'en donnerez de résolution et de fermeté courageuse. » La convention fut réciproque, et par là furent écartés les nuages qu'auroit élevés entre nous l'amour-propre ou la vanité.

La même année que mon ami fut reçu à l'Académie, elle perdit Thomas, l'un de ses plus illustres membres, et l'un des hommes les plus recommandables par l'intégrité de ses mœurs et l'excellence de ses écrits.

L'*intégrité*, l'égalité d'une vie irrépréhensible : le rare éloge, mes enfans ! et qui l'a mérité, cet éloge, mieux que Thomas ? Il est bien vrai qu'une partie en étoit due à la nature : il étoit né sage, et il eut la sagesse de tous les âges de la vie. Tempérant, sobre et chaste, aucun des vices de la mollesse, du luxe et de la volupté, n'eut accès dans son âme. Aucune passion violente n'en troubla la tranquillité, il ne connut des plaisirs sensuels que ce qui en étoit innocent ; encore n'en jouissoit-il qu'avec une extrême réserve. Toute la force et la vigueur qu'avoit en lui l'organe de la pensée et du sentiment s'étoient réunies en un point, l'amour du vrai, du juste et de l'honnête, et la passion de la gloire. Ce fut là le mobile, le ressort de son âme, le foyer de son éloquence.

Il vécut dans le monde, sans jamais s'y livrer ni à des goûts frivoles, ni à de vains amusemens : il ménageoit toutes les foiblesses; il n'en avoit aucune. Sensible à l'amitié, il la cultivoit avec soin, mais il la vouloit modérée; il en chérissoit les liens, il en auroit redouté la chaîne; elle occupoit les intervalles de ses travaux, de ses études, mais elle ne lui en déroboit rien, et une solitude silencieuse avoit pour lui des charmes qu'il préféroit souvent au commerce de ses amis. Il se laissoit aimer, et autant qu'on vouloit, mais il aimoit à sa mesure.

Dans la société commune, il paroissoit timide; il n'y étoit qu'indifférent. Rarement l'entretien y fixoit son attention. Étoit-il tête à tête, ou dans un petit cercle, lorsqu'on lui cédoit la parole sur quelqu'un des objets qu'il avoit médités, il étonnoit par l'élévation et l'abondance de ses idées, et par la dignité de son élocution; mais dans la foule il s'effaçoit, et son âme sembloit alors se retirer en elle-même. Aux propos légers et plaisans il sourioit quelquefois, il ne rioit jamais. Il ne voyoit les femmes qu'en observateur froid, comme un botaniste voit les fleurs d'une plante, jamais en amateur des grâces et de la beauté. Aussi les femmes disoient-elles que ses éloges les flattoient moins que les injures passionnées et véhémentes de Rousseau.

Thomas étoit, par complexion et par principes, un stoïcien, à la vertu duquel il n'auroit fallu que de grandes épreuves. Il auroit été, je le crois, un Rutilius dans l'exil, un Thraséas ou un Séranus sous Tibère, mieux qu'un Sénèque sous Néron, un Marc-Aurèle sur le trône; mais, placé dans un temps de calme et sous des règnes modérés, la fortune lui refusa et ses hautes faveurs et ses rigueurs extrêmes. Sa sagesse et sa modestie n'eurent à se garantir d'aucune des séductions de la prospérité; aucune adversité n'éprouva sa constance. Libre, exempt des inquiétudes auxquelles on s'expose en devenant époux et père, il ne fut éprouvé par aucun des grands intérêts de la nature. Isolé autant que peut l'être, dans l'état social, un simple individu, il n'eut pas même un ennemi qui fût digne de sa colère.

Ce n'est donc que par ses écrits que l'on peut se former une haute idée de son caractère. C'est là qu'on trouve partout l'empreinte d'un cœur droit, d'une âme élevée; c'est là que se montrent le courage de la vérité, l'amour de la justice, l'éloquence de la vertu.

L'Académie françoise jeta les fondemens de la réputation de Thomas en proposant, pour le prix d'éloquence, les éloges de nos grands hommes. Personne, dans cette carrière, ne put le passer ni l'atteindre; et il se surpassa lui-même dans l'éloge de Marc-Aurèle. L'élévation et la profondeur étoient les caractères de sa pensée. Jamais orateur n'a mieux embrassé ni mieux pénétré ses sujets. Avant d'entamer un éloge, il commençoit par étudier la profession, l'emploi, l'art dans lequel son héros s'étoit signalé; et c'est ainsi qu'il louoit Maurice de Saxe en militaire instruit, Duguay-Trouin en homme de mer, Descartes en physicien, d'Aguesseau en jurisconsulte, Sully en administrateur, Marc-Aurèle en philosophe moraliste, égal en sagesse à Apollonius et à Marc-Aurèle lui-même. C'est ainsi qu'en ne voulant faire qu'une préface à ces éloges, il composa, sous le nom d'*Essais,* le plus savant et le plus beau traité de morale historique, à propos des éloges donnés dans tous les temps avec plus ou moins de justice et de vérité, selon les mœurs des siècles et le génie des orateurs : ouvrage qui n'a pas la célébrité qu'il mérite.

Vous concevez qu'une tension continuelle et une hauteur monotone devoient être le défaut des écrits de Thomas. Il manquoit à son éloquence ce qui fait le charme de l'éloquence de Fénelon et de Massillon dans la prose, de l'éloquence de Virgile et de Racine dans les vers; l'effusion d'une âme sensible et l'intérêt qu'elle répand. Son style étoit grave, imposant, et n'étoit point aimable. On y admiroit tous les caractères d'une beauté virile; les femmes y auroient désiré quelques traits de la leur. Il avoit de l'ampleur, de la magnificence, jamais de la variété, de la facilité; jamais la souplesse des grâces; et ce qui le rendoit admirable quelques momens le rendoit fatigant et pénible à la longue. On lui reprochoit particulièrement d'épuiser ses sujets, et de ne rien laisser à penser au lecteur : ce qui pouvoit bien être en lui un manque de goût et d'adresse, mais ce qui n'en étoit pas moins un très rare excès d'abondance.

Dans un temps où j'aurois eu moi-même si grand besoin d'un censeur rigide et sincère, Thomas, bien plus jeune que moi, m'avoit pris pour le sien. Je le louois avec franchise et souvent même avec transport; mais je ne lui dissimulois pas que j'aurois voulu dans son style plus de modulation, moins de monotonie. « Vous ne touchez qu'une corde, lui disois-je; il est vrai qu'elle rend de beaux sons, mais sont-ils assez variés ? » Il m'écoutoit d'un air triste et modeste, et peut-être se disoit-il que ma critique étoit fondée; mais l'austérité de ses mœurs avoit passé dans son éloquence; pour la rendre plus souple, il auroit craint de l'amollir.

Il ne tint pas à moi qu'il n'employât plus utilement les années qu'il donna au poème du czar. Je lui faisois voir clairement que ce poème manqueroit d'unité et d'intérêt du côté de l'action; et, en lui mettant sous les yeux tous les modèles de l'épopée : « Homère, lui disois-je, a chanté la colère d'Achille dans l'*Iliade*, le retour d'Ulysse à Ithaque dans l'*Odyssée*; Virgile, la fondation de l'empire romain; le Tasse, la délivrance de la cité sainte; Milton, la chute du premier homme; Voltaire, la conquête de la France par Henri de Bourbon, héritier des Valois. Vous, qu'allez-vous chanter? quel événement, quelle action principale sera le terme de vos récits? Vous raconterez les voyages du czar, sa guerre contre Charles XII, la désobéissance et la mort de son fils, les factions détruites dans ses États, la discipline militaire établie dans ses armées, les arts et les sciences transplantés dans son empire, la ville de Pétersbourg fondée au bord de la Baltique : et ce sont bien là les matériaux d'un poème historique, d'un éloge oratoire, mais je n'y vois point le sujet unique et simple d'un poème épique. » Il convenoit qu'il n'y avoit point de réponse à mon objection; mais, s'il n'avoit pas, disoit-il, une action dramatique à nouer et à dénouer, il avoit dans le czar un très grand caractère à peindre. Avant que de me consulter, il avoit déjà composé quatre chants des voyages du czar en Hollande, en Angleterre, en France, en Italie. Ce magnifique vestibule renfermoit de grandes beautés; il espéra trouver les moyens d'achever l'édifice; il reconnut enfin qu'il tentoit l'impossible; et, au bout de neuf ans, il me témoigna le regret de n'avoir pas suivi le conseil que je lui donnois d'abandonner son entreprise.

Un projet que je lui connoissois, et qu'il auroit supérieurement bien rempli, étoit d'écrire, sur l'histoire de France, des discours dans le genre de ceux de Bossuet sur l'histoire universelle. Il n'auroit pas eu, comme Bossuet, l'avantage de donner aux événemens une chaîne mystérieuse dans l'ordre de la Providence; mais, sans sortir de l'ordre politique et moral, il en auroit tiré des leçons salutaires et des résultats importans.

Thomas a laissé en mourant une haute opinion de lui plutôt qu'une renommée éclatante; et l'on doit le compter parmi les écrivains illustres plutôt que dans le nombre des écrivains célèbres. Les femmes contribuent essentiellement à la célébrité, et il ne les eut pas pour lui.

J'eus, cette même année de la mort de Thomas, la consolation de voir entrer à l'Académie l'abbé Morellet, avec des titres moins brillans que l'abbé

Maury, mais non pas moins solides. Esprit juste, ferme, éclairé, nourri d'une saine littérature, et plein de connoissances rares sur les objets d'utilité publique, il s'étoit distingué par des écrits d'un style sage et pur, d'une raison sévère, d'une méthode exacte. Dans un autre genre, on connoissoit de lui des ouvrages de plaisanterie d'un ton excellent, pleins de goût et d'un sel très fin et très piquant. Lucien, Rabelais et Swift, lui avoient appris à manier l'ironie et la raillerie, et leur disciple étoit devenu leur rival. Ainsi mes amis les plus chers venoient s'asseoir auprès de moi et remplacer à l'Académie ceux que je perdois tous les ans.

En voyant cette foule de gens de lettres passer successivement chez les morts, je fis réflexion que je pouvois bientôt les suivre, et qu'il étoit temps de songer à mon testament littéraire, et de choisir ce que je voulois qui restât de moi après moi. Ce fut dans cet esprit que je rédigeai l'édition de mes œuvres. J'en ai suffisamment parlé dans mes préfaces; il ne reste qu'à indiquer l'occasion et l'intention de quelques-uns de mes écrits.

Dans le temps que d'Alembert étoit secrétaire de l'Académie françoise, il avoit fort à cœur de rendre intéressantes nos assemblées publiques, et celles de nos séances particulières où les souverains assistoient. Personne ne contribuoit autant que lui à les bien remplir. Cependant quelquefois il n'y pouvoit suffire, et c'étoit pour lui un chagrin véritable que de s'y voir abandonné. Alors il recouroit à moi, se plaignant de la négligence de tant de gens de lettres qui composoient l'Académie, et me conjurant de l'aider à soutenir l'honneur du corps.

Dans ces occasions pressantes, je composois des morceaux de poésie ou de prose, que j'adaptois aux circonstances, comme les trois discours en vers sur l'éloquence, sur l'histoire, sur l'espérance de se survivre [1]. Ce dernier, lu à la réception de Ducis, successeur de Voltaire, eut le mérite de l'à-propos, et fit sur l'assemblée une vive impression.

Des morceaux de prose que je lisois, celui dont le public parut le plus content, ce fut l'éloge de Colardeau, à la réception de La Harpe [2] ; mais ce qui me toucha bien plus moi-même fut le succès qu'obtint l'esquisse de l'éloge de d'Alembert, et celui du petit poème sur le dévouement et la mort de Léopold de Brunswick. Je crois devoir, sur celui-ci, me permettre quelque détail, pour exposer nettement ma conduite.

---

1. Ces trois discours sont reproduits dans le tome XVII des *Œuvres* de l'auteur (1787).
2. J'ignore où a paru cet *Éloge de Colardeau*, dont aucun bibliographe n'a parlé.

Le trait d'humanité et de dévouement héroïque du jeune prince Léopold de Brunswick ayant sensiblement touché le jeune comte d'Artois, ce prince avoit proposé à l'Académie françoise un prix de mille écus pour le poème où cette belle action seroit le plus dignement célébrée.

J'étois alors secrétaire perpétuel de l'Académie, et, en ma qualité de juge, il m'étoit interdit de me présenter au concours; mais, comme il arrivoit assez souvent que le prix même de poésie, dont nous laissions le sujet libre et au choix des poètes, n'étoit pas accordé, j'eus quelque inquiétude qu'il ne se présentât rien d'assez digne de celui-ci; et alors quelle honte et quelle humiliation pour la littérature françoise ! quel dégoût même pour l'Académie d'avouer aux yeux de l'Europe qu'un si beau sujet auroit été manqué !

Comme j'en étois plein et fortement ému, je ne pus résister au désir de le traiter moi-même, bien résolu à ne laisser connoître mon ouvrage qu'après qu'il seroit décidé que nul autre n'auroit le prix.

Je laissai donc passer sous les yeux de l'Académie tous les poèmes mis au concours; mais ils furent tous rejetés. Enfin, voyant qu'on s'affligeoit que le plus vertueux héroïsme ne fût pas dignement loué, je confiai à l'Académie l'essai que j'avois fait, sans aspirer au prix. Elle voulut bien l'approuver; et le comte d'Artois, à qui l'on fut obligé d'annoncer le mauvais succès du concours, apprit en même temps ce que l'un des membres de l'Académie avoit fait pour y suppléer. Le prince ordonna que le même concours fût encore ouvert pour l'année suivante; mais il voulut connoître en secret mon ouvrage, et il me permit de l'envoyer au prince régnant de Brunswick.

Peu de jours après, le comte d'Artois me fit dire, par M. de Vaudreuil, qu'il avoit commandé pour moi une très riche boîte d'or. Je répondis que, dans toute autre occasion, je recevrois avec respect les présens du frère du roi, mais que dans celle-ci je ne pouvois rien accepter qui me fît soupçonner d'avoir voulu m'attirer une récompense; que cette riche boîte ne seroit qu'un *prix* déguisé; que, si le prince avoit la bonté de m'en donner une de carton sur laquelle fût son portrait, je la recevrois comme un don très précieux pour moi; mais que je n'en voulois point d'autre. M. de Vaudreuil insista; mais il me vit si ferme dans ma résolution qu'il renonça à l'espérance de l'ébranler; et ce fut la réponse qu'il rapporta à M. le comte d'Artois.

« Marmontel ne consulte les bienséances que pour lui-même, lui dit le prince; mais il ne me convient pas à moi de lui faire un présent mesquin »; et, après avoir réfléchi un moment : « Eh bien! reprit-il, je lui donnerai mon portrait en grand. »

Le bailli de Crussol, son gentilhomme de la chambre, fut chargé d'en faire faire une belle copie, et le cadre en fut décoré des attributs les plus honorables pour moi.

Le prince régnant de Brunswick ne reçut pas moins favorablement mon hommage; il y répondit par une lettre de sa main et pleine de bonté, à laquelle étoient jointes deux médailles d'or frappées en mémoire de son vertueux frère.

Ce fut vers ce temps-là qu'à sa quatrième grossesse ma femme convint avec moi de la nécessité de prendre son ménage; mais, comme la séparation se fit de bon accord avec ses oncles et sa mère, nous nous éloignâmes le moins qu'il fut possible. Ma femme ne fut pas insensible à l'agrément d'être chez elle à la tête de sa maison. Pour moi j'éprouvai, je l'avoue, un grand soulagement de vivre avec l'abbé Morellet dans une pleine indépendance, et il en fut lui-même bien plus à son aise avec moi. Il avoit fait venir auprès de lui une autre nièce jeune, aimable, pleine de talent et d'esprit, aujourd'hui Mme Chéron[1], à qui ma femme

---

1. Mlle Beltz, mariée à Louis-Claude Chéron, littérateur, député à l'Assemblée législative, mort préfet de la Vienne le 13 novembre 1807.

cédoit son logement. Ainsi tout se passa de la meilleure intelligence.

Ce qui rendoit notre nouvelle situation encore plus agréable, c'étoit l'aisance où nous avoit mis un accroissement de fortune. Sans parler du casuel assez considérable que me procuroient mes ouvrages, la place de secrétaire de l'Académie françoise, jointe à celle d'historiographe des bâtimens, que mon ami M. d'Angiviller m'avoit fait accorder à la mort de Thomas, me valoient un millier d'écus. Mon assiduité à l'Académie y doubloit mon droit de présence. J'avois hérité, à la mort de Thomas, de la moitié de la pension de deux mille livres qu'il avoit eue, et qui fut partagée entre Gaillard et moi, comme l'avoit été celle de l'abbé Batteux. Mes logemens de secrétaire au Louvre et d'historiographe de France à Versailles, que j'avois cédés volontairement, me valoient ensemble dix-huit cents livres. Je jouissois de mille écus sur le *Mercure*. Mes fonds dans l'entreprise de l'île des Cygnes[1] étoient avantageusement placés ; ceux que j'avois mis dans les octrois de la ville de Lyon me rendoient l'intérêt

---

1. Cette entreprise était une boyauderie, autorisée par lettres patentes du 29 janvier 1766, et sur laquelle on trouvera des renseignements curieux dans le *Guide des étrangers* de Thiéry (II, 620).

légal, comme ceux que j'avois placés dans d'autres caisses. Je me voyois donc en état de vivre agréablement à Paris et à la campagne; et dès lors je me chargeai seul de la dépense de Grignon [1]. La mère de ma femme, sa cousine et ses oncles, y avoient leurs logemens lorsqu'il leur plaisoit d'y venir; mais c'étoit chez moi qu'ils venoient.

Je me donnai une voiture, qui, trois fois la semaine, dans une heure et demie, me menoit de ma campagne au Louvre, et, après la séance de l'Académie, me ramenoit du Louvre à ma campagne.

Dès lors, jusqu'à l'époque de la Révolution, je ne puis exprimer combien la vie et la société eurent pour nous d'agrément et de charme. Ma femme étoit heureusement accouchée de son quatrième enfant. M. et Mme d'Angiviller l'avoient tenu sur les fonts de baptême; ils s'en étoient fait une fête, et nous avoient donné, dans cette occasion, les plus vifs témoignages d'une tendre amitié. Leur filleul Charles leur devint cher comme s'il eût été leur enfant.

---

[1]. Ce fut au mois de juin 1782 que Collé, veuf depuis un an, vendit « bon marché », dit-il, sa maison de Grignon à Marmontel, et qu'il loua un appartement meublé à Saint-Cloud. Il mourut à Paris le 3 novembre 1783. (*Correspondance inédite* de Collé, publiée par H. Bonhomme, 1864, p. 261.)

Nous fîmes, peu de temps après, l'heureuse acquisition d'une autre société d'amis dans M. et Mme Desèze. Tout ce qu'un naturel aimable peut avoir d'attrayant, ma femme le trouva dans Mme Desèze; aussi se prirent-elles de cette inclination qui naît de la conformité de deux bonnes et belles âmes.

A l'égard de M. Desèze [1], je ne crois pas qu'il y ait au monde une société plus désirable que la sienne. Une gaieté naïve, piquante, ingénieuse; une éloquence naturelle, qui, dans la conversation même la plus familière, coule de source avec abondance; une prestesse, une justesse de pensée et d'expression qui, à tout moment, semble inspirée; et, mieux que tout cela, un cœur ouvert, plein de droiture, de sensibilité, de bonté, de candeur : tel étoit l'ami que l'abbé Maury me faisoit désirer depuis longtemps, et que me procura le voisinage de nos campagnes.

De Brevannes, où Desèze, dans la belle saison, passoit ses momens de repos, de Brevannes, dis-je, à Grignon, il n'y avoit guère que la Seine à passer, et que la plaine qu'elle arrose; nos deux coteaux se regardoient. Un jeune homme que nous aimions, et qui nous aimoit l'un et l'autre, nous fit confidence à tous les deux du désir mu-

---

1. Le futur défenseur de Louis XVI.

tuel que nous avions de nous connoître. Dès nos premières entrevues, nous voir, nous goûter, nous chérir, désirer de nous voir encore, en fut l'effet simultané; et, tout éloignés que nous sommes, cet attachement est le même. Au moins, de mon côté, rien, dans ma solitude, ne m'a plus occupé ni plus intéressé que lui. Desèze est l'un des hommes rares dont on peut dire : Il faut l'aimer, si on ne l'a point aimé encore; il faut l'aimer toujours dès qu'on l'aime une fois. *Cras amet qui nunquam amavit, qui jam amavit cras amet.* (CATUL.)

Le jeune homme qui avoit pris soin de nous lier ensemble étoit ce Laborie[1], connu dès l'âge de dix-neuf ans par des écrits qu'on eût attribués sans peine à la maturité de l'esprit et du goût; nouvel ami, qui, de son plein gré, et par le mouvement d'une âme ingénue et sensible, étoit venu s'offrir à moi, et que j'avois bientôt appris à estimer et à chérir moi-même.

Dans cet aimable et heureux caractère, le besoin de se rendre utile est une passion habituelle et dominante. Plein de volonté pour tout ce qui

---

1. Antoine-Athanase Roux de Laborie (1769-1840) s'était vu couronner dès 1788, par l'Académie de Rouen, pour un *Éloge du cardinal d'Estouteville*, imprimé la même année. Il a joué depuis, sous le premier Empire et la Restauration, un rôle diplomatique assez équivoque, au sujet duquel on peut consulter la *Biographie* Rabbe.

lui semble honnête, la vitesse de son action égale celle de sa pensée. Je n'ai jamais connu personne d'aussi économe du temps ; il le divise par minutes, et chaque instant en est employé ou utilement pour lui-même, ou plus souvent encore utilement pour ses amis.

Les changemens de ministres apportèrent encore quelques améliorations dans ma fortune.

Le traitement d'historiographe de France, qui autrefois étoit de mille écus, avoit été réduit à dix-huit cents livres par je ne sais quelle mesquine économie. Le contrôleur général d'Ormesson trouva juste de le remettre sur l'ancien pied.

L'on sait qu'en arrivant au contrôle général, M. de Calonne annonça son mépris pour une étroite parcimonie. Il vouloit, en particulier, que les travaux des gens de lettres fussent honorablement recompensés. En ma qualité de secrétaire perpétuel de l'Académie françoise, il me fit prier de l'aller voir. Il me témoigna l'intention de bien traiter l'Académie ; me demanda s'il y avoit pour elle des pensions, comme il y en avoit pour l'Académie des sciences et pour l'Académie des belles-lettres : je lui répondis qu'il n'y en avoit aucune ; à quoi pouvoit monter, pour les plus assidus, le produit du droit de présence : je l'assurai qu'il ne pouvoit aller qu'à huit ou neuf cents livres, le jeton n'étant que de trente sous. Il me promit d'en doubler la valeur. Il voulut savoir quel étoit le traitement du secrétaire : je répondis qu'il étoit de douze cents livres. Il trouva que c'étoit trop peu. En conséquence, il obtint du roi que le jeton seroit de trois livres, et que le traitement du secrétaire seroit de mille écus. Ainsi mon revenu d'académicien put se monter à quatre mille cinq ou six cents livres.

J'obtins encore un nouveau degré de faveur et de nouvelles espérances sous le ministère de M. de Lamoignon, garde des sceaux. Voici quelle en fut l'occasion.

L'une des vues de ce ministre étoit de réformer l'instruction publique et de la rendre florissante; mais, comme il n'avoit pas lui-même les connoissances nécessaires pour se former un plan, un système d'études qui remplît ses intentions, il consulta l'abbé Maury, pour lequel il avoit beaucoup d'estime et d'amitié. Celui-ci, ne se croyant pas assez instruit sur des objets dont il ne s'étoit pas spécialement occupé, lui conseilla de s'adresser à moi; et le ministre le pria de m'engager à l'aller voir.

Dans l'entretien que nous eûmes ensemble, je vis qu'en général il concevoit en homme d'État et dans toute son étendue le projet qu'il avoit formé. Mais les difficultés, les moyens, les détails, ne lui en étoient pas assez connus : pour nous assurer l'un et l'autre si j'avois bien saisi son plan, je le priai de me permettre de le développer dans un mémoire que je lui mettrois sous les yeux ; mais je le prévins que, dans les réformes, rien ne me sembloit plus à craindre que l'ambition de tout détruire et de tout innover ; que j'avois beaucoup de respect pour les anciennes institutions ; que je déférois volontiers aux leçons de l'expérience, et que je regardois les abus, les erreurs, les fautes passées, comme ces mauvaises herbes qui se mêlent au pur froment, mais qu'il faut extirper d'une main légère et prudente pour ne pas nuire à la moisson.

Mon mémoire fut divisé en huit articles principaux : la distribution des écoles et des objets de l'enseignement selon l'utilité commune ou les convenances locales ; les établissemens relatifs à l'un et à l'autre de ces objets ; la discipline ; la méthode ; les relations graduelles, et l'exacte correspondance des extrémités à leur centre ; la surveillance générale ; les moyens d'encouragement ; la connoissance et l'emploi des hommes que l'instruction auroit formés.

Dans l'ensemble et dans les rapports de cette vaste composition, j'avois pris pour modèle l'institut des jésuites, où tout étoit soumis à une règle unique, surveillé, maintenu, régi par une autorité centrale, et mis en action par un mobile universel.

La plus grande difficulté étoit de substituer au lien d'une société religieuse, et à l'esprit de corps qui l'avoit animée, un motif d'intérêt et un ressort d'émulation qui réduisît la liberté aux termes de l'obéissance : car les mœurs et la discipline à établir dans la classe des maîtres comme dans celle des disciples devoient être la base de cette institution. Il falloit donc que, non seulement dans leur état actuel, mais dans leur perspective et dans leurs espérances, les places y fussent désirables; et, afin que l'exclusion ou le renvoi fût une peine, je demandai que la persévérance et la durée de ces fonctions honorables eussent progressivement des avantages assurés.

Le garde des sceaux approuva mon plan dans toutes ses parties; et, pour ce qui demanderoit des récompenses encourageantes, il m'assura que rien n'y seroit épargné. « Nul professeur homme de mérite ne vieillira dans l'obscurité, me dit-il; nul écolier distingué dans son cours d'études ne demeurera sans emploi. Vous promettez de me faire connoître, des extrémités du royaume, l'élite des talens; moi, je m'engage à les placer. Je vois que nous nous entendons, ajouta-t-il en me serrant la main; nous nous accorderons ensemble; je compte sur vous, Marmontel; comptez sur moi de même, et pour la vie. »

Comme l'abbé Maury m'avoit assuré que le

garde des sceaux étoit un homme droit et franc, je n'eus aucune peine à prendre avec lui l'engagement qu'il me proposoit; et, en achevant de développer et de perfectionner mon plan, je crus travailler pour sa gloire.

J'avois formé à la campagne une liaison qui, dans ce travail, me fournit de grandes lumières.

Le cinquième de mes enfans, Louis, venoit de naître, et sa mère étoit sa nourrice. L'aîné des trois qui me restoient, Albert, étoit dans sa neuvième année; Charles avoit quatre ans accomplis, lorsque je pris la résolution de les faire élever chez moi; et, sur la réputation du collège de Sainte-Barbe, ce fut là que je cherchai, pour eux, un précepteur formé aux mœurs et à la discipline de cette maison, renommée tant par la vie laborieuse et frugale qu'on y menoit que par la supériorité des études que l'on faisoit à cet école.

L'excellent jeune homme que j'y avois pris, et que la mort m'a enlevé, Charpentier[1], nous faisoit sans cesse l'éloge de Sainte-Barbe. Car une singularité remarquable de cette maison étoit la tendre

---

1. Jules Quicherat, qui a cité ce passage dans son *Histoire de Sainte-Barbe* (II, 386), ne donne aucun renseignement sur Charpentier. Il signale, en revanche, un article de Marmontel, dans le *Mercure* du 13 février 1790, en faveur de Sainte-Barbe et des avantages que présentaient ses méthodes d'enseignement.

affection que conservoient pour elle ceux qui en étoient sortis. Il ne parloit qu'avec enthousiasme des mœurs, de la discipline, des études de Sainte-Barbe. Il ne parloit qu'avec une profonde estime des supérieurs de la maison et des professeurs qu'il y avoit laissés. Ils étoient ses amis ; il désiroit que j'en fisse les miens. Je lui permis de me les amener, et la cordialité avec laquelle je les reçus leur rendit ma maison de campagne agréable.

Sainte-Barbe avoit une annexe à Gentilly, village voisin de Grignon. Les supérieurs, les professeurs de l'une et de l'autre maisons, se réunissoient quelquefois pour venir dîner avec moi. Ils s'intéressoient aux études de mes enfans. Les jours où la jeune école de Gentilly avoit des exercices publics, mes enfans y étoient invités, et ils étoient admis à cet examen des études. C'étoit pour eux un bon exemple et un objet d'émulation ; mais, pour moi, c'étoit une source d'observations et de lumières : car, dans ce cours facile, régulier et constant des études de Sainte-Barbe, je devois trouver une cause, et cette cause ne pouvoit être qu'une bonne et solide organisation.

C'est de quoi je me fis instruire dans le plus grand détail ; et, au moyen de ces conférences, je me croyois en état de mettre la dernière main à mon plan de l'instruction nationale, quand tout à coup, par des mouvemens qui bouleversoient le ministère, M. de Lamoignon en fut écarté, et fut exilé à Bâville.

Bientôt les intérêts de la chose publique et les inquiétudes sur le sort de l'État s'emparèrent de mes esprits; ma vie privée changea de face, et prit une couleur qui, nécessairement, va se répandre sur le reste de mes *Mémoires*.

LIVRE XII

JE n'écris pas l'histoire de la Révolution. *Quæ contentio divina et humana cuncta permiscuit, eoque vecordiæ processit uti studiis civilibus bellum finem faceret* (SALLUST., *Jug.*). Mais, si la vie de l'homme est un voyage, puis-je vous raconter la mienne sans dire à travers quels événemens, et par quels torrens, quels abîmes, quels lieux peuplés de tigres et de serpens, elle a passé? Car c'est ainsi que je me retrace les dix années de nos malheurs, presqu'en doutant si ce n'est pas un violent et funeste songe.

Cette effroyable calamité sera partout décrite en traits de sang : les souvenirs n'en sont que trop ineffaçables; mais elle a eu des causes dont on ne peut assez observer la nature, car il en est des maladies du corps politique comme de celles du corps humain : pour juger avec vraisemblance quel en sera le terme, ou quel en eût été le préservatif, il faut remonter à leur source; et c'est ainsi que des lumières du passé l'on peut éclairer l'avenir.

Quoique depuis longtemps la situation des affaires publiques et la fermentation des esprits dans tous les ordres de l'État parussent le menacer d'une crise prochaine, il est vrai cependant qu'elle n'est arrivée que par l'imprudence de ceux qui se sont obstinés à la croire impossible.

La nation, constamment fidèle à ses lois, à ses rois, à son ancienne constitution, contente, par instinct, de la portion de liberté, de propriété, de prospérité, de gloire et de puissance dont elle jouissoit, ne se lassoit point d'espérer dans les vices et les erreurs de l'ancienne administration quelque amendement salutaire.

Cette espérance avoit surtout repris courage à l'avènement de Louis XVI à la couronne; et, en effet, dès lors, si la volonté d'un jeune roi plein de droiture et de candeur eût été secondée comme elle devoit l'être, tout étoit réparé sans aucune convulsion.

Louis XVI, élevé au trône à l'âge de vingt ans, y apportoit un sentiment bien précieux lorsqu'il est modéré, bien dangereux quand il est excessif, la défiance de soi-même. Le vice de son éducation avoit été tout le contraire de celui qu'on reproche à l'éducation des princes : on l'avoit trop intimidé ; et, tant qu'avoit vécu son aîné, le duc de Bourgogne, on lui avoit trop fait sentir, du côté de l'intelligence, la supériorité qu'avoit sur lui ce prince réellement prématuré.

La situation du Dauphin étoit donc l'inquiétude et la perplexité d'une âme qui pressent sa destinée et ses devoirs, et qui n'ose espérer de pouvoir les remplir, lorsqu'il se vit tout à coup chargé du gouvernement d'un empire. Son premier sentiment fut la frayeur de se trouver roi à vingt ans ; son premier mouvement fut de chercher un homme assez sage et assez habile pour l'éclairer et le conduire. De tels hommes sont toujours rares ; et pour un choix peut-être alors plus difficile que jamais, ce fut de sa famille que le jeune roi prit conseil. Rien de plus important, et pour l'État et pour lui-même, que l'avis qui résulteroit de cette délibération. Il s'agissoit de commencer son éducation politique, de diriger ses vues, de former son esprit ; et en lui la nature avoit tout disposé pour recevoir les impressions du bien. Un sens droit, une raison saine, une âme neuve, ingénue et sensible, aucun vice, aucune passion, le mépris du luxe et du faste, la haine du mensonge et de la flatterie, la soif de la justice et de la vérité, et, avec un peu de rudesse et de brusquerie dans le caractère, ce fonds de rectitude et de bonté morale qui est la base de la vertu; en un mot, un roi de vingt ans, détaché de lui-même, disposé à vouloir tout ce qui seroit bon et juste; et, autour de lui, un royaume à régénérer dans toutes ses parties, les plus grands biens à faire, les plus grands maux à réparer; c'est là ce qui attendoit l'homme de confiance que Louis XVI auroit choisi pour guide. Il prit le comte de Maurepas (mai 1774).

Après trente ans de ministère, un long exil, et un plus long temps de disgrâce sous le feu roi pour une faute assez légère, et dont la famille royale ne lui avoit jamais su mauvais gré, Maurepas avoit acquis dans sa retraite la considération que donnent la vieillesse et un malheur peu mérité, soutenu avec bienséance. Son ancien ministère n'avoit été marqué que par le dépérissement de la marine militaire; mais, comme la timide politique du cardinal de Fleury avoit frappé de paralysie cette partie de nos forces, la négligence de Maurepas avoit pu être commandée; et, dans une place fictive, dispensé d'être homme d'État, il n'avoit eu à déployer que ses qualités naturelles, les agrémens d'un homme du monde et les talens d'un homme de cour.

Superficiel et incapable d'une application sérieuse et profonde, mais doué d'une facilité de perception et d'intelligence qui démêloit dans un instant le nœud le plus compliqué d'une affaire, il suppléoit dans les conseils par l'habitude et la dextérité à ce qui lui manquoit d'étude et de méditation. Aussi accueillant, aussi doux que son père étoit dur et brusque ; un esprit souple, insinuant, flexible, fertile en ruses pour l'attaque, en adresses pour la défense, en faux-fuyans pour éluder, en détours pour donner le change, en bons mots pour déconcerter le sérieux par la plaisanterie, en expédiens pour se tirer d'un pas difficile et glissant ; un œil de lynx pour saisir le foible ou le ridicule des hommes ; un art imperceptible pour les attirer dans le piège, ou les amener à son but ; un art plus redoutable encore de se jouer de tout, et du mérite même, quand il vouloit le dépriser ; enfin l'art d'égayer, de simplifier le travail du cabinet, faisoit de Maurepas le plus séduisant des ministres ; et, s'il n'avoit fallu qu'instruire un jeune roi à manier légèrement et adroitement les affaires, à se jouer des hommes et des choses, et à se faire un amusement du devoir de régner, Maurepas eût été, sans aucune comparaison, l'homme qu'on auroit dû choisir. Peut-être avoit-on espéré que l'âge et le malheur auroient donné à son caractère plus de solidité, de consistance et d'énergie ; mais, naturellement foible, indolent, personnel ; aimant ses aises et son repos ; voulant que sa vieillesse fût honorée, mais tranquille; évitant tout ce qui pouvoit attrister ses soupers ou inquiéter son sommeil; croyant à peine aux vertus pénibles, et regardant le pur amour du bien public comme une duperie ou comme une jactance; peu jaloux de donner de l'éclat à son ministère, et faisant consister l'art du gouvernement à tout mener sans bruit, en consultant toujours les considérations plutôt que les principes, Maurepas fut dans sa vieillesse ce qu'il avoit été dans ses jeunes années, un homme aimable, occupé de lui-même, et un ministre courtisan.

Une attention vigilante à conserver son ascendant sur l'esprit du roi et sa prédominance dans les conseils le rendoient aisément jaloux des choix même qu'il avoit faits, et cette inquiétude étoit la seule passion qui dans son âme eût de l'activité. Du reste, aucun ressort, aucune vigueur de courage, ni pour le bien ni pour le mal, de la foiblesse sans bonté, de la malice sans noirceur, des ressentimens sans colère, l'insouciance d'un avenir qui ne devoit pas être le sien; peut-être assez sincèrement la volonté du bien public, lorsqu'il pouvoit le procurer sans risque pour lui-même; mais cette volonté aussitôt refroidie, dès qu'il y voyoit compromis ou son crédit ou son repos: tel fut jusqu'à la fin le vieillard qu'on avoit donné pour guide et pour conseil au jeune roi.

Comme il lui fut aisé de voir que le fond du caractère de ce prince étoit la franchise et la bonté, il s'étudia d'abord à lui paroître bon et simple. Le roi ne lui déguisoit pas cette excessive timidité que les premières impressions de l'enfance lui avoient laissée. Il sentit donc que le plus sûr moyen de captiver sa bienveillance étoit de lui rendre faciles ces devoirs qui l'épouvantoient. Il employa le talent qu'il avoit de simplifier les affaires à lui en alléger le fardeau; mais, soit qu'il regardât les maux invétérés comme n'ayant plus de remède, soit que son indolence et sa légèreté ne lui eussent pas permis de les approfondir, soit qu'il les négligeât comme des maladies provenant d'un excès de force et de santé, ou comme des vices de complexion inhérens au corps politique, il dispensa le jeune roi de s'en fatiguer la pensée, l'assurant que tout iroit bien, pourvu que tout fût sagement et modérément dirigé.

L'excuse du cardinal de Fleury dans ses inquiétudes pusillanimes étoit qu'un édifice qui avoit duré plus de treize cents ans devoit pencher vers sa ruine, et qu'il falloit, en l'étayant, craindre de l'ébranler; le prétexte de Maurepas, dans son indolente sécurité, étoit, au contraire, qu'un royaume aussi vigoureusement constitué n'avoit besoin, pour se rétablir, que de ses forces naturelles, et qu'il falloit le laisser subsister avec ses vices et ses abus.

Mais le mauvais état des finances n'est pas un mal qui se laisse longtemps pallier et dissimuler; la détresse et le discrédit accusent bientôt le ministre qui le cache et qui le néglige, et, tant qu'on n'en a pas trouvé le vrai remède, il empire au lieu de guérir.

On avoit donné à Louis XV l'abbé Terray pour un ministre habile. Vingt ans d'exercice au Palais, au milieu d'une foule de plaideurs mécontens, l'avoient endurci à la plainte; il ne l'étoit guère moins au blâme, et il se croyoit obligé par état d'être en butte à la haine publique. Maurepas l'éloigna, et mit à sa place Turgot, également recommandé par ses lumières et ses vertus.

Celui-ci sentoit vivement que la réduction des dépenses, l'économie des revenus et des frais de perception, l'abolition des privilèges onéreux au commerce et à l'agriculture, et une plus égale distribution de l'impôt sur toutes les classes, étoient les vrais remèdes qu'il falloit appliquer à la grande plaie de l'État, et il le persuadoit sans peine à un roi qui ne respiroit que la justice et l'amour de ses peuples; mais bientôt Maurepas, voyant que cette estime et cette confiance du jeune roi pour son nouveau ministre alloient trop loin, fut jaloux de son propre ouvrage, et s'empressa de le briser.

Dans un pays où tant de monde vivoit d'abus et de désordres, un homme qui portoit la règle et l'épargne dans les finances, un homme inflexible au crédit, incorruptible à la faveur, devoit avoir autant d'ennemis qu'il faisoit de mécontens et qu'il en alloit faire encore. Turgot avoit trop de fierté et de candeur dans le caractère pour s'abaisser aux manèges de cour : on lui trouva de la roideur, on lui attribua des maladresses; et le ridicule, qui, parmi nous, dégrade tout, l'ayant une fois attaqué, Maurepas se sentit à son aise pour le détruire. Il commença par écouter, par encourager d'un sourire la malice des courtisans. Bientôt lui-même il avoua que, dans les vues de Turgot, il entroit plus de l'esprit de système que du solide esprit d'administration ; que l'opinion publique s'étoit méprise sur l'habileté de ce prétendu sage; qu'il n'avoit dans la tête que des spéculations et des rêves philosophiques, nulle pratique des affaires, nulle connoissance des hommes, nulle capacité pour le maniement des finances, nulles ressources pour subvenir aux besoins pressans de l'État; un système de perfection qui n'étoit pas de ce monde et n'existoit que dans les livres; une recherche minutieuse de ce mieux idéal auquel on n'arrive jamais ; et, au lieu des moyens de pourvoir au présent, des projets vagues et fantastiques pour un avenir éloigné; beaucoup d'idées, mais confuses; un grand savoir, mais étranger à l'objet de son ministère; l'orgueil de Lucifer, et, dans sa présomption, le plus inflexible entêtement.

Ces confidences du vieillard, divulguées de bouche en bouche pour les faire arriver à l'oreille du roi, avoient d'autant plus de succès qu'elles n'étoient pas absolument dénuées de vraisemblance. Turgot avoit autour de lui des hommes studieux, qui, s'étant adonnés à la science économique, formoient comme une secte, estimable sans doute quant à l'objet de ses travaux, mais dont le langage emphatique, le ton sentencieux, quelquefois les chimères enveloppées d'un style obscur et bizarrement figuré, donnoient prise à la raillerie. Turgot les accueilloit et leur témoignoit une estime dont ils faisoient eux-mêmes trop de bruit en l'exagérant. Il ne fut donc pas difficile à ses ennemis de le faire passer pour le chef de la secte, et le ridicule attaché au nom d'*économistes* rejaillissoit sur lui.

D'ailleurs il étoit assez vrai que, fier de la droiture de ses intentions, Turgot ne se piquoit ni de dextérité dans le maniement des affaires, ni de souplesse et de liant dans ses relations à la cour. Son accueil étoit doux et poli, mais froid.

On étoit sûr de le trouver juste, mais inflexible dans ses principes; et le crédit et la faveur ne s'accommodoient pas de la tranquillité inébranlable de ses refus.

Quoiqu'en deux ans, par le moyen des réductions et des économies, il eût considérablement diminué la masse des anticipations dont le Trésor étoit chargé, on trouvoit encore qu'il traitoit en maladie chronique l'épuisement et la ruine des finances et du crédit. La sagesse de son régime, ses moyens d'amélioration, les encouragemens et les soulagemens qu'il donnoit à l'agriculture, la liberté rendue au commerce et à l'industrie, ne promettoient que des succès lents et que des ressources tardives, lorsqu'il y avoit des besoins urgens auxquels il falloit subvenir.

Son système de liberté pour toute espèce de commerce n'admettoit dans son étendue ni restriction ni limites ; et, à l'égard de l'aliment de première nécessité, quand même cette liberté absolue n'auroit eu que des périls momentanés, le risque de laisser tarir pour tout un peuple les sources de la vie n'étoit point un hasard à courir sans inquiétude. L'obstination de Turgot à écarter du commerce des grains toute espèce de surveillance ressembloit trop à de l'entêtement. Ce fut par là que son crédit sur l'esprit du roi reçut une atteinte mortelle.

Dans une émeute populaire qu'excita la cherté du pain en 1775, le roi, qui avoit pour lui encore cette estime dont Maurepas étoit jaloux, lui donna toute confiance, et lui laissa tout pouvoir d'agir. Turgot n'eut pas la politique de demander que Maurepas fût appelé à ce conseil secret où le roi se livroit à lui, et, de plus, il eut l'imprudence de s'engager hautement à prouver que l'émeute étoit commandée. Le Noir, lieutenant de police, fut renvoyé sur le soupçon d'avoir été d'intelligence avec les auteurs du complot. Il est certain que le pillage des boutiques de boulangers avoit été libre et tranquille. L'émeute avoit aussi une marche préméditée qui sembloit accuser un plan; et, quant au personnage à qui Turgot l'attribuoit, je n'oserois pas dire que ce fût sans raison. Dissipateur nécessiteux, le prince de Conti, plein du vieil esprit de la Fronde, ne remuoit au Parlement que pour être craint à la cour; et, accoutumé dans ses demandes à des complaisances timides, un respect aussi ferme que celui de Turgot devoit lui paroître offensant. Il étoit donc possible que, par un mouvement du peuple de la ville et de la campagne, il eût voulu semer le bruit de la disette, en répandre l'alarme, et ruiner dans l'esprit du roi le ministre importun dont il n'attendoit rien. Mais, qu'il y eût plus ou moins d'apparence dans cette cause de l'émeute, Turgot n'en put donner la preuve qu'il avoit promise ; ce faux pas décida sa chute.

Maurepas fit entendre au roi que cette invention d'un complot chimérique n'étoit que la mauvaise excuse d'un homme vain, qui ne vouloit ni convenir ni revenir de son erreur ; et que, dans une place qui demandoit toutes les précautions de l'esprit de calcul et toute la souplesse de l'esprit de conduite, une tête systématique, entière et obstinée dans ses opinions, n'étoit pas ce qu'il lui falloit.

Turgot fut renvoyé (mai 1776), et les finances furent livrées à Clugny, lequel parut n'être venu que pour y faire le dégât avec ses compagnons et ses filles de joie, et qui mourut dans le ministère, après quatre ou cinq mois d'un pillage impudent, dont le roi seul ne savoit rien. Taboureau prit sa place, et, en honnête homme qu'il étoit, il s'avoua bientôt incapable de la remplir. On lui avoit donné pour second, sous le titre de directeur du Trésor royal, un homme dont lui-même il reconnut la supériorité. Sa modestie honora sa retraite. Et, en qualité de directeur général des finances, Necker lui succéda.

Ce Genevois, qui depuis a été le jouet de l'opinion, et si diversement célèbre, étoit alors l'un des banquiers les plus renommés de l'Europe. Il jouissoit dans son état de la confiance publique et d'un crédit très étendu. Du côté des talens, il avoit fait ses preuves, et, sur des objets analogues au Ministère des finances, ses écrits avoient annoncé un esprit sage et réfléchi; mais, pour lui, un autre mérite auprès de Maurepas étoit la haine de Turgot. Voici la cause de cette haine.

Turgot, pour le commerce, l'industrie et l'agriculture, ne pouvoit souffrir le régime réglementaire de Colbert; il regardoit comme un droit inhérent à la propriété une liberté sans réserve de disposer, chacun à son gré, de son bien et de ses talens; il vouloit qu'on laissât l'intérêt personnel se consulter lui-même et se conduire, persuadé qu'il se conduiroit bien, et que de l'action réciproque des intérêts particuliers résulteroit le bien général. Necker, plus timide, pensoit que l'intérêt, dans presque tous les hommes, avoit besoin d'être conduit et modéré; qu'en attendant qu'il eût reçu les leçons de l'expérience, il seroit bon d'y suppléer par la sagesse des règlemens; que ce n'étoit point à la cupidité privée qu'il falloit confier le soin du bien public; que, si, pour la tranquillité et pour la sûreté d'une nation entière, la liberté civile, la liberté morale, devoient être restreintes et soumises à des lois, il étoit juste aussi que la liberté du commerce pût être modérée, et même suspendue, toutes les fois surtout qu'il y alloit du salut commun; que la propriété des biens de première nécessité n'étoit pas assez absolument individuelle pour donner à une partie de la nation le droit de laisser périr l'autre, et qu'autant il seroit injuste de tenir ces biens à vil prix, autant il le seroit de les laisser monter à une valeur excessive; qu'enfin, laisser le riche avare dicter au pauvre avec trop d'empire la dure loi de la nécessité, ce seroit mettre la multitude à la merci du petit nombre, et qu'il étoit de la sagesse et du devoir de l'administration de tenir entre eux la balance.

« L'avarice, disoit Turgot, ne sera point à craindre où régnera la liberté, et le moyen d'assurer l'abondance, c'est de laisser aux objets de commerce une pleine circulation. Le blé sera cher quelquefois; mais la main-d'œuvre sera chère, et tout sera mis au niveau. »

« Quand le prix du blé montera progressivement, disoit Necker, sans doute il réglera le prix de l'industrie et de tous les salaires, et personne n'en souffrira; mais, quand le blé s'élèvera subitement à une valeur excessive, le peuple aura longtemps à souffrir avant que tout soit de niveau. »

Dans ce système de surveillance et de liberté modérée, Necker avoit fait l'éloge de Colbert, et cet éloge avoit eu du succès. C'étoit un double crime que Turgot ne pardonnoit pas. Ce zélateur de la liberté du commerce et de l'industrie se croyoit infaillible dans son opinion, et, lui attribuant toujours le caractère de l'évidence, il regardoit celui qui ne s'y rendoit pas comme étant de mauvaise foi [1].

Jusque-là cependant les principes de Necker ne s'étoient point développés; mais, lorsque Turgot donna sa loi en faveur de la libre exportation des grains, non seulement de province à province, mais au dehors et dans tous les temps, Necker se permit de lui dire qu'il y voyoit quelque danger, et qu'il auroit à lui communiquer, sur cette branche de commerce, des observations qui peut-être méritoient son attention. Ces mots réveillèrent l'antipathie de Turgot pour le système des lois prohibitives. Il répondit que, sur cet objet, son opinion étoit invariable, mais qu'au surplus chacun étoit le maître d'en dire sa pensée et de la publier.

Necker lui répondit que ce n'avoit pas été son intention, mais que, puisqu'il lui en laissoit la liberté, peut-être en feroit-il usage. A quelque temps de là parut son livre sur les lois relatives au

---

[1]. Dupont (de Nemours) a réfuté tout ce passage dans la première des deux lettres qu'il adressa, en 1805, au *Publiciste*, au *Journal de Paris* et au *Journal du Commerce*, et qui furent réunies sous ce titre : *Sur quelques erreurs de M. Marmontel relatives à M. Turgot*. Paris, Delance, an XIII, in-8, 18 p.

commerce des grains; et, au moment de la nouveauté de ce livre, survint l'émeute dont je viens de parler. Turgot ne douta point que l'un n'eût contribué à l'autre, quoiqu'il sût bien que le peuple qui pille les boutiques de boulangers n'en prend pas conseil dans les livres.

Les amis de Turgot, plus animés que lui, auroient voulu qu'il se vengeât de Necker en le renvoyant à Genève; il le pouvoit, car il avoit encore toute la confiance du roi. Sa droiture et son équité le sauvèrent de cette honte; mais il a conservé jusqu'au tombeau sa haine contre un homme dont le seul tort avoit été d'avoir accepté son défi et combattu son opinion.

Du moment que Necker eut en main l'administration des finances, son premier soin et son premier travail furent d'en débrouiller le chaos. Clugny y avoit laissé un déficit annuel de vingt-quatre millions [1]; et, dans ce temps-là, ce vide paroissoit énorme; il falloit le remplir. Necker en sut trouver les moyens. Ces moyens étoient, d'un côté, de simplifier la perception des revenus publics, et d'en nettoyer les canaux; de l'autre, de voir quels étoient les faux-fuyans de la dépense, et d'en réformer les abus.

---

[1] La seconde lettre de Dupont (de Nemours) a pour objet de démontrer l'inexactitude de cette assertion.

Le roi, pour être aussi économe que son ministre, n'avoit qu'à se défendre d'une trop facile bonté. Ce fut donc pour le préserver des séductions journalières que Necker obtint de lui de suspendre et de différer, jusqu'à la fin de chaque année, la décision des grâces qu'il auroit à répandre, afin d'en voir la somme entière avant de la distribuer.

Ainsi Necker alloit s'assurer, par de simples économies, un superflu qui l'eût mis en état de soulager le Trésor public, lorsque le signal de la guerre l'avertit qu'il auroit besoin de ressources plus abondantes, tant pour former incessamment une marine respectable que pour l'armer et la pourvoir. Ces dépenses urgentes devoient monter, par an, à cent cinquante millions. Le crédit seul pouvoit y faire face, et le crédit étoit perdu : les infidélités de l'administration l'avoient ruiné pendant la paix; il falloit ou le rétablir, ou succomber, car l'impôt même le plus onéreux ne peut suffire aux frais d'une guerre dispendieuse ; et l'Angleterre, notre ennemie, trouvoit alors à emprunter jusqu'à deux et trois cents millions à un intérêt modéré. On a depuis fait un reproche à Necker de ses emprunts; il falloit l'adresser, ce reproche, à la guerre, qui les rendoit indispensables, et qui, elle-même, ne l'étoit pas.

L'art de Necker, pour relever et pour soutenir

le crédit, fut d'éclairer la confiance, en faisant voir dans les réserves que lui assuroit l'économie une base solide et un gage assuré des emprunts qu'il alloit ouvrir. Le même plan qu'il s'étoit tracé pour les épargnes de la paix lui servit à se procurer les fonds que demandoit la guerre. On savoit qu'il avoit sans cesse sous les yeux des tableaux complets et précis de la situation des finances, et, pour ainsi dire, la balance à la main dans toutes ses opérations, pour n'excéder jamais, dans ses engagemens, ses facultés et ses ressources. Ce fut avec cet esprit d'ordre qu'ayant trouvé le crédit détruit après quinze ans de paix, il sut le rétablir au milieu d'une guerre qui exigeoit les plus grands efforts, et que, malgré le déficit de 1776, malgré les dépenses de cette guerre, et quatre cent douze millions d'emprunts faits pour la soutenir, il fut en état d'annoncer au roi, en 1781, dans le compte qu'il lui rendit, que les revenus ordinaires excédaient alors de dix millions deux cent mille livres la dépense ordinaire et annuelle de l'État. C'étoit avertir les Anglois que, sans aucun nouvel impôt, et même sans aucune nouvelle économie, la France alloit avoir des fonds pour deux campagnes : car dix millions de revenus libres suffisoient pour avoir deux cents millions d'emprunts, résultat bien capable de hâter une bonne paix. Necker n'en fut pas moins taxé de vanité pour avoir publié ce compte.

Dans un ministre habile, cette manière ouverte d'exposer ses opérations et la situation des affaires a sans doute ses avantages, et le succès en est infaillible chez une nation réfléchie et capable d'application; mais, pour une nation légère, qui, sur parole et sans examen, juge les hommes et les choses, cette méthode a ses périls; et Necker dut bien les prévoir. Il n'y a de sûreté à prendre un tel public pour juge que lorsque les objets que l'on met sous ses yeux sont d'une évidence palpable : or, pour la multitude, les états de finance n'auront jamais cette clarté. Personne, dans le monde, ne veut pâlir sur des calculs. Il est donc bien facile de troubler l'opinion sur l'exactitude d'un compte; et, dès que le doute s'élève, c'est un nuage que la malignité ne manque jamais de grossir. Necker, en faisant une chose exemplaire pour les ministres à venir, satisfaisante pour le roi, imposante pour l'Angleterre, encourageante pour la nation, rassurante pour le crédit, en fit donc une très hardie, très périlleuse pour lui-même.

Je l'ai vu, dans le temps, muni de pièces justificatives; tous les articles de son compte en étoient appuyés; l'estime publique sembloit même le dispenser de les produire, et le premier élan de l'opinion fut pour lui, et tout à sa gloire.

Mais, aussitôt qu'il se trouva un homme assez

audacieux pour l'attaquer, cet agresseur fut accueilli par l'envie et la malveillance avec une pleine faveur. Dans un mémoire il accusoit Necker d'infidélité dans son compte, et ce mémoire passoit de main en main, d'autant plus recherché qu'il étoit manuscrit[1]. Un ministre économe ne manque jamais d'ennemis : Necker en avoit en foule, et il en avoit de puissans. Maurepas, sans se déclarer, les rallioit autour de lui; et c'est ici l'un des exemples des misérables intérêts d'amour-propre auxquels tient si souvent le destin des États.

Maurepas étoit président du conseil des finances, et, dans un compte où Necker exposoit la situation des finances d'une manière si honorable pour lui-même, Maurepas n'étoit pas nommé. Ce fut aux yeux du vieux ministre une réticence injurieuse : il la dissimula, mais il ne la pardonna point.

Un autre grief fut la disgrâce d'un ministre, créature de Maurepas, ou plutôt de sa femme, et que Necker fit renvoyer. Maurepas, qui n'avoit jamais eu d'excuse pour se laisser dominer par les femmes, étoit pourtant subjugué par la sienne.

---

1. Il fut imprimé peu après sous ce titre : *Réponse du sieur Bourboulon, officier employé dans les finances de Mgr le comte d'Artois, au « Compte rendu au roi par M. Necker »*. Londres, 1781, in-8.

Cette complaisance assidue, qui est l'adulation de tous les momens, et qui, surtout pour la vieillesse et dans l'adversité, a tant de douceur et d'empire, l'avoit soumis et captivé comme auroit fait l'amour. Il s'étoit fait une habitude d'aimer ou de haïr tout ce qu'aimoit ou haïssoit la compagne de sa disgrâce; et Sartine étoit l'un des hommes qu'affectionnoit le plus la comtesse de Maurepas.

Sartine, ci-devant lieutenant de police, possédoit en circonspection, en discrétion, en souplesse, tous les menus talens de la médiocrité; mais du détail obscur de la police de Paris au ministère de la marine, au milieu des hasards d'une guerre de mer, la distance étoit effrayante : jamais Sartine n'avoit acquis la plus légère des connoissances qu'exigeoit cette grande place; et, s'il y avoit un homme à opposer à l'amirauté d'Angleterre, au fort de cette guerre qui embrasoit les deux mondes, assurément ce n'étoit pas lui. Le mauvais succès des opérations répondit à la profonde incapacité de celui qui les dirigeoit : nul plan, nul accord, nul ensemble; des dépenses énormes, des revers désastreux; autant de flottes sorties de nos ports, autant de proies pour l'ennemi; le commerce et les colonies à l'abandon, les convois enlevés, les escadres détruites; et, sans compter la perte irréparable de nos matelots et la ruine de nos chantiers, plus de cent millions de dépenses extraordinaires jetés tous les ans dans la mer, pour nous en voir honteusement chassés, malgré tout le courage et tout le dévouement de notre marine guerrière : tels étoient les droits de Sartine pour être soutenu et protégé par Maurepas.

Necker, qui gémissoit de voir le déplorable usage qu'on faisoit de tant de trésors, et à quelles mains la fortune et la gloire d'une grande nation étoient abandonnées, n'en redoubloit pas moins d'efforts pour subvenir aux besoins de la guerre et pour en soutenir le poids. Il étoit convenu avec Sartine qu'au delà des fonds que le Trésor royal lui faisoit tous les ans, celui-ci, dans les cas pressans, pourroit user du crédit personnel du trésorier de la marine jusqu'à la concurrence de cinq à six millions ; et il comptoit sur son exactitude à se tenir dans ces limites, lorsqu'il apprit du trésorier lui-même que, par obéissance pour son ministre, il avoit porté la somme de ses avances et de ses billets sur la place à vingt-quatre millions payables dans trois mois. Ce fut comme un coup de massue pour le directeur des finances : car, n'ayant pris aucune mesure pour faire face à un engagement qu'on lui avoit dissimulé, il alloit arriver au terme sans savoir comment le remplir. Il y pourvut ; mais, soit qu'il y eût de la part de Sartine de la mauvaise volonté, ou seulement de l'imprudence, Necker ne vit plus pour lui-même de sûreté à travailler avec un tel homme ; il s'en plaignit au roi, et lui demanda décidément ou sa retraite, ou celle de Sartine.

Maurepas étoit à Paris, retenu par la goutte. Le roi, avant de prendre une résolution, lui écrivit pour le consulter. « Lorsqu'il reçut la lettre du roi, m'a dit le duc de Nivernois, nous étions auprès de son lit, sa femme et moi. Il nous la lut. L'alternative fut longtemps débattue ; mais enfin, se décidant lui-même : « Il faut, nous dit-il, sacri-« fier Sartine ; nous ne pouvons nous passer de « Necker. »

Le roi, en renvoyant Sartine, consulta Necker sur le choix du successeur qu'il devoit lui donner, et Necker lui indiqua le maréchal de Castries. L'on sait combien les événemens et la conduite de la guerre firent applaudir un tel choix. Le vieux ministre n'en fut que plus jaloux ; et son cabinet fut dès lors comme un centre d'activité pour la cabale ennemie de Necker. Elle croyoit avoir aussi une protection dans les princes frères du roi.

Quelque réservée que fût à leur égard la conduite de Necker, on avoit cru s'apercevoir qu'elle leur sembloit trop rigide ; mais, ce qui étoit bien plus vrai, cette rigidité déplaisoit à leur cour, et, les échanges, les cessions, les ventes, toutes les affaires que les gens en crédit avoient coutume de négocier avec le roi, ayant à redouter, dans ce directeur des finances, un examinateur clairvoyant et sévère, il leur tardoit à tous d'en être délivrés.

Plus de pièges tendus à la facilité du roi, plus de faveurs surprises, plus de grâces légèrement et furtivement échappées; surtout plus de moyens de cacher, comme dans les recoins du portefeuille des ministres, les articles secrets d'un bail, d'un marché ou d'un privilège, et dans tous les réduits obscurs du labyrinthe des finances les bénéfices clandestins que l'on se seroit procurés. L'homme qui coupoit la racine à tant d'abus ne pouvoit manquer d'être haï. Le mémoire qui l'accusoit d'en avoir imposé au roi fut donc vivement appuyé.

Malheur à moi si je faisois tomber sur les princes frères du roi le plus léger soupçon d'avoir voulu favoriser la calomnie! mais le mensonge savoit prendre à leurs yeux les couleurs de la vérité, comme les plus vils intérêts avoient pris les couleurs du zèle.

Bourboulon, l'auteur du mémoire, trésorier du comte d'Artois, s'étoit rendu agréable à ce prince. Fier de sa protection, il alloit donc tête levée, et, s'avouant l'accusateur de Necker, il le défioit de lui répondre. Tant d'assurance avoit un air de vérité, et en imposoit au public. Bien des gens avoient peine à croire que Necker eût tout à coup changé si merveilleusement la situation des finances ; et, sans lui faire un crime du compte spécieux qu'il en avoit rendu, ils pensoient que ce compte avoit été fait avec art pour entretenir le crédit, annoncer des moyens de soutenir la guerre et nous faciliter la paix. Maurepas accueilloit cette opinion d'un air d'intelligence, et sembloit applaudir à la pénétration de ceux qui devinoient si bien.

Mais Necker ne crut pas devoir s'accommoder d'une semblable apologie, et, incapable de composer avec l'opinion sur l'article de son honneur, il demanda au roi qu'il lui permît de mettre sous ses yeux, en présence de ses ministres, le mémoire de Bourboulon, et d'y répondre article par article. Le roi y consentit, et Maurepas, Miromesnil, Vergennes, trois ennemis de Necker, assistèrent à ce travail. Le mémoire y fut lu et démenti, d'un bout à l'autre, par des pièces qui constatoient la situation des finances, et dont le compte rendu au roi n'étoit qu'un développement.

A ces preuves incontestables les trois ministres n'eurent pas l'ombre d'un doute à opposer; mais, lorsque le roi demanda en confidence à Maurepas ce qu'il pensoit de ces calculs et de ce compte de finance : « Je le trouve, Sire, aussi plein de vérité que de modestie », répondit le vieux courtisan.

Après cet examen, il falloit que la fausseté de l'accusation fût punie, ou que Necker fût soupçonné de s'en être mal défendu. Il avoit méprisé les libelles injurieux qui n'attaquoient que sa personne ; mais devoit-il négliger de même celui qui décrioit son administration ? Plus le roi étoit juste et reconnu pour l'être, plus on devoit croire impossible que Bourboulon fût encore souffert dans la maison des princes, s'il étoit convaincu de mensonge et de calomnie. Or, après cette conviction, il restoit dans sa place, et se montroit partout, même au souper du roi.

Dans cette conjoncture, sur laquelle j'insiste à cause des suites funestes que la résolution de Necker alloit avoir, il avoit trois partis à prendre : l'un de se fier davantage à sa propre réputation, de tout dissimuler, et de tout endurer jusqu'à la mort de Maurepas, qui n'étoit pas bien éloignée ; l'autre de se défendre tout simplement en faisant imprimer sur deux colonnes le mémoire de Bourboulon et les pièces qui démentoient ce mémoire calomnieux ; l'autre de demander au roi que son accusateur, convaincu de calomnie, en fût puni. Le premier eût été l'avis des esprits les plus sages. « Que n'a-t-il attendu ? (me dit le duc de Nivernois lui-même, après la mort de Maurepas) six mois de patience nous l'auroient conservé » ; et la paix fût venue, et les finances, rétablies par un bon économe sous le meilleur des rois, nous auroient fait longtemps jouir de son règne et de ses vertus. Le second eût été encore un parti raisonnable, car, le public ayant les pièces sous les yeux, la vérité eût été manifeste et le détracteur confondu. Mais de prétendus amis de Necker ne pensèrent pas qu'il fût digne de lui d'entrer en lice avec un pareil agresseur. Il falloit, selon moi, le mépriser ou le combattre. Il demanda qu'il fût puni. Il est vrai qu'il étoit tous les jours menacé de libelles encore plus atroces et plus infâmes ; et, si on ne faisoit pas un exemple de Bourboulon, il étoit impossible que Necker, abandonné par la haine du vieux ministre à l'insolence et à la rage d'une cabale autorisée, ne perdît pas au moins une partie de cette considération qui étoit l'âme de son crédit. Ce fut au nom de ce crédit, de cette opinion puissante, sans laquelle il ne pouvoit rien, qu'il demanda, pour toute peine, que son détracteur fût chassé de la maison du comte d'Artois. La réponse de Maurepas fut qu'il demandoit l'impossible. « C'est donc, insista Necker, au roi lui-même à rendre témoignage à la vérité par quelque marque de la confiance dont il m'honore », et ce qu'il demanda fut l'entrée au Conseil d'État. Je dois dire qu'il regardoit comme un grand mal que dans ce conseil, où se délibéroit ce qui dépend le plus de la situation des finances, l'administrateur des finances ne fût pas admis de plein droit; et il avoit raison d'y croire sa présence au moins très utile. Mais Maurepas ne vit ou feignit de ne voir dans une demande si juste qu'une vanité déplacée. « Qui? vous, lui dit-il, au Conseil? Et vous n'allez point à la messe. — Monsieur le comte, répondit Necker, cette raison n'est bonne ni pour vous ni pour moi. Sully n'alloit pas à la messe, et Sully entroit au conseil. » Maurepas, dans cette réponse, ne saisit que le ridicule de se comparer à Sully; et, au lieu de l'entrée au Conseil, il lui offrit de demander pour lui les entrées du cabinet. Necker ne dissimula point qu'il regardoit cette offre comme une dérision, et il demanda sa retraite.

C'étoit là ce qu'on attendoit avec une vive impatience dans le salon de Maurepas; et la marquise de Flamarens, sa nièce, ne me l'a pas dissimulé. Mais lui, feignant de ne pas consentir à ce qu'il désiroit le plus, refusa de présenter au roi la démission de Necker, et finit par lui dire que c'étoit à la reine qu'il falloit la remettre, s'il étoit résolu décidément à la donner.

La reine, qui l'écoutoit favorablement et qui lui marquoit de l'estime, sentit la perte que le roi alloit faire, et, voyant que Necker persistoit dans sa résolution, elle exigea qu'il prît au moins vingt-quatre heures pour y réfléchir mûrement.

Necker, en se consultant lui-même, se retraça le bien qu'il avoit fait, pensa au bien qu'il auroit fait encore, sentit d'avance l'amertume des regrets qu'il auroit après y avoir renoncé; et, ne pouvant se persuader qu'un vieillard au bord de la tombe voulût être envers lui obstinément injuste, il se détermina à le voir encore une fois.

« Monsieur, lui dit-il, si le roi veut bien me témoigner qu'il est content de mes services, il peut m'en donner une marque qui ne sera pour moi qu'un moyen de le mieux servir : c'est la direction des marchés de la guerre et de la marine. — Ce que vous demandez, dit Maurepas, offenseroit les deux ministres. — Je ne le crois pas, reprit Necker; mais, au surplus, tant pis pour le ministre qui, dans l'examen des dépenses qu'il lui est impossible d'apprécier lui-même, m'envieroit un travail qu'il abandonne à ses commis. » Le dernier mot de l'un fut que cela n'étoit pas proposable; la dernière résolution de l'autre fut d'aller supplier la reine de faire agréer sa démission. La reine la reçut et le roi l'accepta. Voilà de quelle source ont dérivé tous nos malheurs. Nous allons les voir se grossir et se déborder par torrens, jusqu'à nous entrainer dans la plus profonde ruine.

On peut trouver peu vraisemblable la facilité qu'eut le roi à se priver d'un homme habile et qui l'avoit si bien servi; mais ce bien étoit altéré par des insinuations adroites et perfides. Necker lui étoit peint comme un homme rempli d'orgueil, et d'un orgueil inexorable. On avoit, disoit-on, voulu lui faire entendre qu'en supposant dans le mémoire de Bourboulon, des erreurs de calculs, ces erreurs n'étoient pas des crimes; qu'il n'y avoit pas lieu d'exiger qu'un prince, qu'un frère du roi, déshonorât un homme à lui, en le chassant pour avoir déplu à un ministre des finances; mais rien n'avoit pu l'apaiser. On lui avoit offert de demander pour lui et d'obtenir de Sa Majesté une faveur dont s'honoroit la plus haute noblesse, les entrées du cabinet; mais il les avoit dédaignées. Comme il se croyoit nécessaire, il prétendoit faire la loi; il se comparoit à Sully, et ne demandoit rien de moins qu'à dominer dans les conseils, à surveiller tous les ministres, en un mot, à *s'asseoir sur le trône à côté du roi.*

Le désintéressement avec lequel Necker avoit voulu servir l'État contribuoit encore à le faire passer pour un altier républicain, qui vouloit qu'on lui dût sans rien devoir lui-même; et, pour en dire ma pensée, en refusant, comme il avoit fait, les appointemens de sa place, Necker avoit dû s'attendre qu'on expliqueroit mal cette fierté, humiliante pour tous ceux qui ne l'avoient pas, et qui ne pouvoient pas l'avoir.

Enfin, pour ne laisser au roi aucun regret sur le

renvoi de Necker, on avoit trouvé le moyen de lui persuader que, si c'étoit un mal, ce mal étoit inévitable.

L'un des projets de Necker étoit, comme l'on sait, d'établir dans tout le royaume des assemblées provinciales. Or, pour faire sentir au roi l'utilité de ces assemblées, Necker, dans un mémoire qu'il lui avoit lu dans son travail, et qui n'étoit que pour lui seul, avoit exposé d'un côté les inconvéniens de l'autorité arbitraire confiée à des intendans, et l'abus qu'en faisoient leurs agens subalternes ; de l'autre côté, l'avantage qu'il y auroit pour le roi à se rapprocher de ses peuples, et à gagner leur confiance personnelle et immédiate, afin de moins dépendre de l'entremise des parlemens. Ce mémoire, surpris et divulgué en même temps que Bourboulon faisoit courir le sien, déplut à la magistrature, et l'indisposa contre Necker autant qu'il le falloit pour donner lieu au vieux ministre de faire entendre au roi que, dans l'esprit des parlemens, Necker étoit un homme perdu ; que les corps ne pardonnoient point ; que celui qui les avoit une fois offensés les trouveroit à jamais intraitables ; que cette mésintelligence seroit une hydre à combattre sans cesse ; que Necker le sentoit lui-même, et qu'en se retirant pour d'autres causes simulées, il reconnoissoit que la place n'étoit plus tenable pour lui.

Une singularité remarquable, et qui seule feroit connoître l'insouciance de Maurepas, c'est que, lorsqu'il rentra dans son salon, tout joyeux du départ de Necker, ses amis lui ayant demandé quel homme il mettroit à sa place, il avoua qu'il n'y avoit point pensé.

« Ce fut, m'a dit sa nièce, le cardinal de Rohan qui, se trouvant là par hasard, lui désigna Fleury »; et Fleury[1] fut nommé.

Cet ancien conseiller d'État, esprit fin, souple, insinuant, avoit pour lui ses relations et ses affinités dans la magistrature; c'étoit, aux yeux de Maurepas, un avantage considérable : car, ne voyant dans les finances qu'une guerre de chicane entre la cour et le Parlement, pour lui, le plus habile contrôleur général seroit celui qui sauroit le mieux se ménager des véhicules et des facilités pour faire passer les édits. Il s'étoit fait lui-même un point capital d'acquérir la bienveillance des parlemens, et il vouloit qu'à son exemple un administrateur des finances eût avec eux cette souplesse qui, par des moyens doux, obtient ce que l'autorité commanderoit à peine.

Fleury, sous ce rapport, remplit assez bien son

---

1. Jean-François Joly de Fleury (1718-1802), fils du procureur général au Parlement, contrôleur général de mai 1781 à avril 1783.

attente. Il fit passer, sans aucun obstacle, pour cinquante millions d'impôts. Necker lui avoit laissé deux cents millions de fonds dans les coffres du roi. C'en étoit plus qu'il n'en auroit fallu à un ministre habile et bien famé pour être dans l'aisance ; mais, avec ces secours, Fleury tomba dans la détresse, manqua de ce crédit que l'estime publique n'accorde qu'à la bonne foi.

Six mois après la mort de Maurepas, Fleury fut renvoyé ; et le roi, pour avoir au moins un honnête homme à la tête des finances, y appela d'Ormesson [1].

Malheureusement celui-ci n'avoit que de la probité. Médiocre en tout le reste, étranger aux finances, dépourvu de moyens, assailli de nécessités, pressé par des gens en crédit, et réduit à l'alternative ou de se retirer ou de se soutenir par d'indignes condescendances, il n'hésita point dans le choix, et, avec son intégrité, il aima mieux descendre du ministère que de s'y dégrader.

Un poste aussi glissant, où l'on ne faisoit que des chutes, auroit dû, ce semble, effrayer l'ambition des aspirans ; elle n'en étoit que plus âpre ; et, dans toutes les avenues de la faveur, il n'y avoit pas un intrigant qui, avec quelque légère

---

1. Henri-François Lefèvre d'Ormesson (1787-1807) ne garda le portefeuille que jusqu'au 8 novembre 1783.

teinture des affaires, ne crût pouvoir prétendre à remplacer celui qui venoit de tomber.

Dans cette foule, un homme d'esprit et de talent se distinguoit, c'étoit Calonne. Il avoit pris, pour réussir, une manière d'autant plus singulière qu'elle étoit simple. Loin de dissimuler son ambition, il l'avoit annoncée ; et, au lieu de l'austérité dont s'étoient armés quelques-uns de ses prédécesseurs, il s'étoit paré d'agrément, d'aménité, surtout de complaisance pour les femmes; il étoit connu d'elles pour le plus obligeant des hommes, et, dans les confidences qu'il faisoit de ses vues à celles qui étoient en crédit, il n'est point d'espérances dont il ne fût prodigue pour se concilier leurs voix. Aussi ne cessoient-elles de vanter ses lumières, son habileté, son génie. Il n'étoit guère moins attrayant pour les hommes, par une politesse aisée et naturelle qui marquoit les distinctions, sans en rendre aucune offensante, et par un air de bienveillance qui sembloit être favorable à toutes les ambitions. A chaque mutation nouvelle, c'étoit lui qu'appeloient toutes les voix des gens du monde. Enfin il fut nommé, et, en arrivant à Fontainebleau, où étoit la cour, on eût dit qu'il tenoit en main la corne d'abondance; on l'accompagnoit en triomphe (9 novembre 1783).

D'abord, se croyant à la source d'une richesse intarissable, sans calculer ni les besoins ni les dépenses qui l'attendoient; ivre de sa prospérité, dans laquelle il s'imaginoit voir bientôt celle de l'État; dédaignant toute prévoyance, négligeant toute économie, comme indigne d'un roi puissant; persuadé que le premier art d'un homme en place étoit l'art de plaire; livrant à la faveur le soin de sa fortune, et ne songeant qu'à se rendre agréable à ceux qui se font craindre pour se faire acheter, il se vit tout à coup environné de louange et de vaine gloire. On ne parloit que des grâces de son accueil et des charmes de son langage. Ce fut pour peindre son caractère qu'on emprunta des arts l'expression de *formes élégantes;* et *l'obligeance,* ce mot nouveau, parut être inventé pour lui. Jamais, disait-on, le ministère des finances n'avoit été rempli avec autant d'enjouement, d'aisance et de noblesse. La facilité de son esprit dans l'expédition des affaires étonnoit tout le monde, et la gaieté avec laquelle il traitoit les plus sérieuses le faisoit admirer comme un talent prodigieux. Ceux même enfin qui osoient douter qu'il fût le meilleur des ministres étoient forcés de convenir qu'il en étoit le plus charmant. On publioit que son travail avec le roi n'étoit qu'un jeu, tant sa légèreté y semoit d'agrément; rien d'épineux, rien de pénible, nul embarras pour le présent, nulle inquiétude pour l'avenir. Le roi étoit tranquille, et tout le monde étoit content, lorsqu'au bout de trois ans et quelques mois de ce brillant et riant ministère, fut révélé le secret funeste de la ruine de l'État.

Ce fut alors que l'on vit dans Calonne des ressources et du courage. Après avoir inutilement épuisé tous les moyens de ranimer le crédit expirant, il vit que sa seule espérance étoit dans quelque coup d'éclat qui donnât aux édits l'aspect d'une restauration de la chose publique; et, pour les montrer revêtus d'une autorité imposante, il demanda au roi une assemblée de notables, où il exposeroit la situation des finances, afin d'aviser avec elle au moyen de remplir le vide qu'il y avoit trouvé, disoit-il, et que la guerre dans les deux Indes avoit dû augmenter encore.

Cette assemblée fut ouverte à Versailles le 22 février 1787. Le travail que Calonne y présenta étoit vaste et hardi; et peut-être méritoit-il plus de faveur qu'il n'en obtint, car il touchoit aux grands moyens d'accroître la somme de l'impôt, et en même temps de la rendre plus légère en la divisant. Mais les notables étoient du nombre de ceux qu'alloient frapper les nouvelles impositions; et c'est à quoi, bien malheureusement pour eux et pour l'État, ils n'avoient jamais pu consentir. Des projets de Calonne, les uns furent jugés confus et captieux, d'autres pleins de difficultés qui les rendoient impraticables, d'autres enfin mauvais, quand même ils auroient pu s'exécuter. Tel fut le résultat des observations des notables sur la partie de son travail qui avoit subi leur examen, car il ne fut pas même discuté jusqu'au bout.

Sa base étoit l'impôt territorial en nature, dont l'avantage auroit été de suivre l'accroissement progressif des valeurs. Si cependant on l'avoit trouvé trop difficile à percevoir, il en auroit changé le mode, pourvu qu'il eût été perçu également sur tous les biens-fonds. Mais on ne voulut pas même entrer en conciliation avec lui; et, pour le fond ainsi que pour la forme, les notables articulèrent que cet impôt étoit inadmissible, et en même temps déclarèrent que sur toute espèce d'impôt ils refusoient de délibérer, à moins qu'on ne mît sous leurs yeux des états détaillés de la recette et de la dépense, dans lesquels on pût voir comment s'étoit formé le *déficit*; que si, d'après l'examen des comptes, une subvention nouvelle étoit indispensable, ils consentiroient que l'imposition en fût égale sur tous les biens.

La réponse du roi fut telle qu'ils l'avoient prévue. Il leur fut défendu d'insister sur cet examen; mais l'éclaircissement que refusoit Calonne, lui-même il l'avoit provoqué, en se faisant un procès avec Necker sur l'origine du déficit. Voici comment il s'étoit engagé dans ce défilé périlleux.

En 1787, à l'ouverture de l'assemblée, le déficit, de l'aveu de Calonne, montoit à cent quinze millions; et, comme il avoit besoin de croire qu'une partie considérable de ce déficit existoit avant lui, il le crut et l'avança dans l'assemblée des notables.

Necker, averti que, dans cette assemblée, Calonne devoit accuser d'infidélité tous les comptes rendus avant son ministère, lui écrivit qu'ayant donné l'attention la plus scrupuleuse au compte qu'il avoit rendu en 1781, il le tenoit pour parfaitement juste; « et comme j'ai rassemblé, ajoutoit-il, les pièces justificatives de tous les articles qui en étoient susceptibles, je me trouve heureusement en état de prêter à la vérité toute sa force. Je crois donc, Monsieur, être en droit de vous demander ou de n'altérer en aucune manière la confiance due à l'exactitude de ce compte, ou d'éclairer vos doutes en me les communiquant. »

Calonne, avec une promesse assez légère de ne point attaquer ce compte, éluda l'éclaircissement. Necker insista, et, pour réponse à la lettre la plus pressante, il reçut un billet poliment ironique, avec un exemplaire du discours que Calonne venoit de prononcer dans l'assemblée des notables, et dans lequel il avoit avancé qu'en 1781 il y avoit un déficit considérable entre les revenus et les dépenses ordinaires. Necker, en même temps, fut instruit que, dans le grand comité des notables qui s'étoit tenu chez *Monsieur,* Calonne avoit expressément dit que cette somme étoit de cinquante-six millions.

Alors ce fut au roi que Necker se plaignit que, sans avoir voulu l'entendre, le contrôleur général des finances se fût permis de l'accuser. « Sire, disoit-il dans sa lettre, je serois l'homme du monde le plus digne de mépris si une pareille inculpation avoit le moindre fondement; je dois la repousser au péril de mon repos et de mon bonheur, et je viens supplier humblement Votre Majesté de vouloir bien permettre que je paroisse devant mon accusateur public, ou à l'assemblée des notables, ou dans le grand comité de cette assemblée, et toujours en présence de Votre Majesté. » Cette lettre fut sans réponse; mais Necker ne se crut pas obligé d'entendre ce silence du roi comme on vouloit qu'il l'entendît. « Le roi, dit-il dans le mémoire qu'il publia, n'a pas jugé à propos d'adhérer à ma demande; mais, pénétré de l'étendue de sa bonté et de sa justice, je me soumets avec confiance à l'obligation qui m'est imposée par l'honneur et la vérité. »

Dans ce mémoire il convenoit qu'en 1776 Clugny avoit laissé dans les finances un vide de vingt-quatre millions; il convenoit aussi que, depuis la mort de Clugny (en octobre 1776) jusqu'au mois de mai 1781, époque où il s'étoit lui-même retiré des finances, l'accroissement des charges avoit monté à quarante-cinq millions; mais, en même temps, il montroit comment il avoit rempli ce vide, tant en économie qu'en bonifications dans les revenus de l'État. C'étoit à discuter et à réfuter ces calculs que les notables prétendoient que Calonne étoit obligé ; et il faut convenir que, trop légèrement, il s'y étoit engagé lui-même.

Necker avoit rendu ses calculs les plus clairs qu'il étoit possible ; sa véracité reconnue y ajoutoit encore un grand poids. Le livre qu'il venoit de publier sur les finances avoit fortifié sa réputation personnelle ; ses mœurs, ses talens, ses lumières, avoient dans l'opinion publique une consistance d'estime qu'il n'auroit pas fallu essayer d'ébranler sans de forts et puissans moyens.

Necker fut exilé pour avoir osé se défendre. Ce fut encore un tort que se donna Calonne ; il falloit ou l'entendre avant de l'attaquer, ou trouver juste et bon qu'il eût repoussé son attaque. Il lui imputoit son mauvais succès dans l'assemblée des notables ; mais il devoit savoir que, dans cette assemblée, un ennemi bien plus réel travailloit à le ruiner.

Le roi avoit de la répugnance à se détacher de Calonne : il goûtoit son travail, il étoit persuadé de la bonté de ses projets ; mais, prévoyant qu'ils seroient rebutés par le Parlement comme ils l'étoient par les notables, il se fit violence, et il le renvoya. Il savoit que Miroménil, le garde des sceaux, étoit l'ennemi de Calonne, et qu'il avoit de tout son pouvoir contrarié ses opérations; il le congédia en même temps que lui, comme en le lui sacrifiant (Calonne le 8 avril, Miroménil le 9). Fourqueux[1] fut appelé au ministère des fiannces; les sceaux furent donnés au président de Lamoignon.

Il n'étoit pas possible que Fourqueux tînt longtemps en place; mais on l'avoit indiqué au roi en attendant qu'on eût achevé de détruire ses préventions contre un homme qu'on vouloit lui donner pour ministre de confiance, et dont on attendoit le salut de l'État.

La situation de l'esprit du roi, en ce moment, est exprimée au naturel dans les détails que je vais transcrire.

« Lorsque le roi me chargea de sa lettre pour M. de Fourqueux (dit le comte de Montmorin dans les notes qu'il m'a remises), je crus devoir lui représenter que je trouvois le fardeau des finances trop au-dessus des forces de ce bon magistrat. Le roi parut sentir que mes inquiétudes étoient fondées. « Mais qui donc prendre? » me dit-il. Je lui répondis qu'il m'étoit impossible de ne pas être étonné de cette question, tandis qu'il existoit un homme qui réunissoit sur lui les vœux

---

1. Bouvard de Fourqueux ne fut contrôleur général que pendant vingt et un jours, ce qui fit dire qu'il avait perdu sa place au « vingt et un ».

de tout le public; que, dans tous les temps, il étoit nécessaire de ne pas contrarier l'opinion publique en choisissant un administrateur des finances; mais que, dans les circonstances critiques où il se trouvoit, il ne suffisoit pas de ne pas la contrarier, et qu'il étoit indispensable de la suivre. J'ajoutai que, tant que M. Necker existeroit, il étoit impossible qu'il eût un autre ministre des finances, parce que le public verroit toujours avec humeur et avec chagrin cette place occupée par un autre que lui. Le roi convint des talens de M. Necker; mais il m'objecta les défauts de son caractère, et je reconnus facilement les impressions qu'avoit données contre lui M. de Maurepas dans l'origine, et que MM. de Vergennes, de Calonne, de Miroménil et de Breteuil, avoient gravées plus profondément. Je ne connoissois pas personnellement M. Necker; je n'avois que des doutes à opposer à ce que le roi me disoit de son caractère, de sa hauteur et de son esprit de domination. Il y a apparence que, si je l'eusse connu alors, j'eusse décidé son rappel. J'aurois peut-être dû insister davantage, même en ne le connoissant pas; mais j'arrivois à peine dans le ministère, il n'y avoit pas six semaines que j'y étois entré; et d'ailleurs un peu de timidité, pas assez d'énergie, m'empêcha d'être aussi pressant que j'aurois pu l'être. Que de maux j'aurois évités à la

France! que de chagrins j'aurois épargnés au roi! (Qu'auroit-il dit s'il avoit prévu que, pour avoir manqué ce moment de changer le cours de nos funestes destinées, il seroit massacré lui-même par un peuple rendu féroce, et que, trois mois après sa mort, le roi périroit sur un échafaud?) Il fallut, poursuit-il, aller remettre à M. de Fourqueux la lettre qui lui étoit adressée, et même vaincre sa résistance ; j'en avois l'ordre positif. Cependant, il est certain qu'on avoit offert la place à M. de La Millière : la reine l'avoit fait venir ; le roi s'étoit trouvé chez elle à l'heure qu'elle lui avoit donnée ; et tous les deux le pressèrent fort d'accepter ; mais il eut assez de bon sens pour ne pas céder à leurs instances. M. de Fourqueux fit d'abord assez de difficultés ; mais enfin il se détermina. A peine fut-il en place que l'opinion modeste qu'il avoit de lui-même ne fut que trop bien confirmée.

« Cependant, les affaires étoient dans un état de stagnation absolue, ajoute M. de Montmorin; le crédit achevoit de se détruire de jour en jour; les moyens factices et dispendieux que M. de Calonne avoit employés pour soutenir la Bourse, venant à manquer tout à coup, produisoient une baisse journalière et considérable dans les effets; le Trésor royal étoit vide; on voyoit comme très prochaine la suspension des payemens; on n'imaginoit d'autre ressource qu'un emprunt, et il étoit impossible de le tenter dans un moment de détresse aussi désespérant. L'humeur gagnoit dans l'assemblée des notables, l'esprit en devenoit mauvais, et déjà on commençoit à y murmurer : « les *États généraux* ». Dans ces circonstances, il étoit nécessaire d'avoir un homme qui dominât l'opinion. M. de Lamoignon et moi nous nous communiquâmes nos idées, et nous convînmes que le seul homme sur qui l'on pût fonder quelque espérance étoit M. Necker ; mais je lui parlai des obstacles que j'avois déjà trouvés dans l'esprit du roi, et je lui annonçai que ces obstacles deviendroient encore plus insurmontables par la présence du baron de Breteuil. Nous conférâmes avec celui-ci, essayant de le convertir, mais inutilement. Enfin, après une longue séance, nous nous décidâmes à monter chez le roi ; et, lorsque tous les trois nous fûmes entrés en matière sur le changement qu'exigeoit le ministère des finances, je parlai avec force de la nécessité de rappeler celui que demandoit la voix publique. Le roi me répondit (à la vérité avec l'air de la plus profonde douleur) : « Eh bien ! il n'y a qu'à le « rappeler. » Mais alors le baron de Breteuil s'éleva avec une extrême chaleur contre cette résolution à moitié arrachée ; il représenta l'inconséquence qu'il y auroit à rappeler, pour le mettre à la tête de l'administration, un homme qui étoit à peine arrivé au lieu qu'on lui avoit prescrit pour

son exil : « Combien une pareille conduite auroit
« de foiblesse! quelle force elle donneroit à celui
« qui, placé ainsi par l'opinion, n'en auroit l'obli-
« gation qu'à elle et à lui-même! » Il s'étendit
longuement et fortement sur l'abus que M. Necker ne manqueroit pas de faire d'une semblable
position. Il peignit son caractère des couleurs les
plus propres à faire impression sur un roi naturellement jaloux de son autorité, et qui avoit un
pressentiment confus qu'on vouloit la lui arracher,
mais qui la croyoit encore entière dans ses mains,
et qui vouloit la conserver. Il y avoit des raisons
fort spécieuses dans ce que venoit de dire le baron
de Breteuil; mais elles l'auroient été moins qu'elles
auroient encore produit l'effet qu'elles obtinrent
sur le roi, qui n'avoit cédé à mon avis qu'avec une
extrême répugnance, peut-être uniquement parce
qu'il nous croyoit tous les trois d'accord. L'archevêque de Toulouse fut donc proposé et accepté
sans résistance. Cependant le roi nous dit qu'il
passoit pour avoir un caractère inquiet et ambitieux, et que peut-être nous nous repentirions de
lui avoir indiqué ce choix; mais il ajouta qu'il avoit
lieu de croire qu'on lui avoit exagéré les défauts de
ce prélat; que, depuis quelque temps, les préventions qu'il avoit eues contre lui s'étoient affoiblies,
et qu'il avoit été content de plusieurs mémoires sur
l'administration qu'il lui avoit fait parvenir. »

Je n'ai rien omis de ces détails, soit parce qu'ils feront connoître l'âme du roi, son caractère un peu trop facile peut-être, mais simple, naturel et bon; soit surtout parce qu'on y voit se former l'anneau principal de la chaîne de nos malheurs.

LIVRE XIII

BRIENNE s'étoit distingué dans les états de Languedoc; il y avoit montré le talent de sa place, et, dans un petit cercle d'administration, on avoit pu le croire habile. Comme Calonne, il avoit cet esprit vif, léger, résolu, qui en impose à la multitude. Il avoit aussi quelque chose de l'adresse de Maurepas; mais il n'avoit ni la souplesse et l'agrément de l'un, ni l'air de bonhomie et d'affabilité de l'autre. Naturellement fin, délié, pénétrant, il ne savoit ni ne vouloit cacher l'intention de l'être. Son regard, en vous observant, vous épioit; sa gaieté même avoit quelque chose d'inquiétant, et, dans sa physionomie, je ne sais quoi de trop rusé disposoit à la méfiance. Du côté du talent, une sagacité qui ressembloit à de l'astuce; de la netteté dans les idées, et assez d'étendue, mais en superficie; quelques lumières, mais éparses; des aperçus plutôt que des vues; un esprit à facettes, si je puis m'exprimer ainsi; et, dans les grands objets, de la facilité à saisir les petits détails, nulle capacité pour embrasser l'ensemble; du côté des mœurs, l'égoïsme ecclésiastique dans toute sa vivacité, et l'âpreté de l'avarice réunie au plus haut degré à celle de l'ambition. Dans un monde qui effleure tout et n'approfondit rien, Brienne savoit employer un certain babil politique, concis, rapide, entrecoupé de ces réticences mystérieuses qui font supposer, au delà de ce que l'on dit, ce qu'on auroit à dire encore, et laissent un vague indéfini à l'opinion que l'on donne de soi. Cette manière de se produire en feignant de se dérober, cette suffisance mêlée de discrétion et de réserve, cette alternative de demi-mots et de silences affectés, et quelquefois une censure légère et dédaigneuse de ce qui se faisoit sans lui, en s'étonnant qu'on ne vît pas ce qu'il y avoit de mieux à faire, c'étoit là bien réellement l'art et le secret de Brienne. Il ne montroit de lui que des échantillons : encore bien souvent n'étoient-ils pas de son étoffe. Cependant, presque dans tous les cercles d'où partoient les réputations, personne ne doutoit qu'il n'arrivât au ministère la tête pleine de grandes vues et le portefeuille rempli des projets les plus lumineux. Il arriva; et son portefeuille et sa tête, tout se trouva également vide.

Dans le naufrage de Calonne, ce furent ses débris qu'il parut avoir ramassés; ce furent ses édits du timbre et de l'impôt territorial qu'il présenta au Parlement. Il pouvoit se faire un appui de l'autorité des notables; et, entre les deux grands écueils des États généraux et de la banqueroute, il avoit un puissant moyen de les réduire à reconnoître la nécessité des impôts. Il ne sut que les renvoyer. Rien ne fut statué ni conclu dans cette assemblée.

Il entendoit le cri de la nation qui demandoit le rappel de Necker; et, en le sollicitant lui-même auprès du roi, il se fût honoré, il se fût affermi dans la place éminente qu'il occupoit, il se fût soulagé du fardeau des finances, il eût assuré son repos, fait bénir son élévation, couvert d'un voile de dignité l'indécence de sa fortune, dissimulé tout à son aise son oisive incapacité; en un mot, il se fût conduit en homme habile et en honnête homme. Il n'en eut jamais le courage. Cette fatale peur d'être effacé, d'être primé, le lui ôta. Inutilement ses amis le pressoient d'appeler à son secours l'homme invoqué par la voix publique : il répondoit : « Le roi et la reine n'en veulent pas. — Il dépend de vous, lui dit Montmorin, de persuader à la reine que Necker vous est nécessaire, et moi je me fais fort de le persuader au roi. » Brienne, pressé de si près, répondit : « Je puis m'en passer. » Ainsi périssent les empires.

Importuné d'entendre le public demander Necker

avec instance, il se plaisoit à le voir en butte à des écrivains faméliques, qu'il payoit, disoit-on, pour le calomnier. Cependant il se voyoit perdu dans le vide de ses idées. En moins de cinq mois, il essaya de deux contrôleurs généraux, Villedeuil et Lambert; tous les deux furent sans ressource. Un nouveau conseil des finances, un comité consultatif, tout lui étoit bon, excepté Necker, et tout lui étoit inutile. Jusqu'aux dernières extrémités, il crut pouvoir user d'expédiens ; rien ne lui réussit. Égaré, flottant sans boussole, et ne sachant quel mouvement donner au timon de l'État, enfin, dans sa conduite et dans son caractère, toujours opposé à lui-même, irrésolu dans sa témérité, pusillanime dans son audace; osant tout, abandonnant tout presque aussitôt après l'avoir osé, il ne cessa de compromettre et d'affoiblir l'autorité royale, et se rendit à la fois lui-même odieux par son despotisme, méprisable par son étourderie et par son instabilité.

Pour gagner la faveur publique, il débuta par vouloir établir des assemblées provinciales ; et, en les rendant électives et dépendantes de la commune, il fit légèrement et sans aucune réflexion ce qui en auroit demandé le plus. Tout despotique qu'il étoit, il eût voulu se montrer populaire et passer pour républicain. Il soutint mal ce personnage.

Après avoir congédié les notables, il envoya au

Parlement ses deux édits du timbre et de l'impôt territorial, comme s'ils avoient dû passer de prime abord, sans aucune difficulté. Ce fut là cependant que de jeunes têtes bouillantes commencèrent à remuer ces bornes respectables, ces questions de droit public, si critiques, si délicates, qu'on agita bientôt avec tant de chaleur et de témérité; mais il ne s'en mit point en peine. Il parut même, durant les séances et les débats du Parlement, avoir oublié son talent favori, l'adresse et l'insinuation. Nulle négociation, aucune conférence, aucune voie ouverte aux moyens de conciliation; il voulut tout franchir, tout enlever de vive force. Tant d'arrogance et de roideur souleva la magistrature, et, dans tous les parlemens du royaume, fut prise en même temps la résolution de rebuter les nouveaux édits avant qu'on les y eût envoyés; mais à cette insurrection qui menaçoit l'autorité royale Brienne n'opposa que le dédain des voies conciliatrices, et l'abandon de la chose publique au hasard des événemens.

Le Parlement de Paris lui demandoit la communication des états de finance : cette demande étoit fondée. Pour déterminer les subsides dans leur somme et dans leur durée sur les vrais besoins de l'État, le Parlement devoit savoir quels étoient ces besoins : le droit de remontrances emportoit le droit d'examen; et, à moins d'exiger de lui une obéissance d'esclave, on ne pouvoit lui refuser de l'éclairer sur ses devoirs. Ce fut ce que Brienne ne voulut point entendre; il ne vit pas qu'il étoit plus nécessaire que jamais qu'il y eût au nom du peuple une forme de délibération et d'acceptation des impôts, et que, si on disputoit aux parlemens le droit, tel quel, de vérifier et de consentir les édits, la nation se donneroit des représentans moins traitables. C'étoit là ce que le ministre et le Parlement, d'intelligence, devoient prévoir et prévenir.

Pour trancher la difficulté, Brienne fit tenir au roi un lit de justice à Versailles, où, par exprès commandement, furent enregistrés l'édit du timbre et celui de l'impôt territorial; ce vieil enfant étoit étranger à son siècle. Le lendemain, le Parlement ayant déclaré nulle et illégale la transcription des deux édits sur ses registres, l'expédient que trouva Brienne fut d'exiler le Parlement et d'en disperser tous les membres.

Le garde des sceaux Lamoignon, homme d'un caractère ferme et franc, mais d'un esprit sage, combattit victorieusement dans le conseil cet avis de Brienne : il fit sentir que des magistrats dispersés seroient inaccessibles à toute négociation, et il conclut en disant au roi que, si la translation des cours souveraines pouvoit quelquefois être utile, l'exil individuel des magistrats seroit toujours une imprudence du ministère.

Brienne, pour qui cette idée de translation parut toute nouvelle, l'adopta sur-le-champ, et fit signer au roi des lettres patentes qui transféroient le Parlement de Paris à Troyes. Le garde des sceaux demanda quelque délai; il fut mal écouté; et Brienne, en présence du roi, lui dit : « Vos idées sont excellentes, mais vous êtes trop lent dans vos résolutions. » A peine le Parlement fut-il arrivé à Troyes que Brienne, en conférant avec le garde des sceaux, se souvint, comme par hasard, que la présence de cette cour lui seroit nécessaire pour ses emprunts du mois de novembre. « Si j'y avois pensé plus tôt, s'écria-t-il, je ne l'aurois pas exilé; il faut le rappeler bien vite. » Et aussitôt ses émissaires furent mis en activité. (C'est du garde des sceaux que je tiens ces détails.)

Lamoignon, membre du Parlement avant d'être garde des sceaux, avoit fait connoître ses vues pour la réforme de nos lois; on le savoit occupé des moyens de simplifier la procédure et d'en diminuer les longueurs et les frais; c'étoit, aux yeux de son ancien corps, une espèce d'hostilité qui l'y faisoit craindre et haïr. Brienne, instruit de cette aversion du Parlement pour le garde des sceaux, imagina de lui en promettre le renvoi s'il vouloit se rendre traitable. « Ma lettre de créance est partie, dit-il à Lamoignon après avoir écrit. — Quelle lettre? demanda Lamoignon. — Celle, lui répondit Brienne, où j'ai promis votre disgrâce si l'on se met à la raison; mais n'en soyez pas moins tranquille. »

La lettre arrive à Troyes; elle est communiquée, et une révolution soudaine s'opère dans tous les esprits. On se persuade que l'exil, les coups d'autorité, le despotisme du ministre, viennent de celui qui médite dès longtemps la ruine de la magistrature. « *Brienne, livré à lui-même, auroit été plus foible et plus timide; ce caractère de vigueur qu'on lui voyoit prendre et quitter à tous momens n'étoit pas le sien; il l'empruntoit de Lamoignon; c'étoit lui qu'il falloit détruire; rien ne devoit coûter pour perdre l'ennemi commun.* » Ce fut à cette condition que passa l'édit des vingtièmes : car, pour ceux de l'impôt territorial et du timbre, il avoit fallu que Brienne consentît à les retirer. Mais il comptoit sur un emprunt considérable; et c'étoit pour lui un triomphe que d'avoir abusé et ramené le Parlement. Je ne dois pas omettre que, pour se donner plus de poids et de dignité dans sa négociation, il avoit voulu engager le roi à le nommer premier ministre, et que l'issue de cette tentative, d'abord assez mal accueillie, fut d'être déclaré ministre principal.

Le Parlement se rendit à Versailles; tout parut réconcilié; et Brienne, le même jour, dit au garde des sceaux : « J'ai bien fait, comme vous voyez;

et, si je n'avois pas promis à ces gens-là votre disgrâce, nous courions risque, vous et moi, de n'être pas longtemps ici. » Mais, en croyant s'être joué du Parlement, Brienne s'abusoit lui-même.

Aux termes de l'édit qu'on devoit lui passer, il comptoit que les deux vingtièmes seroient perçus exactement sur tous les biens-fonds, sans exception aucune, et dans la proportion de leurs revenus effectifs. Le Parlement prétendit, au contraire, que cet édit ne devoit rien changer à l'ancienne perception; qu'il n'autorisoit ni recherche, ni vérification nouvelle; et tous les parlemens se liguèrent ensemble pour déclarer que, si on exerçoit sur les biens une inquisition fiscale, ils s'y opposeroient hautement. Ils étoient appuyés dans cette opposition par un parti considérable; le clergé, la noblesse, tous les gens en crédit, faisoient cause commune avec la haute magistrature. Misérable avarice qui les a tous perdus ! Ce fut là ce qui, tout à coup, lia ce parti redoutable des corps privilégiés contre le ministère; et, pour l'intimider, leur cri de guerre fut : *les États généraux*.

Comme parmi les vices de l'esprit personnel se trouvent quelquefois les vertus de l'esprit public, il est possible que, dans le nombre des têtes exaltées dans le clergé et dans la noblesse, il en y eût quelques-unes à qui les vieux abus d'une autorité déréglée fissent vouloir de bonne foi, comme un remède unique et nécessaire, la convocation des États généraux ; mais, à considérer la masse et l'ensemble des hommes, cet appel à la nation ne pouvoit être qu'une menace feinte, ou qu'une résolution aveuglément passionnée. On devoit bien savoir que, pour les corps privilégiés et les classes favorisées, le plus redoutable des tribunaux étoit celui du peuple ; que, surchargé d'impôts, ce ne seroit pas lui qui leur accorderoit d'en être exempts plus que lui-même ; et, ces corps ayant tout à craindre de la discussion de leurs privilèges, il est peu vraisemblable qu'ils eussent mieux aimé les livrer aux débats d'une assemblée populaire que d'en traiter avec un ministre raisonnable et conciliant. Brienne, au lieu de faire sentir au Parlement combien sa demande étoit hasardeuse, ne songea qu'à lui échapper, et fit proposer aux provinces de s'abonner pour les vingtièmes. Plusieurs y consentirent ; d'autres, encouragées par la résistance des parlemens, ne voulurent entendre à aucune composition.

Le combat s'engageoit : les forces de réserve des parlemens, les arrêts de défense, alloient paroître et menaçoient de poursuivre comme exacteur et comme concussionnaire quiconque, dans l'imposition et la perception des vingtièmes, se conformeroit aux édits ; tout alloit être en feu d'une extrémité du royaume à l'autre, lorsque, tout à coup, affectant une autre espèce d'assurance, le ministre fit rendre un arrêt du conseil par lequel le roi déclaroit que le bon état de ses finances lui permettoit de n'exiger, dans les vingtièmes, aucune nouvelle extension. En même temps, il fit rédiger un édit de soixante millions d'emprunt, à dix pour cent de rente viagère, et il fut décidé que le roi en personne iroit au Parlement faire enregistrer cet édit.

Deux jours avant la séance royale, le garde des sceaux, s'étant rendu à Paris, y reçut la visite d'un homme qu'un esprit turbulent et audacieux avoit fait remarquer à la tête de la jeune magistrature, dont il s'étoit fait l'orateur. C'étoit Duval d'Éprémenil, conseiller aux enquêtes. Il dit à Lamoignon qu'un emprunt de soixante millions ne remédieroit à rien; qu'il falloit en ouvrir un de cinq cents millions, distribué en cinq années, employer ce temps et ces fonds à rétablir l'ordre dans les finances, et convoquer après les États généraux.

Brienne, en recevant la lettre où Lamoignon lui faisoit part de cet avis, en tressaillit de joie; et, ne doutant pas que le message ne lui vînt des enquêtes, il répondit qu'il « ne balançoit point à profiter de cette ouverture. Par là, je n'aurai plus d'ici à cinq ans, disoit-il, aucun démêlé avec le Parlement. » Incontinent il ordonna de dresser un édit de quatre cent vingt millions d'emprunts, qui se succéderoient dans l'espace de cinq années, au bout desquelles il promettoit la convocation des États généraux. En attendant, il annonçoit pour cinquante millions d'économies, tant en réduction de dépense qu'en bénéfice de recette ; ce qui feroit face à l'emprunt. Mais, comme si, dans la séance qu'il alloit faire tenir au roi, il eût voulu soulever les esprits au lieu de les calmer, il y fit prendre au roi et au garde des sceaux le ton le plus sévère ; il y fit rappeler au Parlement ses anciennes maximes sur le pouvoir absolu des rois et sur leur pleine indépendance ; il lui opposa les paroles consignées dans ses arrêts, « qu'au roi seul appartenoit la puissance souveraine dans le royaume ; qu'il n'étoit comptable qu'à Dieu seul de l'exercice du pouvoir suprême ; que le pouvoir législatif résidoit dans la personne du souverain, sans dépendance et sans partage » ; et, quant aux États généraux, l'on se tint sur la défensive, en disant « qu'au roi seul appartenoit le droit de les convoquer ; que lui seul devoit juger si cette convocation étoit utile ou nécessaire ; que les trois ordres assemblés ne seroient pour lui qu'un conseil plus étendu, et qu'il seroit toujours l'arbitre souverain de leurs représentations et de leurs doléances ». Rien de plus inutile dans cette circonstance que la hauteur de ce langage. L'effervescence des esprits n'en devint que plus vive ; les têtes s'enflammèrent, la séance fut orageuse. Le roi, croyant n'y recueillir que des conseils et des lumières, avoit permis qu'on opinât à haute voix ; nombre d'opinans abusèrent de cette liberté jusqu'à l'indécence ; et une censure amère et violente, se mêlant aux opinions, fit trop sentir au roi qu'au lieu de ses édits, c'étoit sa conduite et son règne qu'on prétendoit avoir le droit d'examiner. Il se contint durant l'espace de sept heures que tinrent les opinions ; et, affecté jusqu'au fond de l'âme de la licence qu'on se donnoit, il ne laissa pas échapper un seul mouvement d'impatience. Ainsi dès lors s'éprouvoit cette patience dont il a eu tant de besoin.

Cependant le grand nombre des opinions se terminoit à demander la convocation des États généraux pour le mois de mai de l'année suivante ; et d'Éprémenil disoit au roi : « Je le vois, ce mot désiré, prêt à échapper de vos lèvres ; prononcez-le, Sire, et votre Parlement souscrit à vos édits. » Si le roi eût cédé, il est indubitable que les édits auroient passé ; mais Brienne lui avoit recommandé de n'entendre à aucune condition, et de s'en tenir au principe que, « partout où le roi étoit présent, sa volonté faisoit la loi ».

Enfin, malgré le silence du roi et le refus qu'exprimoit ce silence, on a cru que, s'il avoit permis de recueillir les voix, le plus grand nombre auroit encore été pour l'acceptation des édits. Mais, ponctuellement exact à observer ce qui lui étoit prescrit par son ministre, il ordonna l'inscription des édits sans aller aux opinions, et fit enregistrer de même une déclaration qui mettoit en vacance tous les parlemens du royaume. Le duc d'Orléans, qui dès lors commençoit à jouer son rôle, protesta, en présence du roi, contre cet acte d'autorité; et, dès que le roi fut sorti, l'assemblée, où les pairs étoient encore, adhéra, par un arrêté, à la protestation du prince.

Le lendemain, la grande députation du Parlement fut mandée à Versailles. Le roi biffa l'arrêté de la veille, défendit sur le même objet toute nouvelle délibération, exila le duc d'Orléans à Villers-Cotterets, et deux conseillers de grand'chambre, Fréteau et Sabatier, l'un au château de Ham, l'autre au Mont-Saint-Michel.

Dès lors la ligue des parlemens fut générale contre le ministère; et Brienne, désespérant de les soumettre, résolut de les anéantir. A ce hardi projet, qu'il porta au conseil, étoit joint celui d'une cour plénière et permanente pour l'enregistrement des lois.

Dans ce conseil, Lamoignon combattit l'idée de la cour plénière, mais inutilement. Avec plus de succès, il s'opposa à la destruction de la haute magistrature; « moyen trop violent, dit-il, et que Maupeou avait déshonoré ». Il y substitua le projet d'affoiblir l'influence du Parlement de Paris et sa force de résistance, en érigeant dans son ressort des bailliages considérables, dont la compétence éteindroit le plus grand nombre des procès, et rendroit inutiles les chambres des enquêtes, tumultueuses et bruyantes, dont on vouloit se délivrer. Cette manière simple et sûre de réduire les parlemens par l'accroissement des bailliages, devoit être agréable aux peuples; elle abrégeoit la procédure, épargnoit aux plaideurs les frais des longs voyages, les lenteurs des appels, les rapines de la chicane; et, à l'égard d'un ressort aussi vaste que celui de Paris, ce projet portoit avec lui l'évidence de sa bonté. Brienne y voulut englober tous les parlemens du royaume, et, sans calculer quelle masse de résistance il auroit à vaincre, il chargea le garde des sceaux d'en rédiger le plan et d'en dresser l'édit. En même temps il lui traça une forme de cour plénière qu'il croyoit assez imposante pour assurer aux lois le respect et l'obéissance. Cette grande opération fut le secret du lit de justice du 8 mai 1788. Mais le silence que l'on gardoit sur ce qui devoit s'y passer, l'ordre donné aux gouverneurs des provinces de se rendre à leurs postes, les paquets envoyés aux commandans des villes où résidoient les parlemens, peut-être aussi quelque infidélité des imprimeurs ayant éventé le projet d'attaquer la magistrature, elle se mit en garde ; et, trois jours avant le lit de justice (le 5 mai), le Parlement assemblé protesta contre tout ce qui s'y feroit, avec promesse et sous le serment le plus saint de ne reprendre ses fonctions que dans le même lieu, et tout le corps ensemble, sans souffrir qu'aucun de ses membres en fût exclu ni séparé.

Dès qu'à Versailles on fut averti de la résolution et de l'engagement que le Parlement avoit pris, et que d'Éprémenil en étoit le moteur, Brienne obtint du roi l'ordre pour arrêter cet homme dangereux ; et d'Éprémenil, au moment qu'on venoit l'enlever chez lui, s'étant sauvé dans la grand'chambre, qui étoit alors en séance, il y fut pris, et conduit prisonnier aux îles Sainte-Marguerite.

Le lit de justice qui, le 8 mai, fut tenu à Versailles, le fut le même jour par les gouverneurs des provinces dans tous les parlemens du royaume ; et les lois qu'on y promulgua, presque toutes conformes aux vœux de la nation, y trouvèrent partout la même résistance.

L'administration de la justice mieux distribuée dans les provinces, les tribunaux moins éloignés, les appels moins fréquens, les grandes causes réservées aux cours supérieures, les moindres terminées en moins de temps et à moins de frais, la réforme de l'ordonnance criminelle promise et déjà commencée, un mois de surséance accordé au coupable après sa sentence de mort, la torture abolie et la sellette supprimée, un dédommagement accordé par la loi à l'innocent qu'elle auroit poursuivi, l'obligation imposée au juge, en infligeant la peine, de qualifier le délit, tout cela sembloit désirable; les États généraux promis avant le terme de cinq ans, la parole donnée du roi de les rendre périodiques; toutes les lois bursales acceptées et consenties par la nation elle-même, et, pour la vérification des autres lois, un tribunal exprès, où ne seroient jugées que les causes de forfaiture : il n'y avoit encore là rien qui, pour l'avenir, parût devoir être alarmant. Mais, d'un côté, en attendant la convocation des États généraux, l'on voyoit, dans les parlemens, renverser la seule barrière qui jusque-là pût s'opposer au despotisme des ministres; de l'autre, cette cour plénière, dont le nom seul auroit été une cause de défaveur, présentoit une idée de tribunal oligarchique, d'autant plus redoutable qu'il seroit revêtu de toute la force publique et de tout l'appareil des lois.

Ce tribunal, où siégeroient les officiers de la couronne et les commandans des armées, les pairs et les grands du royaume, des magistrats choisis au gré du roi dans ses conseils, et cette grand'chambre du Parlement, de tous temps fidèle et soumise à l'autorité souveraine, paraissoit devoir être un contre-poids trop fort pour l'assemblée des États.

Ainsi, dans ce lit de justice, la nation ne vit qu'un despotisme déguisé sous de spécieux avantages. Le cours de la justice suspendu dans tout le royaume y excitoit un murmure universel; et, dans Paris, cette milice praticienne (la basoche), qui étoit dévouée au Parlement, inondoit les cours du palais. La bourgeoisie étoit tranquille; elle savoit que la querelle du Parlement avec la cour venoit d'un refus de souscrire à l'égale imposition des vingtièmes sur tous les biens, et ce refus ne la disposoit pas à se liguer avec la classe privilégiée. Mais il y a dans Paris une masse de peuple qui, observant d'un œil envieux et chagrin les jouissances qui l'environnent, souffre impatiemment de n'avoir en partage que le travail et la pauvreté, et qui, dans l'espérance vague de quelque changement heureux pour lui, s'empresse d'accourir au premier signal du désordre, et de se rallier au premier factieux qui lui promet un sort plus doux. Ce fut par cette multitude que fut fortifié à l'entour du palais, en présence du Parlement, le parti de ses défenseurs. La magistrature se fit protéger par la populace, et sous les yeux de la grande police furent impunément commis tous les excès de la plus grossière licence : pernicieux exemple, que l'on n'a que trop imité ! Ce fut donc par le Parlement que fut d'abord provoquée l'insurrection et la révolte. La bonté du roi ne se lassa point d'épargner les voies de rigueur. Il fit poster des gardes aux avenues du palais ; mais il leur fit prescrire de n'employer leurs armes qu'à mettre en sûreté la vie et le repos des citoyens. Ce fut ainsi que le tumulte fut contenu et réprimé sans violence. Cependant, soit par l'inaction d'une police timide et foible, soit par l'impulsion de ceux qui, en excitant le trouble, répondoient de l'impunité, les mouvemens séditieux parmi le peuple de Paris alloient toujours croissant.

Dans les provinces, le despotisme des parlemens, chacun dans son ressort, la sécurité dont jouissoient leurs membres dans les vexations qu'ils exerçoient sur leurs voisins, leur arrogance, leur orgueil, n'étoient pas faits pour rendre leur cause intéressante ; mais, par leurs relations et leurs intelligences dans la classe privilégiée, ils formoient avec elle un parti nombreux et puissant. Le peuple même s'étoit laissé persuader que la cause des parlemens étoit la sienne. Il croyoit en Bretagne qu'il s'agissoit d'un impôt sur les salins ; on lui disoit ailleurs qu'il étoit menacé de nouvelles concussions ; et les magistrats s'abaissoient jusqu'à répandre eux-mêmes ces mensonges.

Brienne, au milieu de ces agitations, apprit que la noblesse de Bretagne envoyoit douze députés pour dénoncer au roi l'iniquité de son lit de justice. Aussitôt le ministre de la maison du roi, le baron de Breteuil, eut ordre de faire avancer la maréchaussée jusqu'à Senlis pour les y attendre et pour les renvoyer. L'ordre fut mal exécuté, les députés passèrent ; mais, à peine arrivés, ils furent mis à la Bastille. Incontinent la noblesse bretonne, au lieu de douze députés, en envoya cinquante-quatre. Ceux-ci furent admis à l'audience du roi, et les douze autres relâchés. Le baron de Breteuil, accusé par Brienne de le mal seconder, ne dissimula point sa répugnance à faire ce qu'il n'approuvoit pas, et il demanda sa retraite.

Dans ce même temps, la province de Dauphiné leva l'étendard de la liberté, en se donnant à elle-même cette constitution qui, vantée comme un modèle, a eu depuis tant d'influence. Dans la nouvelle forme que le Dauphiné donnoit à ses états, le tiers avoit la moitié des voix. Brienne, avec sa légèreté naturelle, autorisa cette disposition, ne voyant jamais rien au delà du moment. Enfin, réduit par sa foiblesse et par l'insurrection générale des parlemens à capituler avec eux, il consentit à ce qu'il avoit refusé avec le plus de résistance, et, par un arrêt du conseil du 8 août, il fit promettre au roi de convoquer les États généraux le mois de mai suivant, résolution tardive, qui ne fit qu'annoncer la fin d'un ministre aux abois.

Les finances étoient ruinées, les coffres du roi vides, plus de nouvel impôt, plus de nouvel emprunt, plus d'espérance de crédit, et de tous côtés les besoins les plus urgens; les rentes sur la ville, le prêt même des troupes, tout alloit manquer à la fois. Il n'en falloit pas moins pour forcer Brienne à reconnoître son incapacité, ou du moins l'impuissance où il étoit de tirer la chose publique de cet abîme de misère. Il voulut achever de se déshonorer, et, par un arrêt du conseil du 16 août, il déclara que les deux cinquièmes des payemens sur le Trésor royal se feroient en billets d'État. La malédiction publique fondit sur lui comme un déluge. Alors enfin il se résolut à demander le rappel de Necker; mais Necker refusa de s'associer avec lui. Il répondit que, « s'il avoit encore quelque espérance d'être utile à l'État, cette espérance étoit fondée sur la confiance dont la nation l'honoroit, et que, pour conserver quelque crédit lui-même, on savoit quelle condition il étoit obligé de mettre à son retour ». « Cette réponse est mon arrêt, dit Brienne au garde des sceaux; il faut céder la place »; et il donna sa démission (23 août 1788).

Il ne laissoit au Trésor royal que quatre cent mille livres de fonds, soit en argent, soit en autres valeurs ; et, la veille de son départ, il y envoya prendre les vingt mille livres de son mois de ministre, qui n'étoit point encore échu : exactitude d'autant plus remarquable que, sans compter les appointemens de sa place, et six mille livres de pension attachée à son cordon bleu, il possédoit en bénéfices six cent soixante-dix-huit mille livres de rente, et que, tout récemment encore, une coupe de bois dans l'une de ses abbayes lui avoit valu un million.

La considération dont Necker avoit joui s'étoit accrue dans sa disgrâce ; mais autant l'estime publique devoit l'encourager, autant devoit l'inquiéter la situation du royaume.

Alentour de la capitale, soixante lieues carrées de pays, et du pays le plus fertile, absolument dévastées par la grêle à la veille de la moisson ; la récolte mauvaise dans tout le reste du royaume ; le prix des blés exagéré encore par la crainte de la famine, et, dans l'urgente nécessité d'en faire venir du dehors, aucun fonds ni aucun crédit ; tous les effets royaux décriés sur la place et presque sans valeur ; toute voie interdite et aux emprunts et aux impôts ; d'un côté, la recette nécessairement appauvrie ; de l'autre, la dépense forcément augmentée, et, au lieu des contributions auxquelles sont soumis les habitans de la campagne, des secours pressans à répandre dans les lieux que la grêle venoit de ruiner; les tribunaux dans l'inaction; partout la licence impunie et la police intimidée; la discipline même chancelante parmi les troupes, et attaquée dans ce principe d'obéissance et de fidélité qui en est le nerf et le ressort; tout l'ancien droit public discuté et mis en problème; enfin toutes les classes et tous les ordres de l'État, sans convenir les uns avec les autres, ni chacun d'eux avec lui-même, sur ce que devoient être les États généraux, s'accordant à les demander avec les plus vives instances, et jusque-là ne voulant entendre à aucune subvention : telle étoit la crise effrayante où Necker trouvoit le royaume.

Son premier soin fut de rétablir l'ordre; l'interdiction des parlemens fut révoquée, la justice reprit son cours, et les lois de la police leur force et leur action. Le Trésor, vide à l'arrivée de Necker, parut tout à coup se remplir; les caisses en furent ouvertes; et, si le désolant arrêt du 16 août ne fut pas révoqué d'abord, au moins fut-il comme annulé : tout fut payé en espèces sonnantes; et, quelques semaines après, un nouvel arrêt du conseil acheva d'effacer la honte de la faillite de Brienne.

En laissant tomber ce ministre disgracié dans le mépris, la haine publique s'étoit jetée sur Lamoignon, regardé comme son complice; il fallut le sacrifier. Cependant, comme je dois plus à la vérité qu'à l'opinion, j'oserai dire que le roi perdit dans Lamoignon un bon ministre, et l'État un bon citoyen. Trompé par la réputation que Brienne avoit usurpée, Lamoignon n'avoit vu d'abord rien de meilleur à faire que de se lier avec lui, sous la promesse réciproque d'agir ensemble et de concert. Il ne fut pas longtemps à reconnoître en lui une tête vide et légère; mais, en le voyant s'engager dans des défilés dangereux, il l'avertit souvent, l'arrêta quelquefois, et ne l'abandonna jamais. Le tort ou le malheur de Lamoignon fut d'être mal associé. Il vouloit ardemment le bien, il aimoit tendrement le roi : il m'a dit à moi-même qu'il ne connoissoit pas un meilleur ni un plus honnête homme; et lui, plein de ce vieil esprit d'intégrité de ses ancêtres, il sembloit avoir pris pour ses vertus de caractère le courage et la loyauté. La haine même des parlemens étoit un éloge pour lui. L'estime, et, en secret, la confiance du roi, l'avoient suivi dans sa retraite de Bâville. Mais, ou le chagrin de l'exil, ou quelque peine domestique, lui fit abandonner la vie (le 18 mai 1789), et lui épargna des spectacles dont il seroit mort de douleur.

Necker avoit pris dans le conseil un ascendant qu'on n'aura point de peine à concevoir en voyant ce qu'avoit produit son retour dans le ministère.

Un hiver aussi rude et plus long que celui de 1709 faisoit paroître encore plus étonnantes les ressources de ce ministre. Aucun nouvel impôt, aucun nouvel emprunt connu ; et, au moyen d'un peu de lenteur qui n'excitoit aucune plainte, les rentes, les pensions, les dettes exigibles, régulièrement acquittées ; et, de tous les pays du monde, les blés affluant dans nos ports pour nous sauver de la famine ; des secours accordés aux malheureux dans les campagnes ; des soulagemens aux malades, aux vieillards, aux enfans délaissés dans les hôpitaux ; des frais immenses pour assurer, pour accélérer l'arrivée des subsistances : tels étoient les services que Necker rendoit à l'État ; et il est vraisemblable que, si, sans intervalle, conservé dans le ministère, on lui eût laissé mettre à profit le bénéfice de la paix, dans la situation prospère où l'on auroit vu le royaume, personne n'eût pensé aux États généraux, personne au moins n'en eût parlé.

Mais, la parole du roi une fois engagée de les assembler au mois de mai, il étoit difficile à Necker de l'y faire manquer sans s'aliéner les esprits. D'ailleurs, il ne l'a pas dissimulé lui-même, il souhaitoit dans le fond de son âme la convocation des États.

« Je pensai, dit-il en parlant de sa conduite à cette époque, je pensai qu'en entretenant la tranquillité dans le royaume, en soutenant l'édifice chancelant des finances, en subvenant à la disette des subsistances, et en aplanissant ainsi toutes les voies au plus grand et au plus désiré des événemens, j'aurois rempli suffisamment ma tâche, j'aurois acquitté mes devoirs d'homme public, de bon citoyen et de fidèle serviteur d'un roi qui vouloit le bien de l'État. » Quant aux motifs qui l'animoient, il nous les a expliqués de même. « J'avois connu, dit-il[1], mieux que personne, combien étoit instable et passager le bien qu'on pouvoit faire sous un gouvernement où les principes d'administration changeoient au gré des ministres, et les ministres au gré de l'intrigue. J'avois observé que, dans le cours passager de l'administration des hommes publics, aucune idée générale n'avoit le temps de s'établir, aucun bienfait ne pouvoit se consolider. » Il se souvenoit de ce cabinet de Maurepas, où lui-même *il montoit avec crainte et mélancolie, lorsqu'il falloit entretenir de réforme et d'économie un ministre vieilli dans le faste et les usages de la cour.* C'étoit la vive impression qu'avoient faite sur lui *les contrariétés, les dégoûts, les obstacles qu'il avoit essuyés lui-même et les combats qu'il avoit eus à livrer et à soutenir,* qui

---

1. *Sur l'administration de M. Necker par lui-même* (Amsterdam, 1791, in-12), p. 10.

lui faisoit regarder les États généraux comme un port de salut pour la chose publique.

Mais, si cette convocation avoit ses avantages, elle avoit aussi ses dangers; et la forme surtout qu'on lui auroit donnée pouvoit être d'une importance grave et d'une extrême conséquence.

Necker parut d'abord ne pas vouloir prendre sur lui le risque de cette première opération. Il demanda au roi de rappeler auprès de lui cette assemblée de notables dont il avoit éprouvé le zèle, pour se consulter avec eux.

Les exemples du temps passé, pour la composition des États généraux, étoient inconstans et divers; mais le plus grand nombre de ces exemples étoient favorables à la classe privilégiée, et, si celui de 1614 étoit suivi, comme le Parlement le demandoit et croyoit l'obtenir, l'ordre de la noblesse et celui du clergé s'assuroient la prépondérance. Leurs droits, leurs privilèges, leur seroient conservés et garantis pour l'avenir; et, en échange du service que le Parlement leur auroit rendu, il seroit constitué lui-même, dans l'intervalle des assemblées, leur représentant perpétuel. Mais, dans la classe populaire, l'esprit public avoit pris un caractère qui ne s'accordoit plus avec les prétentions de la classe parlementaire et féodale. Le laboureur dans les campagnes, l'artisan dans les villes, l'honnête bourgeois occupé de son négoce, ou de son industrie, ne demandoient qu'à être soulagés; et, livrés à eux-mêmes, ils n'auroient député que des gens paisibles comme eux. Mais dans les villes, et surtout à Paris, il existe une classe d'hommes qui, quoique distingués par l'éducation, tiennent au peuple par la naissance, font cause commune avec lui, et, lorsqu'il s'agit de leurs droits, prennent ses intérêts, lui prêtent leurs lumières, et lui donnent leurs passions. C'étoit dans cette classe que se formoit depuis longtemps cet esprit novateur, contentieux, hardi, qui acquéroit tous les jours plus de force et plus d'influence.

L'exemple tout récent de l'Amérique septentrionale, rendue à elle-même par son propre courage et par le secours de nos armes, nous étoit sans cesse vanté. Le voisinage des Anglois, l'usage plus fréquent de voyager dans leur pays, l'étude de leur langue, la vogue de leurs livres, la lecture assidue de leurs papiers publics, l'avide curiosité de ce qui s'étoit dit et passé dans leur Parlement, la vivacité des éloges qu'on donnoit à leurs orateurs, l'intérêt qu'on prenoit à leurs débats, enfin jusqu'à l'affectation de se donner leurs goûts, leurs modes, leurs manières, tout annonçoit une disposition prochaine à s'assimiler avec eux; et véritablement ce spectacle de liberté publique et de sûreté personnelle, ce noble et digne usage du droit de propriété dans l'acceptation volontaire et l'équitable répartition de l'impôt nécessaire aux besoins de l'État, avoit droit d'exciter en nous des mouvemens d'émulation. C'étoit d'après de tels exemples que des hommes instruits, remuans et audacieux avertissoient partout le peuple de ne pas oublier ses droits, et le ministre d'en prendre soin.

Le ministre ne demandoit qu'à maintenir les droits du peuple, car la ligue des parlemens, du clergé et de la noblesse contre l'autorité royale l'avoit réduit à regarder le peuple comme le refuge du roi. Mais, contre une si grande masse de résistance et de crédit, il se sentoit trop foible, et il avoit besoin d'être fortement appuyé.

Il n'étoit pas bien sûr de l'être par l'assemblée des notables. Cette assemblée où domineroient l'église, l'épée et la robe, et dans laquelle les notables des villes n'auroient pas même le tiers des voix, ne devoit guère être favorable aux communes.

Mais, quel que fût le résultat des délibérations, le mouvement seroit donné aux esprits dans tout le royaume, et les grands intérêts de la chose publique, agités dans cette assemblée, le seroient encore plus vivement au dehors. C'étoit de là surtout que le ministre attendoit sa force, et peut-être cet appareil de consultation n'étoit-il qu'une lice ouverte à l'opinion nationale, ou qu'un signal pour elle de se manifester. Le roi l'y avoit invitée par un arrêt du conseil, avant le renvoi de Brienne. Il étoit donc probable que l'opinion publique en imposeroit aux notables. Déjà se montrant populaires dans leur première assemblée de 1787, non seulement ils avoient consenti, mais ils avoient demandé eux-mêmes que, dans les assemblées provinciales que proposoit Calonne, le nombre des membres du tiers état fût égal à celui des membres du clergé et de la noblesse réunis. La question sembloit donc jugée par eux-mêmes, et Necker ne faisoit que leur laisser l'honneur de confirmer leur décision. La même disposition, dans les états de Dauphiné, avoit été hautement louée et proclamée comme un modèle. Ainsi, de tous côtés, les notables étoient avertis d'être populaires; et il n'y avoit aucune apparence qu'ils voulussent ou qu'ils osassent cesser de l'être après l'avoir été.

Ce fut dans cette confiance que la même assemblée de 1787 fut convoquée de nouveau le 5 octobre 1788, et se réunit à Versailles le 3 novembre de la même année.

Mais, lorsqu'il y fut question de composer dans les États ce conseil national, ce tribunal suprême où seroient discutés leurs droits, leurs privilèges, et tous les plus grands intérêts de leur rang et de leur fortune, chacun des ordres ne s'occupa que des dangers qu'il alloit courir.

Les objets sur lesquels on avoit à délibérer furent proposés en questions, dont les principales étoient : Quel devoit être le nombre respectif des députés de chaque ordre? Quelle avoit été et quelle pouvoit être leur forme de délibérer? Quelles conditions seroient nécessaires pour être électeur et pour être éligible dans l'ordre du clergé et dans celui du tiers, soit dans les communautés des campagnes, soit dans celles des villes? Ces deux qualités devoient-elles avoir pour titre une mesure de propriété réelle, ou seulement une quotité? et quelle quotité dans l'imposition?

L'assemblée étoit divisée en six bureaux, présidés chacun par un prince; et le roi demandoit que, sur chacune des questions proposées, les bureaux ayant formé chacun leur vœu définitif, ces avis motivés et suffisamment développés lui fussent tous remis, avec le compte des suffrages qu'auroit eus chaque opinion.

Dans le bureau présidé par *Monsieur,* les opinions se partagèrent sur le nombre des députés que chaque ordre devoit avoir; et, à la pluralité de treize contre douze, il fut décidé que chaque députation seroit composée de quatre députés, un de l'église, un de la noblesse, et deux du tiers état.

Les cinq autres bureaux, les uns à l'unanimité, les autres à la grande pluralité des voix, demandèrent que le nombre des représentans fût égal pour chacun des trois ordres, et que le roi fût supplié de ne pas laisser porter atteinte à cette égalité de suffrages, qu'ils regardoient comme la sauvegarde de l'État et comme le plus ferme appui de la constitution et de la liberté civile et politique. Ils reconnoissoient tous qu'aucune délibération ne pouvoit être prise légalement sans le concours des trois ordres ; que deux n'auroient pas droit d'engager le troisième, et qu'ainsi le *veto* d'un seul lui suffiroit pour garantir sa liberté ; mais ce principe même fondoit pour eux le droit de l'égalité respective. « Telle est en France, disoient-ils, la balance des forces publiques ; elle ne donne pas au tiers état un ascendant injuste sur les deux autres ordres, mais elle lui assigne la même mesure de pouvoir ; elle ne l'autorise pas à leur donner la loi, mais elle ne permet pas qu'il la reçoive. Or la députation double, si elle lui étoit accordée, détruiroit ce rapport d'égalité et d'indépendance : elle conduiroit à la forme de délibérer par tête ; elle en inspireroit la pensée ; elle en feroit chercher les moyens ; et qui pourroit en calculer les pernicieuses conséquences ? Vers cet objet seroit dirigée la première délibération des États, et son effet seroit d'y produire la plus dangereuse fermentation. »

Ainsi la seconde question, savoir : quelle seroit la forme de délibérer? ne fut pas même mise en doute; et, à l'exception du bureau de *Monsieur*, qui en laissoit le choix aux États, tous demandèrent l'opinion par ordre.

Les raisons du parti de la minorité pour demander en faveur du tiers la double représentation étoient qu'en supposant qu'on opinât par ordre, il étoit juste et naturel que, dans une assemblée où les lois, les arts, l'industrie, le commerce, l'agriculture, les finances, seroient sans cesse mis en délibération, la classe instruite par état de tous ces objets fût au moins d'égale force avec la classe qui n'en faisoit pas son étude; qu'il devoit arriver souvent que l'objet de la délibération fût de nature à exiger l'opinion par tête; qu'alors surtout le droit qu'auroit le tiers de pouvoir opposer deux voix aux deux autres voix réunies étoit aussi incontestable que le droit qu'il avoit de ne pas se laisser éternellement dominer.

Personne, ajoute-t-on, ne peut disputer aux États généraux le droit de régler leur police intérieure et de déterminer la manière dont les suffrages seront donnés et recueillis. Or, par exemple, sur l'impôt, il seroit impossible, à moins d'une injustice manifeste, qu'on prît la voix de l'opinion par tête, si de trois voix le tiers n'en avoit qu'une : car, la noblesse et le clergé étant sur cet article inséparables d'intérêts, ils le seroient d'opinions, et il n'y auroit plus que deux partis, dont l'un seroit double de l'autre.

A l'égard des élections, tous les bureaux, séduits par ce principe que la confiance devoit seule déterminer le choix, rendirent les conditions du droit d'élire et d'être élu les plus légères qu'il fût possible : nul égard à la propriété ; et, moyennant une contribution modique, tout domicilié auroit dans son bailliage le droit d'être électeur et seroit éligible. De même tout ecclésiastique ayant en bénéfice ou en propriété le revenu d'un curé de village pouvoit être électeur et pouvoit être élu.

Cependant les mêmes questions s'agitoient hors de l'assemblée ; le public s'en étoit saisi, et, dans les entretiens comme dans les écrits, la cause du peuple étoit plaidée avec chaleur et véhémence.

Dès l'ouverture de l'assemblée des notables, dans le comité que *Monsieur* présidoit, le prince de Conti dénonçant ces écrits dont la France étoit inondée : « Veuillez, *Monsieur*, avoit-il dit, représenter au roi combien il est important pour la stabilité de son trône, pour les lois et pour le bon ordre, que tous les nouveaux systèmes soient proscrits à jamais, et que la constitution et ses formes anciennes soient maintenues dans leur intégrité. » Si Necker avoit été frappé de cette prévoyance comme il auroit dû l'être, il n'eût pas fait répondre par le roi que cet objet n'étoit pas l'un de ceux pour lesquels il avoit assemblé les notables.

Toutes les villes du royaume s'occupant de l'objet des députations, on y faisoit valoir, en faveur du tiers état, non seulement le droit des neuf dixièmes de la nation, en concurrence avec les deux vingtièmes, mais le droit plus incontestable que donnoit dans l'État à cette classe laborieuse l'importance de ses travaux. Brave et docile dans les armées, infatigable dans les campagnes, industrieuse dans les villes ; sûreté, richesse, abondance, force, lumière, jouissance de toute espèce, tout venoit d'elle ; et à cette classe productrice et conservatrice de tous les biens un petit nombre d'hommes, pour la plupart oisifs et richement dotés, disputoient le droit d'être admise en nombre égal avec leurs députés dans le conseil national; et, pour la tenir subjuguée, ils se seroient arrogé sur elle l'éternel ascendant de la pluralité. C'étoit ainsi que les sociétés populaires s'animoient elles-mêmes à défendre leurs droits ; et cette liberté naissante, qu'il eût été aussi nécessaire que difficile de réprimer, gagnoit tous les esprits.

Vint enfin le moment où des opinions de l'assemblée des notables, et des réclamations des villes et des provinces du royaume, il fallut que le roi formât une résolution. Ce fut l'objet du conseil d'État du 27 décembre 1788. Necker y fit le rapport des opinions des bureaux sur les points les plus importans, singulièrement sur le nombre des députés pour chacun des trois ordres ; et, après avoir mis dans la balance les autorités, les exemples, les réflexions, les motifs pour et contre, donnant lui-même son opinion : « Je pense, dit-il, que le roi peut et doit appeler aux États généraux un nombre de députés du tiers état égal au nombre des députés des deux autres ordres réunis, non pour forcer, comme on pourroit le craindre, la délibération par tête, mais pour satisfaire le vœu général et raisonnable des communes de son royaume. »

L'avis de Necker fut celui du conseil, et le roi décida qu'on y conformeroit les lettres de convocation. Ainsi, sur l'article essentiel, Necker parut n'avoir consulté les notables que pour s'autoriser de leur opinion si elle étoit favorable au peuple, ou pour la rejeter si elle ne l'étoit pas, et pour donner le temps à celle des provinces de se déclarer hautement.

Necker ne dissimula point qu'il souhaitoit de voir établir, et d'une manière durable, un juste rapport entre les revenus et les dépenses de l'État, un prudent emploi du crédit, une égale distribution des impôts, un plan général de bienfaisance, un système éclairé de législation ; par-dessus tout une garantie continuelle de la liberté civile et de la liberté politique; et tous ces avantages, il ne les espéroit des États généraux qu'autant que les communes y feroient respecter leurs justes réclamations. Le *veto* de l'un des trois ordres, s'ils opinoient par chambre, lui sembloit un obstacle invincible et perpétuel aux meilleures résolutions. Il vouloit donc que l'on pût recourir à l'opinion par tête : ce qui ne seroit équitable qu'autant que les communes seroient en nombre égal avec l'église et la noblesse. C'étoit de ces deux ordres ligués avec les parlemens qu'étoit venue la résistance à la perception des vingtièmes; c'étoit pour rompre cette ligue qu'on avoit recours aux communes. Alors encore le langage des communes étoit l'expression des sentimens les plus convenables et pour l'autorité royale et pour la personne du roi. Ce fut à ce langage que le ministre fut trompé.

On vient de voir que les notables, en réduisant à une contribution modique le droit d'élire et d'être élu, l'avoient rendu indépendant de toute propriété réelle, au risque d'y laisser introduire un grand nombre d'hommes indifférens sur le sort de l'État. Necker, dans l'illusion qu'il avoit le malheur de se faire à lui-même sur l'attention qu'auroit le peuple à bien choisir ses députés, et sur le caractère de sagesse et de probité qu'un saint respect pour leurs fonctions imprimeroit aux députés du peuple, crut devoir, comme les notables, gêner le moins possible la liberté des élections, et fixer au plus bas la quotité d'imposition qui donneroit droit d'être élu. Ce fut l'une de ses erreurs. En accordant au tiers état l'égalité du nombre, il devoit bien prévoir qu'une partie du clergé se rangeroit du côté du peuple ; et à ce clergé populaire il donna cependant tous les moyens de se trouver en force dans les premières élections : tous les curés y étoient admis, tandis qu'il n'accordoit aux collégiales qu'un représentant par chapitre. Les curés devoient donc être élus en grand nombre, et aller grossir aux États le parti auquel ils tenoient, et par les nœuds du sang, et par leurs habitudes, et surtout par la vieille haine qu'ils couvoient pour le haut clergé.

Cependant, comme cet avantage étoit trop évident s'il étoit décidé que l'on opineroit par tête, le ministre accordoit aux premiers ordres la liberté de n'opiner ainsi que de leur plein consentement, source de dissensions où infailliblement les plus foibles succomberoient.

C'est ici le moment critique où la conduite de ce ministre cesse d'être irrépréhensible et a besoin d'apologie. Jamais homme ne fut plus éloigné que lui de l'infidélité perfide dont l'a fait accuser l'iniquité des temps ; mais, quant à la sécurité de sa confiance en un peuple que la Ligue et la Fronde lui avoient dû faire assez connoître, il est trop vrai que rien ne sauroit l'excuser.

Sans doute, pour remplir et les devoirs d'homme public, et ceux de citoyen, et ceux de serviteur d'un roi jeune et vertueux, comme il le dit lui-même, il falloit « éclairer sa justice, diriger ses inclinations, et le faire jouir de la première des faveurs du trône, de la félicité des peuples et de leurs touchantes bénédictions ». Mais il falloit éclairer sa sagesse en même temps que sa justice; l'avertir, en le conduisant, des risques qu'il alloit courir; ne pas couvrir de fleurs le bord du précipice, prendre soin de l'en garantir, et voir si, au lieu de bénédictions, ce ne seroient pas des outrages et des affronts sanglans qu'il l'exposoit à recevoir. Le roi s'abandonnoit à la prudence de son ministre; c'étoit pour celui-ci une obligation sacrée d'être précautionné, timide et méfiant. Necker ne le fut pas assez. Il y avoit de grands maux à craindre; il ne sut prévoir que le bien.

Cet esprit solitaire, abstrait, recueilli en lui-même, naturellement exalté, se communiquoit peu aux hommes, et peu d'hommes étoient tentés de se communiquer à lui; il ne les connoissoit que par des aperçus ou trop isolés, ou trop vagues; et de là ses illusions sur le caractère du peuple, à la merci duquel il mettoit l'État et le roi.

La lutte continuelle qu'il avoit eue à soutenir contre toutes les factions de l'intérêt particulier lui avoit donné de la cour et du monde une opinion peu favorable, et il en jugeoit sainement ; mais du gros de la nation il s'étoit fait, comme à plaisir, une opinion fantastique et infiniment trop flatteuse. Il s'étoit entendu louer, bénir, exalter par ce peuple ; il avoit joui de sa confiance, de son amour, de ses regrets : c'étoit lui qui l'avoit vengé des noirceurs de la calomnie ; c'étoit sa voix qui de l'exil l'avoit rappelé au ministère, et qui l'y soutenoit encore. Lié par la reconnoissance, il ne l'étoit pas moins par ses propres bienfaits ; et, personnellement obligé envers le peuple à le croire sensible et juste, il se persuadoit qu'il le seroit toujours. Ainsi son propre exemple lui en fit oublier d'autres qui l'auroient averti de l'inconstance de ce peuple, de sa légèreté, de sa facilité à passer d'un excès à l'autre, à se laisser corrompre, égarer, irriter, jusqu'à la frénésie et la plus brutale fureur.

Dans une classe au-dessus du peuple, mais attenant au peuple, il ne voulut pas voir combien de passions obscures et timides n'attendoient, pour se déceler, s'allumer, éclater ensemble, qu'un foyer qui les réunît. La vanité, l'orgueil, l'envie, l'ambition de dominer, ou du moins d'abaisser ceux que d'un œil jaloux on voyoit au-dessus de soi ; des intérêts plus vils et des vices plus bas encore, les spéculations de la cupidité, les calculs des âmes vénales, tous germes éternels de factions et de discordes, étoient des élémens que Necker sembloit n'avoir point démêlés. L'idée abstraite et séduisante d'une nation douce, aimable, généreuse, préoccupoit tous ses esprits.

Dans cette espèce d'enivrement, il ne crut point accorder trop de faveur au parti populaire. Après lui avoir assuré une pluralité constante, il voulut ajouter l'avantage du lieu à cet avantage du nombre. La sûreté, la liberté, la tranquillité des délibérations demandoient essentiellement un lieu inaccessible aux insultes du peuple, un lieu aisé à garantir de toute espèce de tumulte; et lui, sa première pensée fut de placer les États généraux dans Paris, au milieu du peuple le plus nombreux, le plus facile à émouvoir, à soulever, et le plus redoutable dans ses soulèvemens : ce ne fut que par déférence pour l'avis du conseil qu'il se contenta de les établir à Versailles, *statio malefida carinis.*

Celle des salles qu'on destinoit aux assemblées générales, et dans laquelle, entre les trois ordres, s'agiteroient les plus grands intérêts de l'État, fut entourée de galeries, comme pour inviter le peuple à venir assister aux délibérations, appuyer son parti, insulter, menacer, effrayer le parti contraire, et changer la tribune en une scène de théâtre, où par ses applaudissemens il exciteroit ses acteurs. Je marque ces détails, parce qu'ils ont été de l'importance la plus grave. Mais M. Necker ne vouloit se figurer les assemblées des États que comme un spectacle paisible, imposant, solennel, auguste, dont le peuple auroit à jouir. Ses espérances ne laissoient pas d'être mêlées d'inquiétudes ; mais, comme il attribuoit un grand pouvoir aux idées morales, il se flattoit que le plus sûr moyen de prévenir les troubles qui pouvoient naître de la dissension des ordres étoit de les animer tous de cet enthousiasme du bien public qui rend facile et doux le plus grand sacrifice des intérêts de corps et des intérêts personnels. Il en fit le premier essai dans la publication de son rapport au Conseil d'État du 27 décembre 1788 ; et ce fut par l'exemple du roi lui-même qu'il espéra d'exciter dès lors cette émulation généreuse.

En rappelant l'aveu que le roi lui avoit fait *qu'il n'avoit eu depuis quelques années que des instans de bonheur :* « Vous le retrouverez, Sire, ce bonheur, lui dit-il, et vous en jouirez ; vous commandez à une nation qui sait aimer. Si des nouveautés politiques, auxquelles elle n'est pas faite encore, l'ont pu distraire pour un temps de son caractère naturel, bientôt fixée par vos bienfaits, et affermie dans sa confiance par la pureté de vos intentions, elle ne pensera plus qu'à jouir de l'ordre heureux et constant dont elle vous sera redevable. Elle ne sait pas encore, cette nation reconnoissante, tout ce que vous avez dessein de faire pour son bonheur. Vous l'avez dit, Sire, aux ministres qui sont honorés de votre confiance : non seulement vous voulez ratifier la promesse que vous avez faite de ne mettre aucun nouvel impôt sans le consentement des États, mais vous voulez encore n'en proroger aucun sans cette condition. Vous voulez de plus assurer le retour des États généraux, en les consultant sur l'intervalle des convocations et sur les moyens de donner à ces dispositions une stabilité durable. Pour former un lien solide entre l'administration particulière de chaque province et la législation générale, vous voulez que les députés de chaque partie du royaume se concertent ensemble sur le plan le plus convenable, et Votre Majesté est disposée à y donner son assentiment. Votre Majesté veut encore prévenir de la manière la plus efficace le désordre que l'inconduite ou l'incapacité de ses ministres pourroit introduire dans les finances ; et, dans le nombre des dépenses que vous voulez fixer, vous n'exceptez pas même celles qui tiennent plus particulièrement à votre personne. Votre

Majesté se propose d'aller au-devant du vœu bien légitime de ses sujets, en invitant les États généraux à examiner eux-mêmes la grande question qui s'est élevée sur les lettres de cachet. Vous ne souhaitez, Sire, que le maintien de l'ordre, et vous voulez abandonner à la loi tout ce qu'elle peut exécuter. C'est par le même principe que Votre Majesté est impatiente de recevoir les avis des États généraux sur la mesure de liberté qu'il convient d'accorder à la presse et la publication des ouvrages relatifs à l'administration. Enfin, Sire, vous préférez, avec raison, aux conseils passagers de vos ministres, les délibérations durables des États généraux de votre royaume ; et, quand vous aurez éprouvé leur sagesse, vous ne craindrez pas de leur donner une stabilité qui puisse produire la confiance, et les mettre à l'abri des variations dans les sentimens des rois vos successeurs. »

Ce discours du ministre, imprimé, publié, répandu dans tout le royaume comme le gage solennel des intentions du roi, lui donnoit un droit légitime à la confiance des peuples; et si, d'après ces dispositions, les États avoient bien voulu se constituer le conseil suprême d'un roi qui ne vouloit que ce qui étoit juste, et qui vouloit tout ce qui étoit juste; d'un roi qui, de concert avec la nation, étoit déterminé à poser sur des bases inébranlables les bornes mêmes de son pouvoir et la colonne de la liberté, de la félicité publique, la monarchie françoise, sans changer de nature, devenoit le gouvernement le plus doux, le plus modéré, le plus stable qui fût jamais. Le roi, dans ce conseil législatif de la nation, alloit présider comme un père, consulter avec ses enfans, régler, concilier leurs droits en ami plutôt qu'en arbitre, et rédiger avec eux en lois les moyens de les rendre heureux. C'étoit dans cet esprit que le ministre croyoit tout disposer pour donner à la nation et conserver à la couronne ce caractère de grandeur, de puissance et de majesté, qu'elles devoient avoir ensemble, et que l'une sans l'autre ne pouvoit avoir pleinement (car c'est ainsi que le roi l'annonçoit).

Mais, dans une nation pétulante et légère, qui tout à coup veut être libre avant d'avoir appris à l'être, il n'est que trop naturel que la première fougue des esprits les emporte au delà des bornes de cette liberté ; et, ces bornes franchies, le reste est le domaine des passions, de l'erreur et du crime.

LIVRE XIV

QUOIQUE Paris fût comme le foyer de la fermentation excitée dans le royaume, les assemblées primaires y furent assez tranquilles, et ne parurent occupées qu'à se donner de bons électeurs pour avoir de bons députés.

J'étois du nombre des électeurs nommés par la section[1] des Feuillans; je fus aussi l'un des commissaires chargés de la rédaction du cahier des demandes, et je puis dire que, dans ces demandes, il n'y avoit rien que d'utile et de juste. Ainsi l'esprit de cette section fut raisonnable et modéré.

Il n'en fut pas de même de l'assemblée électo-

---

1. Paris était alors divisé en soixante districts, réduits par la loi du 22 juin 1790 à quarante-huit sections.

rale [1] ; la majeure partie en étoit saine en arrivant ; mais nous y vîmes fondre une nuée d'intrigans qui venoient souffler parmi nous l'air contagieux qu'ils avoient respiré aux conférences de Duport, l'un des factieux du Parlement.

Soit que Duport fût de bonne foi dans son dangereux fanatisme, soit qu'ayant mieux calculé que sa compagnie les hasards qu'elle alloit courir, il eût voulu se donner à lui-même une existence politique, on savoit que, chez lui, dès l'hiver précédent, il avoit ouvert comme une école de républicisme, où ses amis prenoient soin d'attirer les esprits les plus exaltés ou les plus disposés à l'être.

J'observai cette espèce d'hommes remuans et bruyans qui se disputoient la parole, impatiens de se produire, aspirant à se faire inscrire sur la liste des orateurs. Je ne fus pas longtemps à voir quelle seroit leur influence ; et, en élevant ma pensée d'un exemple particulier à une induction générale, je reconnus que c'étoit là, de même que dans toutes les communes, les organes de la faction,

---

[1]. C'est dans cette assemblée que Marmontel eut le courage de voter seul contre la dénonciation de l'arrêt du Conseil qui supprimait le *Journal des États généraux* de Mirabeau. Le trait a été signalé par Bailly dans ses *Mémoires* et relevé par Sainte-Beuve.

gens de palais et de chicane, et tous accoutumés à parler en public.

C'est une vérité connue qu'aucun peuple ne se gouverne; que l'opinion, la volonté d'une multitude assemblée, n'est jamais, ou presque jamais, qu'une impulsion qu'elle reçoit d'un petit nombre d'hommes, et quelquefois d'un seul, qui la fait penser et vouloir, qui la meut et qui la conduit. Le peuple a ses passions; mais ces passions, comme endormies, attendent une voix qui les réveille et les irrite. On les a comparées aux voiles d'un navire, lesquelles resteroient oisives et flottantes si quelque vent ne les enfloit.

Or, on sait qu'émouvoir les passions du peuple fut de tout temps l'office de l'éloquence de la tribune; et, parmi nous, la seule école de cette éloquence populaire étoit le barreau. Ceux même qui, dans la plaidoirie, n'en avoient pris que la hardiesse, les mouvemens et les clameurs, avoient sur le vulgaire un très grand avantage. Une raison froide, un esprit solide et pensant, auquel l'abondance et la facilité de l'élocution manqueroient au besoin, ne tiendroit pas contre la véhémence d'un déclamateur aguerri.

Le moyen le plus sûr de propager dans le royaume la doctrine révolutionnaire avoit donc été d'engager dans son parti le corps des avocats, et rien n'avoit été plus facile. Républicain par caractère, fier et jaloux de sa liberté, enclin à la domination par l'habitude de tenir dans ses mains le sort de ses cliens, répandu dans tout le royaume, en possession de l'estime et de la confiance publique, en relation continuelle avec toutes les classes de la société, exercé dans l'art d'émouvoir et de maîtriser les esprits, l'ordre des avocats devoit avoir sur la multitude un ascendant irrésistible; et, les uns par la force d'une véritable éloquence, les autres par cette affluence et ce bruit de paroles qui étourdit des têtes foibles et leur en impose avec des mots, ils ne pouvoient manquer de primer dans les assemblées populaires et d'y gouverner l'opinion, surtout en s'annonçant pour les vengeurs des injures du peuple et les défenseurs de ses droits.

On sent quel intérêt ce corps avoit lui-même à voir changer la réforme en révolution, la monarchie en république; c'étoit pour lui une aristocratie perpétuelle qu'il s'agissoit d'organiser. Successivement destinés à être les moteurs de la faction républicaine, rien ne convenoit mieux à des hommes ambitieux qui, partout en autorité de lumières et de talens, seroient, à tour de rôle, appelés aux fonctions publiques, et seuls, ou presque seuls, les législateurs de la France : d'abord ses premiers magistrats, et bientôt ses vrais souverains.

Cette perspective étoit la même non seulement pour les gens de loi, mais pour toutes les classes de citoyens instruits, où chacun présumoit assez de ses talens pour avoir la même espérance, avec la même ambition.

Je ne dispute point à cette ambition un prétexte honnête et louable. Dans les institutions humaines, il est impossible que tout soit bien ; il est même infiniment rare que tout soit le mieux ou le moins mal possible. Un gouvernement n'est jamais qu'une machine plus ou moins sujette à de fréquentes altérations. Il est donc nécessaire, au moins par intervalles, ou d'en régler les mouvemens, ou d'en remonter les ressorts ; et, quel que soit l'État, monarchique ou républicain, dont on examine la forme, il n'en est aucun dont la condition ne paroisse effrayante lorsque dans un même tableau l'on voit accumulés tous les vices, tous les abus, tous les crimes des temps passés. C'étoit ainsi que l'on calomnioit le règne de Louis XVI. Quelles que fussent les erreurs et les fautes qu'il n'avoit pu éviter, lui-même, il ne demandoit qu'à n'en laisser aucune trace, et personne ne souhaitoit plus vivement que lui cette réforme salutaire ; mais c'étoit sous ce nom vague et captieux de réforme qu'on déguisoit une révolution ; et cette erreur explique le succès presque universel d'un plan qui, présentant sous divers aspects l'honnête, l'utile et le juste, s'accommodoit à tous les caractères et concilioit tous les vœux.

Les meilleurs citoyens se croyoient d'accord de volonté et d'intention avec les plus méchans ; les esprits animés soit de l'amour du bien public, soit d'un désir de gloire et de domination, soit d'une basse envie ou d'une infâme ardeur de rapine et de brigandage, suivoient tous la même impulsion, et de ces mouvemens divers le résultat étoit le même : la subversion de l'État. C'est là ce qui me semble faire l'apologie d'un grand nombre d'hommes que l'on a crus pervers, et qui n'ont été qu'égarés.

Qu'en effet quelques hommes du naturel des tigres eussent prémédité la Révolution comme elle s'est exécutée, cela est concevable ; mais que la nation françoise, que le bas peuple même, avant que d'être dépravé, eût consenti à ce complot barbare, impie et sacrilège, c'est ce que personne, je crois, n'oseroit soutenir. Il est donc faux que les crimes de la Révolution aient été les crimes de la nation, et je suis loin de supposer qu'aucun de mes collègues à l'assemblée électorale ait pu seulement les prévoir.

Ce fut, je le crois, avec un aveugle enthousiasme du bien public que nous arriva cette troupe de gens de loi, soutenue d'un cortège d'ambitieux républicains qui, comme eux, aspiroient à se rendre célèbres dans les conseils d'un peuple libre. Target, distingué au barreau, d'ailleurs bien famé parmi nous, y vint jouer le premier rôle.

Le gouvernement nous avoit envoyé pour président le lieutenant civil[1]. Ce fut une fausse démarche, car elle étoit insoutenable. Une assemblée essentiellement libre devoit avoir un président pris dans son sein et de son choix. Ce magistrat soutint dignement sa mission : il nous fit admirer sa fermeté et sa sagesse, mais inutilement. La cause fut plaidée contradictoirement avec lui par l'avocat Target; et celui-ci, pour avoir défendu les droits de l'assemblée, en fut proclamé président.

Athlète exercé dès longtemps dans le pugilat du barreau, armé d'assurance et d'audace, dévoré d'ambition, et environné d'une escorte d'applaudisseurs bruyans, il commença par s'insinuer dans les esprits en homme conciliant et pacifique; mais, lorsqu'il se fut emparé de cette assemblée de citoyens nouveaux encore dans les fonctions d'hommes publics, il leva la tête, et se prononça hautement. Au lieu de s'en tenir, comme il étoit du devoir de sa place, à exposer fidèlement l'état des questions soumises à l'examen de l'assemblée, à recueillir, à résumer, à énoncer l'opinion, il la dicta.

Nos fonctions ne se bornoient pas à élire des

---

[1]. Denis-François Angran d'Alleray (1715-1794), conseiller d'État, ancien procureur au grand Conseil, lieutenant civil depuis 1774.

députés, nous avions encore à former, dans leurs mandats, des réclamations, des plaintes, des demandes; et chacun de ces griefs donnoit lieu à de nouvelles déclamations. Les mots indéfinis d'égalité, de liberté, de souveraineté du peuple, retentissoient à nos oreilles; chacun les entendoit, les appliquoit à sa façon. Dans les règlemens de police, dans les édits sur les finances, dans les autorités graduelles, sur lesquelles reposoient l'ordre et la tranquillité publique, il n'y avoit rien où l'on ne trouvât un caractère de tyrannie, et l'on attachoit une ridicule importance aux détails les plus minutieux. Je n'en citerai qu'un exemple.

Il s'agissoit du mur d'enceinte et des barrières de Paris, qu'on dénonçoit comme un enclos de bêtes fauves, trop injurieux pour des hommes.

« J'ai vu, nous dit l'un des orateurs, oui, citoyens, j'ai vu à la barrière Saint-Victor, sur l'un des piliers, en sculpture, le croirez-vous? j'ai vu l'énorme tête d'un lion, gueule béante, et vomissant des chaînes dont il menace les passans. Peut-on imaginer un emblème plus effrayant du despotisme et de la servitude? » L'orateur lui-même imitoit le rugissement du lion. Tout l'auditoire étoit ému; et moi, qui passois si souvent à la barrière Saint-Victor, je m'étonnois que cette image horrible ne m'eût point frappé. J'y fis donc ce jour-là une attention particulière; et, sur le pilastre, je vis pour ornement un bouclier pendu à une chaîne mince que le sculpteur avoit attachée à un petit mufle de lion, comme on en voit à des marteaux de porte ou à des robinets de fontaine.

L'intrigue avoit aussi ses comités secrets, où l'on dépouilloit tout respect pour nos maximes les plus saintes, pour nos objets les plus sacrés. Ni les mœurs ni le culte n'y étoient épargnés. On y montroit, selon la doctrine de Mirabeau, comme inconciliables et comme incompatibles, la politique avec la morale, l'esprit religieux avec l'esprit patriotique, et les vieux préjugés avec les nouvelles vertus. On y faisoit regarder comme inséparables sous le gouvernement d'un seul la royauté et la tyrannie, l'obéissance et la servitude, la puissance et l'oppression.

Au contraire, dès que le peuple rentreroit dans ses droits d'égalité, d'indépendance, on exagéroit follement les espérances et les promesses. Il sembloit que c'étoit par des hommes de l'âge d'or qu'on alloit être gouverné. Ce peuple libre, juste et sage, toujours d'accord avec lui-même, toujours éclairé dans le choix de ses conseils, de ses ministres, modéré dans l'usage de sa force et de sa puissance, ne seroit jamais égaré, jamais trompé, jamais dominé, asservi par les autorités qu'il auroit confiées. Ses volontés feroient ses lois, et ses lois feroient son bonheur.

Quoique je fusse presque isolé, et que, de jour en jour, mon parti s'affoiblît dans l'assemblée électorale, je ne cessois de dire à qui vouloit m'entendre combien cet art d'en imposer par d'impudentes déclamations me sembloit grossier et facile. Mes principes étoient connus, je n'en dissimulois aucun; et l'on prenoit soin de divulguer à l'oreille que j'étois ami des ministres et comblé des bienfaits du roi. Les élections se firent, je ne fus point élu : on me préféra l'abbé Sieyès[1]. Je remerciai le Ciel de mon exclusion, car je croyois prévoir ce qui alloit se passer à l'Assemblée nationale, et dans peu j'en fus mieux instruit.

Nous avions à l'Académie françoise un des plus outrés partisans de la faction républicaine : c'étoit Chamfort, esprit fin, délié, plein d'un sel très piquant lorsqu'il s'égayoit sur les vices et sur les ridicules de la société, mais d'une humeur âcre et mordante contre les supériorités de rang et de fortune, qui blessoient son orgueil jaloux. De tous les envieux répandus dans le monde, Chamfort étoit celui qui pardonnoit le moins aux riches et

---

1. M. Jules Flammermont me fait observer qu'il y a une contradiction flagrante entre l'allusion de Marmontel à son échec, qui eut lieu le 19 mai, et le passage du dialogue avec Maury (p. 193), où l'auteur demande qu'on empêche à tout prix la réunion des États généraux, ouverts le 5 du même mois.

aux grands l'opulence de leurs maisons et les délices de leurs tables, dont il étoit lui-même fort aise de jouir. Présens, et en particulier, il les ménageoit, les flattoit, et s'ingénioit à leur plaire; il sembloit même qu'il en aimoit, qu'il en estimoit quelques-uns dont il faisoit de pompeux éloges. Bien entendu pourtant que, s'il avoit la complaisance d'être leur commensal et de loger chez eux, il falloit que, par leur crédit, il obtînt de la cour des récompenses littéraires, et il ne les en tenoit pas quittes pour quelques mille écus de pension dont il jouissoit : c'étoit trop peu pour lui. « Ces gens-là, disoit-il à Florian, doivent me procurer vingt mille livres de rente; je ne vaux pas moins que cela. »

A ce prix, il avoit des grands de prédilection qu'il exceptoit de ses satires; mais, pour la caste en général, il la déchiroit sans pitié; et, lorsqu'il crut voir ces fortunes et ces grandeurs au moment d'être renversées, aucun ne lui étant plus bon à rien, il fit divorce avec eux tous, et se rangea du côté du peuple.

Dans nos sociétés, nous nous amusions quelquefois des saillies de son humeur, et, sans l'aimer, je le voyois avec précaution et avec bienséance, comme ne voulant pas m'en faire un ennemi.

Un jour donc que nous étions restés seuls au Louvre, après la séance académique : « Eh bien!

me dit-il, vous n'êtes donc pas député? — Non, répondis-je, et je m'en console, comme le renard des raisins auxquels il ne pouvoit atteindre : *Ils sont trop verts.* — En effet, reprit-il, je ne les crois pas assez mûrs pour vous. Votre âme est d'une trempe trop douce et trop flexible pour l'épreuve où elle seroit mise. On fait bien de vous réserver à une autre législature. Excellent pour édifier, vous ne valez rien pour détruire. »

Comme je savois que Chamfort étoit ami et confident de Mirabeau, l'un des chefs de la faction, je crus être à la source des instructions que je voulois avoir; et, pour l'engager à s'expliquer, je feignis de ne pas l'entendre. « Vous m'effrayez, lui dis-je, en parlant de détruire; il me sembloit à moi qu'on ne vouloit que réparer.

— Oui, me dit-il, mais les réparations entraînent souvent des ruines : en attaquant un vieux mur, on ne peut pas répondre qu'il n'écroule sous le marteau, et, franchement, ici l'édifice est si délabré que je ne serois pas étonné qu'il fallût le démolir de fond en comble. — De fond en comble! m'écriai-je. — Pourquoi pas? repartit Chamfort, et sur un autre plan moins gothique et plus régulier. Seroit-ce, par exemple, un si grand mal qu'il n'y eût pas tant d'étages, et que tout y fût de plain-pied? Vous désoleriez-vous de ne plus entendre parler d'éminences, ni de grandeurs, ni de titres, ni d'armoiries, ni de noblesse, ni de roture, ni du haut ni du bas clergé ? » J'observai que l'égalité avoit toujours été la chimère des républiques, et le leurre que l'ambition présentoit à la vanité ; mais ce nivellement est surtout impossible dans une vaste monarchie; « et, en voulant tout abolir, il me semble, ajoutai-je, qu'on va plus loin que la nation ne l'entend, et plus loin qu'elle ne demande.

— Bon! reprit-il, la nation sait-elle ce qu'elle veut? On lui fera vouloir et on lui fera dire ce qu'elle n'a jamais pensé; et, si elle en doute, on lui répondra comme Crispin au légataire [1] : *C'est votre léthargie.* La nation est un grand troupeau qui ne songe qu'à paître, et qu'avec de bons chiens les bergers mènent à leur gré. Après tout, c'est son bien que l'on veut faire à son insu : car, mon ami, ni votre vieux régime, ni votre culte, ni vos mœurs, ni toutes vos antiquailles de préjugés, ne méritent qu'on les ménage. Tout cela fait honte et pitié à un siècle comme le nôtre; et, pour tracer un nouveau plan, on a toute raison de vouloir faire place nette.

— Place nette! insistai-je, et le trône? et l'autel? — Et le trône, et l'autel, me dit-il, tomberont ensemble : ce sont deux arcs-boutans appuyés

---

1. De Regnard.

l'un par l'autre; et, que l'un des deux soit brisé, l'autre va fléchir. »

Je dissimulai l'impression que me faisoit sa confidence, et, pour l'attirer plus avant : « Vous m'annoncez, lui dis-je, une entreprise où je crois voir plus de difficultés que de moyens.

— Croyez-moi, reprit-il, les difficultés sont prévues et les moyens sont calculés. » Alors il se développa, et j'appris que les calculs de la faction étoient fondés sur le caractère du roi, si éloigné de toute violence qu'on le croyoit pusillanime; sur l'état actuel du clergé, où il n'y avoit plus, disoit-il, que quelques vertus sans talens, et quelques talens dégradés et déshonorés par des vices; enfin, sur l'état même de la haute noblesse, que l'on disoit dégénérée, et dans laquelle peu de grands caractères soutenoient l'éclat d'un grand nom.

Mais c'étoit surtout en lui-même que le tiers état devoit mettre sa confiance. Cet ordre, dès longtemps fatigué d'une autorité arbitraire et graduellement oppressive jusque dans ses derniers rameaux, avoit sur les deux autres ordres non seulement l'avantage du nombre, mais celui de l'ensemble, mais celui du courage et de l'audace à tout braver. «Enfin, disoit Chamfort, ce long amas d'impatience et d'indignation, formé comme un orage, et cet orage prêt à crever; partout la confédération et l'insurrection déclarées, et, au signal donné par la province du Dauphiné, tout le royaume prêt à répondre par acclamation qu'il prétend être libre ; les provinces liguées, leur correspondance établie, et de Paris comme de leur centre l'esprit républicain allant porter au loin sa chaleur avec sa lumière : voilà l'état des choses. Sont-ce là des projets en l'air ? »

J'avouai qu'en spéculation tout cela étoit imposant ; mais j'ajoutai qu'au delà des bornes d'une réforme désirable la meilleure partie de la nation ne laisseroit porter aucune atteinte aux lois de son pays et aux principes fondamentaux de la monarchie.

Il convint que, dans ses foyers, à ses comptoirs, à ses bureaux, à ses ateliers d'industrie, une bonne partie de ces citadins casaniers trouveroient peut-être hardis des projets qui pourroient troubler leur repos et leurs jouissances. « Mais, s'ils les désapprouvent, ce ne sera, dit-il, que timidement et sans bruit, et l'on a, pour leur en imposer, cette classe déterminée qui ne voit rien pour elle à perdre au changement, et croit y voir tout à gagner. Pour l'ameuter, on a les plus puissans mobiles : la disette, la faim, l'argent, des bruits d'alarme et d'épouvante, et le délire de frayeur et de rage dont on frappera ses esprits. Vous n'avez entendu parmi la bourgeoisie que d'élégans parleurs. Sachez que tous nos orateurs de tribune ne sont rien en comparaison des Démosthènes à un écu par tête, qui, dans les cabarets, dans les places publiques, dans les jardins et sur les quais, annoncent des ravages, des incendies, des villages saccagés, inondés de sang, des complots d'assiéger et d'affamer Paris. C'est là ce que j'appelle des hommes éloquens. L'argent surtout et l'espoir du pillage sont tout-puissans parmi ce peuple. Nous venons d'en faire l'essai au faubourg Saint-Antoine; et vous ne sauriez croire combien peu il en a coûté au duc d'Orléans pour faire saccager la manufacture de cet honnête Réveillon, qui dans ce même peuple faisoit subsister cent familles. Mirabeau soutient plaisamment qu'avec un millier de louis on peut faire une jolie sédition.

— Ainsi, lui dis-je, vos essais sont des crimes, et vos milices sont des brigands. — Il le faut bien, me répondit-il froidement. Que feriez-vous de tout ce peuple en le muselant de vos principes de l'honnête et du juste? Les gens de bien sont foibles, personnels et timides; il n'y a que les vauriens qui soient déterminés. L'avantage du peuple, dans les révolutions, est de n'avoir point de morale. Comment tenir contre des hommes à qui tous les moyens sont bons? Mirabeau a raison : il n'y a pas une seule de nos vieilles vertus qui puisse nous servir; il n'en faut point au peuple, ou il lui en faut d'une autre trempe. Tout ce qui est nécessaire à la révolution, tout ce qui lui est utile, est juste : c'est là le grand principe.

— C'est peut-être celui du duc d'Orléans, répliquai-je ; mais je ne vois que lui pour chef à ce peuple en insurrection, et je n'ai pas, je vous l'avoue, grande opinion de son courage. — Vous avez raison, me dit-il, et Mirabeau, qui le connoît bien, dit que ce seroit bâtir sur de la boue que de compter sur lui. Mais il s'est montré populaire, il porte un nom qui en impose, il a des millions à répandre, il déteste le roi, il déteste encore plus la reine ; et, si le courage lui manque, on lui en donnera : car, dans le peuple même, on aura des chefs intrépides, surtout dès le moment qu'ils se seront montrés rebelles et qu'ils se croiront criminels : car il n'y a plus à reculer quand on n'a derrière soi pour retraite que l'échafaud. La peur, sans espérance de salut, est le vrai courage du peuple. On aura des forces immenses si l'on peut obtenir une immense complicité. Mais, ajouta-t-il, je vois que mes espérances vous attristent : vous ne voulez pas d'une liberté qui coûtera beaucoup d'or et de sang. Voulez-vous qu'on vous fasse des révolutions à l'eau rose ? »

Là finit l'entretien, et nous nous séparâmes, lui sans doute plein de mépris pour mes minutieux scrupules, et moi peu satisfait de sa fière immoralité. Le malheureux s'en est puni en s'égorgeant lui-même, lorsqu'il a connu ses erreurs.

Je fis part de cet entretien à l'abbé Maury le soir même. « Il n'est que trop vrai, me dit-il, que dans leurs spéculations ils ne se trompent guère, et que, pour trouver peu d'obstacles, la faction a bien pris son temps. J'ai observé les deux partis. Ma résolution est prise de périr sur la brèche ; mais je n'en ai pas moins la triste certitude qu'ils prendront la place d'assaut, et qu'elle sera mise au pillage.

— S'il est ainsi, lui dis-je, quelle est donc la démence du clergé et de la noblesse, de laisser le roi s'engager dans cette guerre ? — Que voulez-vous qu'ils fassent ? — Ce qu'on fait dans un incendie : je veux qu'ils fassent la part au feu ; qu'ils remplissent le déficit en se chargeant de la dette publique ; qu'ils remettent à flot le vaisseau de l'État ; enfin qu'ils retirent le roi du milieu des écueils où ils l'ont engagé eux-mêmes, et qu'à quelque prix que ce soit ils obtiennent de lui de renvoyer les États généraux avant qu'ils ne soient assemblés. Je veux qu'on leur annonce qu'ils sont perdus si les États s'assemblent, et qu'il n'y a pas un moment à perdre pour dissiper l'orage qui va fondre sur eux. » Maury me fit des objections ; je n'en voulus entendre aucune. « Vous l'exigez, me dit-il ; eh bien ! je vais faire cette démarche. Je ne serai point écouté. »

Malheureusement il s'adressa à l'évêque D'***, tête pleine de vent, lequel traita mes avis de chimère. Il répondit « qu'on n'en étoit pas où l'on croyoit en être, et que, l'épée dans une main, le crucifix dans l'autre, le clergé défendroit ses droits ».

Libre de ma députation de l'assemblée électorale, j'allai chercher dans ma maison de campagne le repos dont j'avois besoin, et par là je me dérobai à une société nouvelle qui se formoit chez moi. Elle étoit composée de gens que je me serois plu à réunir dans des temps plus paisibles : c'étoient l'abbé de Périgord, récemment évêque d'Autun [1], le comte de Narbonne et le marquis de La Fayette. Je les avois vus, dans le monde, aussi libres que moi d'intrigues et de soins : l'un, d'un esprit sage, liant et doux ; l'autre, d'une gaieté vive, brillante, ingénieuse ; le dernier, d'une cordialité pleine d'agrémens et de grâces, et tous les trois du commerce le plus aimable.

Mais, dans leurs rendez-vous chez moi, je vis leur humeur rembrunie d'une teinte de politique ; et, à quelques traits échappés, je soupçonnai des causes de cette altération dont mes principes ne s'accommodoient pas. Ils s'aperçurent comme moi que, dans leurs relations et dans leurs conférences,

---

1. Talleyrand.

ma maison n'étoit pas un rendez-vous pour eux. Ma retraite nous sépara.

Les jours de la semaine où j'allois à l'Académie, je couchois à Paris, et je passois assez fréquemment les soirées chez M. Necker. Là, me trouvant au milieu des ministres, je leur parlois à cœur ouvert de ce que j'avois vu et de ce que j'avois appris. Je les trouvois tout stupéfaits, et comme ne sachant où donner de la tête. Ce qui se passoit à Versailles avoit détrompé M. Necker, et je le voyois consterné. Invité à dîner chez lui avec les principaux députés des communes, je crus remarquer, à l'air froid dont ils répondoient à ses attentions et à ses prévenances, qu'ils vouloient bien de lui pour leur intendant, mais non pas pour leur directeur.

M. de Montmorin, à qui je parlai d'engager le roi à se retirer dans l'une de ses places fortes, et à la tête de ses armées, m'objecta le manque d'argent, la banqueroute, la guerre civile.

«Vous croyez donc, ajouta-t-il, le péril bien pressant pour aller si vite aux extrêmes? — Je le crois si pressant, lui dis-je, que, dans un mois d'ici, je ne répondrois plus ni de la liberté du roi, ni de sa tête, ni de la vôtre. »

Hélas! Chamfort m'avoit rendu prophète; mais je ne fus point écouté, ou plutôt je le fus par un ministre foible, qui lui-même ne le fut pas.

Cependant les députés des trois ordres s'étoient

rendus à Versailles à peu près au nombre prescrit : trois cents de l'ordre du clergé, trois cents de l'ordre de la noblesse et six cents de l'ordre du tiers état, y compris ceux de la commune de Paris, qui n'arrivèrent que quelques jours après.

Ce fut le 5 mai que se fit l'ouverture de l'assemblée. Jamais la nation n'avoit été si pleinement représentée, jamais tant de si graves intérêts n'avoient été remis à ses représentans, jamais aussi tant de talens et de lumières ne s'étoient réunis pour travailler ensemble au grand ouvrage du bien public ; jamais enfin un roi ni meilleur, ni plus juste, ne s'étoit offert pour y contribuer. Que de bonheur un système aveugle de révolution a détruit !

Le roi, dans tout l'appareil de sa majesté, accompagné de la reine et des deux princes ses frères, des princes de son sang, des pairs de son royaume, des officiers de sa couronne, de son garde des sceaux et du ministre de ses finances, se rendit à la salle des États assemblés.

Il parut avec une dignité simple, sans orgueil, sans timidité, portant sur le visage le caractère de bonté qu'il avoit dans le cœur, doucement ému du spectacle et du sentiment que la vue des députés d'une nation fidèle devoit inspirer à son roi.

Rien de plus vrai que l'air, le ton, l'accent de l'âme, l'expression simple et sensible dont il prononça le discours que je vais transcrire[1].

« Messieurs, ce jour que mon cœur attendoit depuis longtemps est enfin arrivé, et je me vois entouré des représentans de la nation à laquelle je me fais gloire de commander. Un long intervalle s'étoit écoulé depuis la dernière tenue des États généraux ; et, quoique la convocation de ces assemblées parût être tombée en désuétude, je n'ai point balancé à rétablir un usage dont le royaume peut tirer une nouvelle force et qui peut ouvrir à la nation une nouvelle source de bonheur.

« La dette de l'État, déjà immense à mon avènement au trône, s'est encore accrue sous mon

---

1. Le tome Ier des *Miscellanies of Philobiblon Society* (Londres, 1854, petit in-4°) renferme les divers brouillons de ce discours ; les cinq premiers sont de la main de Necker, Rayneval, Saint-Priest, Nivernois et Barentin, dont les noms ont été inscrits par le roi en tête de chacune de ces minutes. Louis XVI avait lui-même jeté sur le papier trois autres projets : le premier est remanié par la reine, le second annoté par Montmorin, le troisième ne porte pas d'observations. Le texte définitivement adopté est pour les cinq premiers paragraphes, et à part quelques variantes insignifiantes, celui que Montmorin avait amendé, et pour les trois derniers, celui du troisième brouillon de Louis XVI, sauf les deux lignes de la fin.

Ces curieux autographes, communiqués à la *Philobiblon Society* par B. Mouckton Milnes, provenaient, paraît-il, de Danby Seymour, frère de Henry Seymour, qui avait épousé en 1775 la comtesse de Paothou, née de La Martellière, attachée à la cour de Marie-Antoinette.

règne; une guerre dispendieuse, mais honorable, en a été la cause ; l'augmentation des impôts en a été la suite nécessaire, et a rendu plus sensible leur inégale répartition. Une inquiétude générale, un désir immodéré d'innovation, se sont emparés des esprits et finiroient par égarer totalement les opinions si l'on ne se hâtoit de les fixer par une réunion d'avis sages et modérés.

« C'est dans cette confiance, Messieurs, que je vous ai rassemblés, et je vois avec sensibilité qu'elle a déjà été justifiée par des dispositions que les deux premiers ordres ont montrées à renoncer à leurs intérêts pécuniaires. L'espérance que j'ai eue de voir tous les ordres, réunis de sentimens, concourir avec moi au bien général de l'État, ne sera point trompée.

« J'ai déjà ordonné dans les dépenses des retranchemens considérables. Vous me présenterez à cet égard des idées que je recevrai avec empressement; mais, malgré les ressources que peut offrir l'économie la plus sévère, je crains, Messieurs, de ne pouvoir pas soulager mes sujets aussi promptement que je le désirerois.

« Je ferai mettre sous vos yeux la situation exacte des finances ; et, quand vous l'aurez examinée, je suis assuré d'avance que vous me proposerez les moyens les plus efficaces pour y établir un ordre permanent et affermir le crédit public.

Ce grand et salutaire ouvrage, qui assurera le bonheur du royaume au dedans et sa considération au dehors, vous occupera essentiellement.

« Les esprits sont dans l'agitation ; mais une assemblée des représentans de la nation n'écoutera sans doute que les conseils de la sagesse et de la prudence. Vous aurez jugé vous-mêmes, Messieurs, qu'on s'en est écarté dans plusieurs occasions récentes ; mais l'esprit dominant de vos délibérations répondra aux véritables sentimens d'une nation généreuse, et dont l'amour pour ses rois a toujours fait le caractère distinctif. J'éloignerai tout autre souvenir.

« Je connois l'autorité et la puissance d'un roi juste, au milieu d'un peuple fidèle et attaché de tout temps aux principes de la monarchie. Ils ont fait la gloire et l'éclat de la France ; je dois en être le soutien, et je le serai constamment. Mais tout ce qu'on peut attendre du plus tendre intérêt au bonheur public, tout ce qu'on peut demander à un souverain, premier ami de ses peuples, vous pouvez, vous devez l'espérer de mes sentimens.

« Puisse, Messieurs, un heureux accord régner dans cette assemblée, et cette époque devenir à jamais mémorable pour le bonheur et la prospérité du royaume ! C'est le souhait de mon cœur ; c'est le plus ardent de mes vœux ; c'est enfin le prix que j'attends de la droiture de mes intentions et de mon amour pour mes peuples. »

Ces paroles du roi firent sur l'assemblée la plus favorable impression.

Le garde des sceaux, selon l'usage, développa les intentions du roi ; il observa que dans l'ancien temps le service militaire étant aux frais de la noblesse, et la subsistance des veuves, des orphelins, des indigens, étant prise alors sur les biens du clergé, ce genre de contribution les acquittoit envers l'État ; mais qu'aujourd'hui que le clergé avoit des richesses considérables, et que la noblesse obtenoit des récompenses honorifiques et pécuniaires, les possessions de ces deux ordres devoient subir la loi commune de l'impôt. Parmi les objets qui devoient fixer l'attention de l'assemblée, il indiqua les changemens utiles que pouvoient exiger la législation civile et la procédure criminelle ; et, en reconnoissant la nécessité de rendre l'administration de la justice plus facile, d'en corriger les abus, d'en restreindre les frais, de tarir la source de ces discussions interminables qui ruinoient les familles, et de mettre les justiciables à portée d'obtenir un prompt jugement, il rendit tacitement hommage aux principes de Lamoignon.

Enfin, par ordre exprès du roi, le directeur général des finances, ayant pris la parole, en exposa la situation; et, sans dissimuler le mal, il en indiqua les remèdes. Sur ce tableau, si effrayant dans l'ombre, il répandit une lumière rassurante, et aux aveux les plus affligeans il mêla les consolations d'une espérance courageuse. Il fit voir que l'objet le plus pressant et le plus difficile, l'égalité à établir entre les revenus et les dépenses fixes, ne demandoit pas même le secours d'un nouvel impôt; que ce vide seroit rempli par de simples réductions et de légères économies. Quant aux ressources qui lui restoient pour les besoins de la présente année, pour les dépenses extraordinaires des deux suivantes, pour l'amortissement successif des anciennes dettes, pour diminuer la somme des anticipations, enfin pour acquitter quelques dettes pressantes et actuellement exigibles, il les indiqua, ces ressources, dans le casuel progressif des extinctions des rentes viagères, dans le produit des économies et des nouvelles améliorations, dans l'accroissement des subsides plus également imposés, plus régulièrement perçus. Enfin, sûr d'obtenir du temps et du crédit national le seul moyen légitime et permis d'alléger les charges publiques, il n'en vouloit point d'autres, et il répudioit, comme indigne d'un roi et d'une nation magnanime, toute espèce d'altération dans la foi des engagemens.

« Que de plus grandes précautions, dit-il, soient

prises pour l'avenir, le roi le désire, le roi le veut ; mais à une époque si solennelle, où la nation est appelée par son souverain à l'environner non pas pour un moment, mais pour toujours ; à une époque où cette nation est appelée à s'associer en quelque manière aux pensées et aux volontés de son roi, ce qu'elle désirera de seconder avec le plus d'empressement, ce sont les sentimens d'honneur et de fidélité dont il est rempli. Ce sera un jour, Messieurs, un grand monument du caractère moral de Sa Majesté que cette protection accordée aux créanciers de l'État, que cette longue et constante fidélité, car, en y renonçant, le roi n'avoit besoin d'aucun secours ; et c'est là peut-être le premier conseil que les machiavélistes modernes n'auroient pas manqué de lui donner. »

A ces maximes de justice et de probité Necker ajouta le grand intérêt de la puissance politique, dont ces principes étoient la base ; et, avec la même éloquence dont il avoit plaidé la cause des créanciers de l'État, il plaida celle des pensionnaires. Sa loyauté fut applaudie.

Mais, lorsqu'en parlant de certains mandats conditionnels, où les engagemens à prendre à l'égard des finances étoient considérés comme un objet secondaire, qui devoit être précédé de toutes les concesions et de toutes les assurances que la nation demanderoit, le ministre observa que les besoins des finances n'étoient que les besoins publics ; que les dépenses de l'État ne concernoient pas moins la nation que le monarque ; qu'il y alloit de sa sûreté, de son repos, de sa défense, de toutes les commodités de son existence publique, et qu'une obligation aussi absolue que celle d'y pourvoir ne laissoit pas la liberté de la rendre conditionnelle ; enfin, lorsqu'en supposant même que le roi eût plus d'intérêt que la nation au rétablissement de l'ordre et du crédit et à l'acquittement de la dette publique, Necker osa dire aux députés : « Non, Messieurs (et il est bon de vous le faire observer, afin que vous aimiez davantage votre auguste monarque), non, ce n'est pas à la nécessité absolue d'un secours d'argent que vous devez le précieux avantage d'être assemblés par Sa Majesté en États généraux » ; et qu'il leur fit voir, article par article, que le plus grand nombre des moyens de subvenir aux besoins de l'État et de remplir le déficit auroient été dans les mains du roi sans commettre aucune injustice, et par de simples retranchemens soumis à sa puissance et à sa volonté, alors ceux qui, dans leur système de domination, vouloient faire subir au roi la loi de la nécessité, s'offensèrent que son ministre parût vouloir l'en affranchir. On leur avoit entendu dire que la nation devroit lapider l'homme qui enseigneroit au roi à se passer de nouveaux secours.

Necker, il est vrai, vouloit dissuader l'assemblée du droit qu'elle croyoit avoir de refuser son assistance; mais, en faisant soutenir au roi la dignité de sa couronne, il laissoit à la nation tous les moyens de contenir son autorité légitime dans les bornes de l'équité.

Et en effet, par un commun accord entre le monarque et les peuples, les dépenses étant fixées, les impôts consentis, les ministres comptables, les états de recettes et de dépenses publiés, mis sous les yeux de la nation et vérifiés par elle-même, enfin les abus réformés, et l'administration soumise aux règles de la plus exacte économie, que vouloit-on de plus? Et si l'égalité de l'impôt étoit convenue, si le retour des États généraux étoit réglé, la presse libre comme elle pouvoit l'être, les lettres de cachet abolies ou confiées à la sagesse d'un tribunal; si la liberté, la sûreté publique et personnelle, la propriété, l'égalité de tous les citoyens devant la loi et sous la loi, étoient rendues inviolables; si tous ces biens étoient non seulement offerts, mais assurés à la nation, que manquoit-il au succès inouï de cette première assemblée? Il y manquoit ce caractère d'indépendance et de domination que les partisans fanatiques d'une démocratie absolue et despotique vouloient avoir dans leurs décrets.

« Lorsqu'il en sera temps, leur disoit M. Necker, Sa Majesté appréciera justement le caractère de vos délibérations; et, s'il est tel qu'elle l'espère, s'il est tel qu'elle a droit de l'attendre, s'il est tel enfin que la plus saine partie de la nation le veut et le demande, le roi secondera vos intentions et vos travaux; il mettra sa gloire à les couronner, et, l'esprit du meilleur des princes se mêlant, pour ainsi dire, à celui qui inspirera la plus fidèle des nations, on verra naître de cet accord le plus grand des biens, la plus solide des puissances. »

C'étoit ce langage d'une autorité qui se réservoit l'examen et le libre consentement, c'étoit là ce qui blessoit l'orgueil de la ligue démocratique. Jaloux de voir le souverain vouloir de son pur mouvement ce qu'ils prétendoient commander, ils accusoient Necker de revêtir le despotisme des formes de la bienfaisance. Ils vouloient un roi qui ne fût plus un roi.

Cependant, malgré Mirabeau et malgré le libelle violent qu'il publia, le discours du roi et celui du ministre eurent, dans l'assemblée comme dans le public, le suffrage des gens de bien.

L'affluence la plus nombreuse des habitans de Paris s'étoit pressée en foule jusqu'à Versailles, pour jouir du spectacle de l'ouverture des États. Et lorsque le roi, à la tête des députés de la nation, se rendit après l'assemblée à l'église de

Saint-Louis, la pompe, l'ordre, la majesté de cette marche auguste, le silence respectueux d'une foule de spectateurs dont elle étoit bordée; le roi, au milieu de cette cour nationale, plein d'une douce et crédule joie, et autour de lui sa famille, heureuse du même bonheur; tout cela, dis-je, ensemble, fit sur les âmes une impression si vive et si profonde que des larmes involontaires couloient de tous les yeux. On croyoit voir les espérances précéder la marche des États généraux, et les prospérités la suivre; mais, au milieu de cet appareil de patriotisme et de concorde, le mouvement sourd qui précède les dissensions orageuses agitoit déjà les esprits.

LIVRE XV

D'ABORD, entre les ordres, la contestation s'éleva, comme on l'avoit prévu, sur la manière de se former. Leur première résolution fut, du côté du tiers état, de ne jamais délibérer par chambre, et, du côté de la noblesse et du clergé, de ne jamais délibérer par tête : résolution qui rompoit dès l'entrée la convocation des États, si chacun des partis se fût tenu inébranlable.

Mais le parti des premiers ordres, déjà trop foible, s'affoiblit encore en prenant mal son point d'appui. Le tiers, pour l'engager à délibérer en commun, commença par lui demander la vérification des pouvoirs; et il étoit évidemment fondé à vouloir que ce fût ensemble et en commun que s'en fît l'examen : ne falloit-il pas se connoître? A quoi s'engageoit-on en se communiquant les titres de sa légation? Chacun, après cet examen, n'eût-il pas été libre encore? Les premiers ordres s'y refusèrent. Au lieu d'attendre le moment et l'occasion de prendre un poste ferme, ils crurent pouvoir pied à pied disputer le terrain ; et une mauvaise difficulté en débutant fut pour eux une fausse position où ils ne purent se soutenir.

Le motif de cette conduite étoit la connoissance que les deux premiers ordres avoient de leur députation.

Parmi les nobles, un assez grand nombre de têtes exaltées, les uns par un esprit de liberté, d'indépendance, les autres par des vues et des calculs d'ambition, penchoient vers le parti du peuple, où ils espéroient être honorés, distingués, élevés aux premiers emplois. Dans le clergé, un plus grand nombre encore, et, comme je l'ai dit, toute la foule des curés, tenoit au parti des communes par toutes sortes de liens. Le plus populaire des hommes, c'est un curé, s'il est homme de bien. Mais un sentiment moins louable, quoiqu'aussi naturel, étoit leur aversion d'abord pour les évêques, dont la sévérité leur étoit souvent importune, et puis pour cette classe mitoyenne d'abbés qui étoient l'objet de leur envie : classe inutile, disoient-ils, et la seule favorisée ; oisive, et fière encore de son oisiveté ; dédaigneuse du ministère, et insultant avec l'orgueil d'une fastueuse opulence à l'humble médiocrité, quelquefois même à la détresse du pénible état de pasteur. C'étoit là surtout ce qui aliénoit le bas clergé, et le repoussoit vers un ordre où l'avoit placé la nature, lequel d'ailleurs ne négligeoit pas de lui promettre un sort plus doux.

Or, tant que chacun dans son corps seroit contenu par l'exemple et retenu par la pudeur, on avoit lieu de croire qu'il y resteroit attaché; mais si, une fois en délibération et en communauté avec le tiers état, ils se voyoient enveloppés du parti populaire, il étoit à craindre qu'ils n'y restassent; et c'étoit ce premier abord qu'on vouloit éviter. Mais le seul moyen d'empêcher la désertion auroit été de la rendre honteuse et déshonorante dans l'opinion publique, en se donnant un caractère de franchise et de loyauté qui ne laissât aucun prétexte à la bassesse des transfuges. Des commissaires conciliateurs furent nommés par les trois ordres, et de leurs conférences il ne résulta rien.

Un monarque plus occupé de lui-même que de l'État, et qui, jaloux de sa puissance, auroit vu qu'on venoit au moins la restreindre et la subjuguer, auroit laissé les ordres se fatiguer de leurs débats, et la discorde rebuter et dissoudre cette dangereuse assemblée; mais le roi, qui vouloit sincèrement le bien public, espérant engager les ordres à l'opérer de concert avec lui, ne craignoit rien tant que de les voir se séparer; et, avec la même bonne foi qu'il les avoit appelés à son aide, il cherchoit les moyens de les concilier, les pressant *de tout son amour* d'y donner leur consentement.

Le clergé accepta la médiation du roi. La noblesse, se défiant des conseils du ministre, ne donna son consentement qu'avec des restrictions qui valoient un refus. Le tiers se dispensa de répondre à l'offre du roi, attendu, disoit-il, que la noblesse modifiant par des réserves l'acquiescement qu'elle y sembloit donner, ce ne pouvoit plus s'appeler un moyen conciliatoire. Le clergé sentoit sa foiblesse; la noblesse prit son courage pour de la force; le tiers sentit la sienne, il en usa, et il en abusa.

L'arrêté qu'il prit le 10 juin, à la presque unanimité, fut de terminer des délais inutiles, et de passer de l'attente à l'action, toutefois après avoir fait une dernière tentative et de nouvelles instances au clergé et à la noblesse d'assister et de concourir à la vérification des pouvoirs, en les avertissant qu'on y procéderoit tant en l'absence qu'en présence des classes privilégiées. On ajouta que les communes exposeroient au roi les motifs de cette grande délibération.

Le nom de *communes* que le tiers avoit pris, et

le nom de *classes* qu'il donnoit aux deux premiers ordres, annonçoit qu'il ne vouloit plus entre eux et lui de distinction de grades; ainsi, pour la noblesse et le clergé, plus de milieu à prendre ni de délai à obtenir. Il falloit ou se réunir au tiers, comme ils l'ont fait depuis, ou, après la vérification des pouvoirs faite en commun, se retirer chacun des deux ordres de son côté, se constituer l'un et l'autre parties intégrantes des États généraux; faire d'eux-mêmes au bien public les plus généreux sacrifices, se déclarer soumis aux impositions dans la plus exacte équité, reconnoître l'obligation de garantir la dette nationale et de subvenir aux besoins de l'État, tenir pour abolie la servitude personnelle, accorder le rachat de tous les droits onéreux au peuple, améliorer le sort du clergé inférieur, consacrer les principes d'égalité devant la loi, de propriété, de sûreté personnelle et publique, de tolérance à l'égard des cultes; du reste, professer un inviolable attachement aux principes fondamentaux de la monarchie françoise; porter au pied du trône et signifier au tiers état ses engagemens solennels, et demander sur tout le reste la délibération par chambres, en réservant au roi le droit inaliénable d'accorder ou de refuser sa sanction aux décrets des États; en même temps, protester contre tous les actes qui les supposeroient absens; déclarer nuls tous ceux qui les engageroient sans le concours de leurs suffrages, publier ces résolutions, et, d'après celles des communes, opérer avec elles ; ou, si le tiers s'y refusoit, se retirer avec la dignité convenable à des hommes qui auroient rempli leur tâche et fait librement leur devoir. Leur conduite, manifestée dans les provinces, y auroit rendu odieuse l'ambition du tiers, d'autant que la chaire évangélique n'étoit pas encore interdite à la vérité courageuse, et qu'elle y auroit pu retentir. Cet heureux moment fut perdu.

La noblesse se constitua, mais se tint sur la défensive. Le clergé crut pouvoir garder une neutralité simulée. « Il attendit, dit Tolendal, qu'il y eût un vainqueur pour se faire un allié. »

Depuis leur arrêté du 10, les communes s'étoient occupées à vérifier leurs pouvoirs. Cette opération finie, ayant jugé que l'œuvre de la restauration nationale pouvoit et devoit être commencée sans retard par les députés présens, il fut décrété (le 15 juin) de la suivre sans interruption, sans obstacle ; et néanmoins que, si les députés absens se présentoient durant le cours de la session qui alloit s'ouvrir, l'assemblée les recevroit avec joie, et s'empresseroit, après la vérification de leurs pouvoirs, de partager avec eux ses travaux. On eut soin d'ajouter que la représentation nationale seroit une et indivisible, et qu'il n'appartiendroit qu'à des représentans, légalement vérifiés et légitimement reconnus, de concourir à former le vœu national.

Il ne s'agissoit plus que de savoir quel nom l'assemblée se donneroit. Celui d'*Assemblée nationale*, le plus ambitieux de tous, fut celui qu'elle préféra (le 17 juin); et ceux qui n'étoient pas d'avis que les communes usurpassent le titre de *nation* furent inscrits sur une liste qu'on fit circuler dans Paris, forme de dénonciation qui, depuis, a été mortelle à la liberté des suffrages.

Le second acte de la toute-puissance que les communes s'attribuèrent fut de déclarer nulles toutes les contributions qui avoient existé jusqu'alors, et de poser en principe que, pour le passé même, il avoit fallu non pas l'assentiment tacite, mais le consentement formel de la nation pour légitimer les impôts.

Dès ce moment, le ministre devoit tenir le roi en garde contre cette usurpation de puissance, et l'engager à rompre une assemblée factieuse, comme excédant les bornes de ses fonctions, et comme s'arrogeant un pouvoir qu'elle n'avoit pas.

Mais le conseil, bien loin d'être en état de prendre une résolution, n'avoit pas même un plan de conduite et de résistance. Je tiens de l'un des hommes qui, dans cette Assemblée, ont montré le plus de courage, de lumières et de talens; je tiens de Malouet qu'ayant lui-même un jour demandé à Necker, en présence de deux autres ministres, si, contre les attaques dont le trône étoit menacé, il avoit un plan de défense, Necker lui répondit qu'il n'en avoit aucun. « S'il est ainsi, répondit Malouet, tout est perdu. »

Necker n'étoit déjà plus le ministre que demandoient les circonstances. Il avoit engagé l'État dans un détroit, et parmi des écueils dont il ne sut point le tirer.

Cependant il ne put dissimuler au roi que l'Assemblée s'arrogeoit une puissance exorbitante; et ce fut pour la contenir que, le 20 du mois, fut proclamée, pour le 22, une séance royale. Jusque-là il fut ordonné que les salles seroient fermées et que les États vaqueroient : foible moyen pour empêcher la réunion d'une partie du clergé avec les communes, car on en étoit menacé.

La cour et le conseil étoient remplis d'agitation. La noblesse et le haut clergé voyoient leur ruine prochaine si le roi les abandonnoit, et lui demandoient son appui. Il fut donc résolu dans le conseil que le roi iroit en personne marquer aux députés du peuple les limites de leurs pouvoirs; les engager à la concorde, au nom du salut de l'État, et, pour y concourir, manifester lui-même ses intentions bienfaisantes.

Cette déclaration à rédiger demandoit beaucoup de prudence. Il falloit éviter, comme deux écueils, de céder aux communes et de les soulever. Necker, chargé de ce travail, s'appliqua, selon ses principes, à tempérer sans l'affoiblir le caractère de l'autorité, à ne rien faire vouloir au roi qui ne fût juste et désirable, et à concilier ce qui appartenoit à la majesté du monarque avec ce qui lui sembloit dû à la dignité des représentans de la nation. Son travail fut d'abord adopté; mais, en son absence, et dans un conseil qui se tint à Marly, on y fit quelques altérations légères, à ce qu'on assure, mais telles, m'a-t-il dit lui-même, que la déclaration ne pouvoit plus avoir l'effet qu'on s'étoit proposé.

Quel qu'eût été le changement, que je n'ai pu vérifier, il est certain que le discours manquoit d'ensemble, et qu'il alloit mal à son but.

Le 20, l'ordre de la noblesse avoit obtenu du roi une audience, dans laquelle son président, le duc de Luxembourg, portant la parole : « Sire, lui avoit-il dit, les députés de l'ordre du tiers état ont cru pouvoir concentrer en eux seuls l'autorité des États généraux. Sans attendre le concours des deux autres ordres et la sanction de Votre Majesté, ils ont cru pouvoir convertir leurs décrets en lois. Ils en ont ordonné l'impression et l'envoi dans les provinces. Ils ont déclaré nulles et illégales les contributions actuellement existantes; ils les ont consenties provisoirement pour la nation, mais en limitant leur durée. Ils ont pensé sans doute pouvoir s'attribuer les droits réunis du roi et des trois ordres. C'est entre les mains de Votre Majesté que nous déposons nos protestations à de pareilles entreprises. »

La noblesse ajoutoit les assurances les plus fortes de zèle, de fidélité, de courage et de dévouement.

« Je connois, répondit le roi, les droits attachés à ma naissance; je saurai les défendre; je saurai maintenir, pour l'intérêt de tous mes sujets, l'autorité qui m'est confiée, et je ne permettrai jamais qu'on l'altère. Je compte sur votre zèle pour la patrie, sur votre attachement à ma personne; et j'attends avec confiance de votre fidélité que vous adopterez les vues de conciliation dont je suis occupé pour le bonheur de mes peuples. »

Et la harangue et la réponse supposoient des mesures et des moyens dont il eût fallu s'assurer. On oublia trop cette maxime, que l'autorité qui s'expose à montrer sa foiblesse achève de s'anéantir.

En attendant la séance royale, les communes n'ayant aucun endroit décent où s'assembler prirent le premier qui s'offrit. Ce fut un jeu de paume, rendu célèbre par le serment qu'elles y prononcèrent de ne jamais être séparées, et de se rassembler partout où les circonstances l'exigeroient, jusqu'à ce que la constitution du royaume et la régénération de l'ordre fussent rétablies et affermies sur des bases solides. On étoit loin de s'être mis en garde contre ces actes de vigueur.

La séance annoncée pour le lundi 22 ayant été remise au lendemain, l'assemblée se transféra du jeu de paume dans l'église de Saint-Louis, sans doute afin que la sainteté du lieu donnât un caractère plus imposant à ce qui alloit s'y passer.

A peine fut-elle établie que, les portes du sanctuaire s'étant ouvertes, elle en vit sortir et s'avancer au milieu d'elle les archevêques de Bordeaux [1] et de Vienne [2], l'évêque de Chartres [3] et celui de Rodez [4], à la tête de cent quarante-cinq députés du clergé. Les communes les reçurent avec une joie de sacrificateurs à qui on amenoit des victimes; et le peuple qui remplissoit l'église sembla vouloir, en les applaudissant, achever de les étour-

---

1. Jérôme-Marie Champion de Cicé (1735-1810), archevêque de Bordeaux en 1781, et garde des sceaux du 5 août 1789 au 21 novembre 1790.

2. Jean-Georges Le Franc de Pompignan (1715-1790), évêque du Puy et archevêque de Vienne, que Voltaire n'épargna pas plus que son frère en 1760. Voyez tome II, p. 165-168.

3. Jean-Baptiste-Joseph de Lubersac (1740-1822), évêque de Chartres de 1780 à 1790.

4. Colbert de Seignelay de Castlehill (1736-1808), évêque de Rodez en 1784, émigré en 1793.

dir sur le sort qui les attendoit. Le corps des communes, grossi de ce renfort, redoubla d'assurance et de résolution pour la séance du lendemain.

Necker se dispensa d'y accompagner le roi. Je dois, sans l'approuver, expliquer le motif d'une conduite si étrange. Il avoit soutenu ouvertement, dans le conseil, que la réunion des trois chambres en une seule étoit inévitable, et qu'il y auroit à la différer le plus grand danger pour l'État; qu'on devoit voir que les communes étoient irrévocablement décidées à ne pas reconnoître la délibération par ordre, et que l'autorité du roi seroit inutilement compromise à les y contraindre; que, si la résistance étoit la même du côté des deux premiers ordres, il en arriveroit ou que les États seroient tenus sans leur concours, ou qu'ils seroient dissous; que l'un entraîneroit la ruine du clergé et de la noblesse, et l'autre celle du royaume; que, dans l'épuisement de toutes les ressources, on touchoit au moment fatal où les payemens même les plus instamment exigibles, ceux du Trésor royal, ceux de l'Hôtel de ville, le prêt même des troupes, la subsistance de Paris, tout alloit manquer; que la famine, la banqueroute, peut-être la guerre civile, menaçoient le royaume, si les États étoient rompus, ou n'étoient pas incessamment d'accord; et, après avoir frappé le roi et le conseil de ces vérités alarmantes, il leur avoit fait adopter une déclaration où il avoit tâché de ménager en même temps la dignité royale et la fierté républicaine.

Or, c'étoit là surtout ce qu'on avoit changé dans la déclaration. On avoit supposé comme principe incontestable ce qui seroit le plus vivement contesté; on y avoit fait vouloir au roi tout ce que vouloit la noblesse; on lui faisoit annuler ou défendre tout ce qu'elle ne vouloit pas. C'étoit lui supposer et la puissance actuelle et la ferme résolution de rompre et de dissoudre sur-le-champ l'Assemblée en cas de résistance à son autorité. Or, l'une étoit aussi chancelante que l'autre. La banqueroute et la guerre civile étoient comme deux spectres qui épouvantoient le roi.

Necker, ayant donc appris que son ouvrage étoit changé, et qu'on mettoit aux prises l'autorité royale avec la liberté publique, crut devoir s'abstenir de paroître à cette séance, où sa présence eût laissé croire qu'il adhéroit à ce qui s'étoit fait malgré lui. Sa conduite a fait dire aux uns qu'il avoit voulu attirer à lui seul la faveur du peuple, aux autres qu'il avoit donné le signal de la rébellion, et aux plus modérés qu'uniquement occupé de sa réputation, il avoit tout sacrifié à son intérêt personnel.

La déclaration fut lue à l'Assemblée en présence du roi, et l'on n'eut pas de peine à y reconnoître deux caractères incohérens. Elle étoit divisée en deux parties. Dans la première se déployoit, comme je l'ai dit, le pouvoir le plus absolu. Dans l'autre, et à la suite de ces formules de despotisme, déjà trop rigoureusement employées dans les lits de justice, venoit un exposé touchant des bonnes intentions du roi, et des mesures qu'il vouloit prendre pour produire et pour assurer la prospérité du royaume; et, après avoir appelé les États généraux à s'occuper avec lui des grands objets d'utilité publique, le roi vouloit que toutes les lois qu'il auroit sanctionnées dans la tenue actuelle des États ne pussent jamais être changées sans le consentement des ordres réunis. Seulement, à l'égard de la force publique, protectrice de l'ordre et de la sûreté, soit au dedans, soit au dehors, il déclaroit expressément qu'il vouloit conserver en son entier, et sans la moindre altération, l'institution de l'armée, ainsi que toute autorité de police et de discipline sur le militaire, telle que les monarques françois en avoient constamment joui.

Si les États avoient voulu devoir au roi une monarchie réglée et tempérée, le roi la leur donnoit; mais ils ne croyoient pas digne d'eux de la tenir de lui; et, quelle que fût la nouvelle constitution qu'ils n'avoient pas méditée encore, ils entendoient qu'elle fût leur ouvrage, et non pas un bienfait du roi. Ainsi, toute l'attention des esprits se porta sur la partie de la déclaration qui rappeloit le pouvoir arbitraire. Ce qu'on y avoit ajouté de plus doux et de plus sensible fut regardé comme un appât pour amorcer l'obéissance, et comme un foible et vain palliatif à des actes de despotisme que le roi venoit exercer.

Les communes furent surtout blessées de cette conclusion du roi, lorsque, prenant lui-même la parole, il dit :

« Vous venez, Messieurs, d'entendre le résultat de mes dispositions et de mes vues. Elles sont conformes au vif désir que j'ai d'opérer le bien public; et si, par une fatalité qui est loin de ma pensée, vous m'abandonniez dans une si belle entreprise, seul je ferai le bien de mes peuples, seul je me considérerai comme leur véritable représentant, et, connoissant vos cahiers, connoissant l'accord parfait qui existe entre le vœu le plus général de la nation et mes intentions bienfaisantes, j'aurai toute la confiance que doit inspirer une si rare harmonie, et je marcherai vers le but auquel je veux atteindre avec tout le courage et la fermeté que je dois avoir... C'est moi, jusqu'à présent, qui fais tout pour le bonheur de mes peuples, et il est rare peut-être que l'unique ambition d'un souverain soit d'obtenir de ses sujets qu'ils s'entendent enfin pour accepter ses bienfaits. »

Ce ton d'autorité, ces mots de *souverain*, de *sujets*, de *bienfaits*, parurent offensans pour des oreilles républicaines; et, quand le roi finit par ordonner aux trois ordres de se retirer chacun dans leur chambre, la résolution tacite des communes fut de ne pas lui obéir. Ainsi fut perdu tout le fruit des bonnes volontés du roi, et la discorde s'accrut dans une séance destinée à l'étouffer.

La séance finie, les communes, dans un silence respectueux, mais sombre, laissèrent l'ordre de la noblesse accompagner le roi, et se tinrent dans cette salle, qui, dès ce moment, fut la leur. Inutilement, de la part du roi, leur ordonna-t-on d'en sortir. Là même, et sur-le-champ, il fut résolu de persister dans leurs précédens arrêtés, et celui-ci fut pris tout d'une voix. En même temps on décréta que la personne des députés seroit inviolable, qu'aucun d'eux, pour ce qu'il auroit dit ou fait dans l'Assemblée, ne pourroit être poursuivi, arrêté, détenu par le pouvoir exécutif, ni durant ni après la session; ce décret déclarant infâmes et traîtres envers la patrie les auteurs, instigateurs ou exécuteurs de pareils attentats. On y ajouta que, durant la session, la personne des députés seroit à l'abri de toute poursuite criminelle et même civile, à moins que l'Assemblée ne fît cesser l'exemption. L'avis en fut ouvert par Mirabeau, homme intéressé plus que personne à mettre une barrière entre les lois et lui.

Un peuple nombreux, envoyé de Paris à Versailles, avoit environné la salle des États durant la séance royale. Il l'entouroit encore lorsqu'on lui apprit que Necker alloit demander sa retraite. Ce bruit étoit fondé.

Le roi, frappé d'étonnement de n'avoir pas vu à sa suite le ministre des finances, et plus surpris encore de ne pas le trouver dans le palais à son retour, avoit demandé avec inquiétude à Montmorin si Necker vouloit le quitter; et, Montmorin lui ayant fait entendre qu'il le croyoit, le roi l'avoit chargé d'aller lui dire qu'il l'attendoit.

Ce fut à sept heures du soir, dans le moment où Necker étoit renfermé seul avec le roi, que le peuple inonda les cours et l'intérieur du palais, en criant que le roi étoit trompé, et que le peuple redemandoit M. Necker.

L'entretien du roi avec son ministre dura une heure entière. Le peuple en attendit l'issue. Enfin il vit partir le roi pour Trianon sans le saluer de ce cri de *Vive le roi!* qu'il méritoit si bien, et, l'instant d'après, il vit Necker descendre l'escalier et monter dans sa chaise. Ce fut pour lui qu'en ce moment éclatèrent les vœux et les bénédictions. On a reproché au ministre d'avoir voulu jouir de son triomphe, et il est vrai qu'il y auroit eu de l'insolence s'il y avoit eu de l'intention; mais quoique, par les galeries, Necker pût retourner modestement chez lui sans se montrer au peuple, il y a eu, ce me semble, trop de rigueur à lui faire un crime de n'avoir pas eu pour le roi cette respectueuse attention.

Necker, assailli par la reconnoissance du peuple et par ses applaudissemens, accompagné jusqu'à son hôtel, que la même foule investit, n'y fut pas plus tôt arrivé qu'il y vit accourir non pas une députation de l'Assemblée, mais l'Assemblée entière, qui, se pressant autour de lui, le supplioit, au nom de la patrie, au nom du roi lui-même, au nom du salut de l'État, de ne pas les abandonner. Ce n'étoit là qu'un jeu de théâtre pour rendre le parti royaliste odieux ; et le dessein d'anéantir le ministre lui-même, s'il n'étoit pas voué au parti populaire, n'en étoit pas moins pris dans le conseil de la faction.

Necker voulut leur faire entendre que, seul, il n'avoit plus le pouvoir de faire aucun bien. « Nous vous aiderons, s'écria Target, se donnant le droit de parler au nom de tous, et, pour cela, il n'est point d'efforts, de sacrifices même, que nous ne soyons disposés à faire. — Monsieur, lui dit Mirabeau avec le masque de la franchise, je ne vous aime point, mais je me prosterne devant la vertu. — Restez, Monsieur Necker, s'écria la foule, restez, nous vous en conjurons. » Le ministre, sensiblement ému : « Parlez pour moi, Monsieur Target, dit-il, car je ne puis parler moi-même. — Eh bien, Messieurs, je reste, s'écria alors Target; c'est la réponse de M. Necker. » On a su depuis combien le coup que cette scène portoit au cœur du roi lui fut sensible; et cela même entroit dans l'intention des acteurs.

Il n'y avoit aucune espérance de rompre l'union des communes, ni de vaincre leur résistance. Tous les jours il leur arrivoit des différentes villes du royaume des félicitations de commande sur leur fermeté courageuse. Dans ces adresses il étoit dit que, si on semoit des pièges autour de l'Assemblée nationale, elle n'avoit qu'à tourner ses regards, qu'elle apercevroit derrière elle vingt-cinq millions de François, qui, les yeux attachés sur sa conduite, attendoient en silence quel seroit leur sort et celui de leur postérité. Il ne falloit pas s'attendre à voir un parti aussi déclaré reculer d'un pas, ni fléchir.

Il s'en falloit bien que dans l'autre parti la résolution fût aussi unanime, ni la résistance aussi ferme. On a vu la division arrivée dans le clergé. La noblesse n'étoit guère plus sûre d'elle-même; déjà soixante députés de cet ordre avoient désavoué hautement dans leur chambre le refus que l'on avoit fait de la médiation du roi. Du côté du clergé, le lendemain de la séance royale, cent soixante curés s'étoient rendus dans la salle commune. Deux jours après, deux évêques encore, celui d'Orange[1] et celui d'Autun[2], y avoient passé. Le même jour, l'humble et doux archevêque de Paris [3] y avoit présenté ses pouvoirs. Du côté de la noblesse, quarante-sept gentilshommes, et, dans ce nombre, des hommes remarquables, s'étoient réunis aux communes. Le reste des deux premiers ordres ne pouvoit différer de suivre cet exemple; et, dans l'état de crise où étoient les affaires, tout délai étoit dangereux. Le roi fit pour les décider ce qu'il auroit fallu qu'il fît avant la séance royale. La lettre qu'il leur adressa, en leur sauvant l'humiliation de céder aux communes, leur donna lieu de s'honorer d'un sentiment d'amour pour lui et de respect pour sa volonté. Ce fut à lui qu'ils se rendirent, et ce jour (le 27 juin) fut marqué par la réunion des trois ordres dans la salle commune des États généraux.

Cette réunion solennelle se fit d'abord dans un profond silence; mais, lorsquelle fut consommée, à ce silence respectueux succéda tout à coup une explosion de joie qui se communiqua et se répandit au dehors.

Le peuple, susceptible encore de sentimens hon-

---

1. Guillaume-Louis du Tillet, évêque d'Orange de 1774 à 1790.
2. Talleyrand.
3. Antoine-Éléonore-Léon Leclerc de Juigné de Neuchelles (1728-1811), archevêque de Paris de 1781 à 1790.

nêtes et de douces émotions, vient d'apprendre que son triomphe est l'ouvrage du roi, et, doublement heureux de l'obtenir et de le lui devoir, se presse vers ce palais où quelques jours auparavant l'avoient emporté ses alarmes. Il le fait retentir du vœu le plus doux des François. Il demande à voir ce bon roi, à lui montrer comme il sait l'aimer, à le rendre témoin des transports qu'il lui cause.

Le roi paroît sur le balcon de son appartement, la reine est avec lui ; et tous les deux entendent leurs noms retentir jusqu'au ciel. De douces larmes coulent dans leurs embrassemens, et, par un mouvement dont tous les cœurs sont attendris, la reine serre dans ses bras l'objet de leur reconnoissance. Alors ce peuple, qui depuis s'est montré si féroce, et qui étoit encore bon (j'aime à le répéter), saisit l'instant de payer à la reine ses sentimens d'épouse par un bonheur de mère. Il lui demande à voir son fils, il demande à voir le Dauphin. Ce précieux et foible enfant, porté dans les bras de la reine, est présenté par l'amour maternel à la tendresse nationale. Heureux de ne devoir pas vivre assez pour voir quels seroient les retours de cette trompeuse faveur !

« Après le bon roi, le bon ministre », s'écrie alors la multitude ; et d'une commune impulsion elle se précipite vers l'hôtel des finances, qu'elle fait retentir encore de bénédictions et de vœux.

Durant la nuit de ce grand jour, Versailles illuminé ne présenta partout que le tableau de la félicité publique.

Rien de plus doux que le spectacle d'une nation exaltée par des sentimens généreux. Mais l'enthousiasme dans le peuple est dangereux lors même qu'il est le plus louable : car le peuple ne connoît point d'intervalle entre les extrêmes, et, d'un excès à l'autre, il se laisse emporter par la passion du moment. Il sentoit alors tout le prix de la liberté. Mais cette liberté récente, dont il étoit comme enivré, alloit bientôt le dépraver, en faisant fermenter en lui les élémens de tous les vices.

Déjà, sous le nom spécieux de bien public, étoit répandu dans la foule un esprit de licence, de faction et d'anarchie. L'indépendance et la perpétuité d'une Assemblée nationale où dominoient les communes, et, dans cette Assemblée, la souveraineté du peuple transmise et concentrée dans la volonté de ses représentans, avec le caractère du plus effrayant despotisme; une constitution qui feroit du royaume une démocratie armée, sous une ombre de monarchie, gouvernée en réalité par un corps aristocratique, périodiquement électif, mais toujours élu au gré du parti dominant : tel étoit le projet formé par la faction républicaine. Or, on avoit bien calculé qu'on y trouveroit des obstacles, et dans les assauts qu'on avoit à livrer, où qu'on avoit à soutenir, on prévoyoit qu'on auroit besoin d'un peuple ivre de liberté et forcené de rage.

Ce fut alors que je compris ce que m'avoit prédit Chamfort du système des factieux pour livrer le bas peuple aux furies de la discorde, et le tenir sans cesse dans des mouvemens convulsifs de frayeur ou d'aveugle audace.

Au chagrin du malaise dans un temps de disette, à la cherté du pain, à la peur d'en manquer, à cette inquiétude que motivoit assez la difficulté des convois et qu'on exagéroit encore, on ajoutoit, pour irriter le peuple, les plus noires suppositions de complots tramés contre lui. On l'effrayoit pour le rendre terrible, et tous les jours il devenoit plus ombrageux et plus farouche de défiance et de soupçon.

Les brigands connus sous le nom de Marseillois, appelés à Paris pour y être les suppôts de la faction républicaine, gens de rapine et de carnage, et aussi altérés de sang qu'affamés de butin, en se mêlant parmi le peuple, lui inspiroient leur férocité[1].

La présence des tribunaux le contenoit encore

---

1. Ce passage est, à la date où le place Marmontel, un véritable anachronisme : le bataillon de fédérés connu sous le nom de *Marseillais* ne fut recruté qu'après le 20 juin 1792, et ne fit son entrée à Paris que quelques jours avant le 10 août.

et lui ôtoit l'audace du crime; mais on croyoit à tous momens le voir franchir cette foible barrière, et la foule des vagabonds mêlés parmi les factieux et prêts à les servir augmentoit tous les jours : les ports, les quais, en étoient couverts, l'Hôtel de ville en étoit investi; ils sembloient, autour du Paais, insulter à l'inaction de la justice désarmée; on en tenoit douze mille occupés inutilement à creuser la butte de Montmartre, et payés à vingt sous par jour. On les y avoit postés comme une arrière-garde qu'on feroit marcher au besoin. La nuit, une multitude égarée et menaçante se rassembloit au Palais-Royal. Ses portiques en étoient comblés, le jardin en étoit rempli, cent groupes s'y formoient pour entendre des délations calomnieuses et des motions incendiaires. Les plus fougueux déclamateurs y étoient les mieux écoutés. Mille noirceurs, qu'imaginoit et que répandoit l'imposture, étoient dans cette enceinte l'aliment des esprits. C'étoit là qu'on déclamoit avec fureur contre l'autorité royale, qu'on lui faisoit un crime de la cherté du blé et de la misère du peuple. C'étoit là qu'aux séditieux, enivrés de folles espérances, ou troublés de noires terreurs, on marquoit les victimes que l'on dévouoit à la mort. Nuls hommes publics, non pas même les plus intègres et les plus respectables, n'étoient sûrs d'y être épargnés. C'étoit de là que partoient en foule ou des gens effrayés eux-mêmes, ou des gens soudoyés pour répandre l'alarme et la sédition dans Paris.

Mais, ce qui passe la vraisemblance, c'est qu'à Versailles même un peuple qui tenoit toute son existence de la cour se montrât le plus entêté des maximes républicaines.

On l'avoit vu, ce peuple, tandis qu'une partie du clergé délibéroit encore sur la réunion, des ordres, insulter ceux des prêtres qu'il croyoit opposans, et, sur de fausses délations, attaquer le bon archevêque de Paris, et le poursuivre à coups de pierres dans son carrosse ; on avoit observé que les gardes-françoises, loin de contenir les mutins, les encourageoient par des signes d'intelligence ; et l'on savoit que dans Paris ces soldats, accueillis, caressés au Palais-Royal, et défrayés dans les cafés, se disoient les amis du peuple. Le roi, sans avoir pour lui-même aucune inquiétude, put donc vouloir que, dans Paris et dans Versailles, le peuple fût soumis à la police accoutumée, et que, rentré dans l'ordre, il se livrât paisiblement à ses travaux.

Le roi put croire qu'une faction toujours présente et menaçante ne laissoit pas aux délibérations de l'Assemblée nationale la liberté qui devoit en être l'essence ; que la sûreté personnelle étoit le fondement de cette liberté ; que la sûreté devoit être pour tous également inviolable, et que le souverain en étoit le garant. Il put penser que la salle des assemblées, ouverte comme un théâtre, ne devoit pas être un foyer de sédition. Il trouva donc à la fois juste et sage de faire protéger par une garde respectueuse la liberté des opinions et la sûreté des personnes. En même temps il ordonna que les soldats aux gardes-françoises, vagabonds dans Paris, fussent remis sous la discipline, et punis s'ils s'en écartoient.

Mais le peuple ni ses moteurs ne voulurent souffrir de gêne. La garde qui entouroit la salle fut forcée, et l'Assemblée fit vers le roi une députation pour déclarer que les États convoqués libres ne pouvoient opérer librement au milieu des troupes qui les environnoient. La garde fut levée, et il fallut laisser la salle ouverte à l'affluence du public.

Le roi sentit que le désordre ne feroit qu'aller en croissant, si on laissoit le peuple exempt de toute crainte; que ce ne seroit plus qu'en lui cédant qu'on pourroit l'apaiser; qu'au moins, en usant d'indulgence envers les factieux, falloit-il leur montrer qu'on pouvoit user de rigueur, et que, n'étant pas sûr d'être obéi par les gardes-françoises, il étoit temps de faire avancer quelques troupes sur lesquelles on pût compter. Il en fit donc venir, mais d'abord en très petit nombre, et bien sincèrement dans l'unique intention de protéger l'ordre public et le repos des citoyens. Personne n'en doutoit; mais ce repos, cet ordre même, étoit le coup mortel pour la révolution qu'on vouloit produire.

On a entendu le roi répondre à la noblesse qu'il connoissoit les droits attachés à sa naissance et qu'il sauroit les maintenir. Il avoit dit aux États généraux qu'aucun de leurs projets, aucune de leurs délibérations, ne pouvoient avoir force de loi sans son approbation spéciale, et que tous les ordres de l'État pouvoient se reposer sur son équitable impartialité. Or, dans ce système d'autorité et de puissance protectrice, et en opposition avec une faction populaire qui se regardoit elle-même comme le corps législatif unique, absolu et suprême, et comme le dépositaire de la volonté nationale, le roi, pour tenir ce langage, ne devoit pas être désarmé; et, dans le cas où il seroit forcé d'agir comme il avoit parlé, en bon roi, mais en vrai monarque, il étoit nécessaire qu'il en eût le pouvoir. C'étoit là déterminément ce que le parti factieux et révolutionnaire ne vouloit pas souffrir. Ses forces résidoient dans ce ramas de peuple qui suit aveuglément ceux qui se déclarent pour lui; et, si Versailles étoit gardé, si Paris étoit calme, ou réprimé par des troupes de ligne, les factieux restoient sans moyens et sans espérance.

Ce n'étoit pas encore à des forfaits qu'on excitoit le peuple. L'anarchie avoit ses dangers qu'on ne se dissimuloit pas ; mais, pour intimider le roi et le parti des gens de bien, dût-il en coûter d'abord quelque ravage, même un peu de sang innocent, la liberté républicaine étoit d'un si grand prix qu'il falloit bien lui faire de légers sacrifices : telles étoient la politique et la morale du plus grand nombre, et c'étoient les plus modérés ; les autres se croyoient permis tout ce qui leur étoit utile ; et, à leur tête, Mirabeau professoit hautement comme vertus modernes le mépris des devoirs et des droits les plus saints.

Il falloit, disoit-on, nourrir le feu du patriotisme ; et, pour l'entretenir, la liberté accordée à la presse faisoit éclore tous les jours des libelles calomnieux, où l'on dévouoit à la haine et à la vengeance publique quiconque osoit disputer au peuple le pouvoir de tout opprimer. Le noble qui, avec quelque chaleur, défendoit la cause des nobles, un membre du clergé qui, avec quelque éloquence, plaidoit la cause du clergé, n'étoient rien de moins, dans ces délations, que des traîtres à la patrie. Dans le tiers état même, l'opinion modérée passoit pour lâcheté et rendoit suspect son auteur. Ainsi, du côté des communes, la contrainte et la violence environnoient les deux premiers ordres, et c'étoient les communes qui sembloient repousser la contrainte et la violence. Tout ce qui pouvoit animer, irriter, soulever le peuple, étoit permis et provoqué ; tout ce qui pouvoit contenir ou réprimer ses mouvemens excitoit dans les États même les plus vives réclamations. On appeloit liberté le droit d'éteindre toute liberté. Le sens de ces réclamations n'étoit pas équivoque : nous voulons tout pouvoir par le moyen du peuple, et qu'on ne puisse rien qu'avec nous et par nous.

Mais, en convoquant les États généraux, le roi avoit-il entendu former une démocratie, et attribuer aux communes le despotisme menaçant qu'elles prétendoient exercer? « Que devient, Sire, lui disoient les ordres opprimés, que devient cette sûreté que vous nous avez garantie? que devient cette égalité que les communes ont demandée? En existeroit-il une ombre pour deux ordres qui s'entendroient dénoncer, dévouer à la fureur du peuple, s'ils ne consentoient pas sans réclamation à ce que le tiers auroit voulu? Sans doute, autour de cette salle d'une assemblée législative, il n'auroit point fallu de garde militaire ; mais il n'y falloit pas non plus des troupes de brigands prêts à nous lapider. » Cette garde paisible qu'on disoit offensante pour l'assemblée des États n'étoit là que pour garantir le calme des opinions et la liberté des suffrages. Vouloit-on que toute contrainte en fût bannie? Il falloit éloigner les troupes, et, en même temps, il falloit écarter ce peuple qui venoit jusque dans l'Assemblée encourager ses partisans, choisir et marquer ses victimes, et rendre effrayante pour les foibles la redoutable épreuve de l'appel nominal.

Les orateurs du peuple faisoient l'éloge de sa bonté, de son équité naturelle, et cet éloge étoit dû sans doute à une classe de citoyens qui est l'élite de la commune. Mais au-dessous de cette classe ne voyoit-on pas ces brigands qui, dans Paris naguère, avoient saccagé la maison d'un paisible et bon citoyen? et ceux qui, dans l'enceinte des jardins du Palais-Royal, semoient la calomnie et souffloient la révolte? et ceux qui, à Versailles, avoient voulu lapider un charitable et pieux archevêque? et ceux qui avoient enlevé au supplice un fils meurtrier de son père? et ceux qui depuis, dans Paris, aux portes de l'Hôtel de ville et à Versailles même, dans le palais du roi, ont commis tant d'atrocités? et ceux qui les ont applaudies après les avoir provoquées, et se sont réjouis en voyant promener au bout des lances toutes ces têtes de citoyens inhumainement massacrés?

C'étoit donc, disoient les deux ordres qui réclamoient la sûreté commune, c'étoit donc une dérision cruelle que de confondre ainsi le peuple qu'il falloit contenir avec celui qu'il falloit protéger. Par un grossier abus des mots, de la populace on faisoit le peuple, et de ce peuple la nation, que l'on déclaroit souveraine.

Les communes demandoient à Paris une garde bourgeoise ; mais, en attendant qu'elle fût organisée, qu'avoit d'inquiétant le petit nombre de troupes réglées que le roi y avoit fait venir? Tout y étoit tranquille depuis leur arrivée ; mais cette police militaire n'étoit pas du goût des communes. Leurs émissaires ne cessoient d'agiter le Palais-Royal, l'infâme repaire du crime ; ils y attiroient les soldats aux gardes, et les y retenoient la nuit. Ce fut ce que le duc du Châtelet, leur colonel, ne put dissimuler ; il y fit prendre à une heure indue deux de ces soldats vagabonds, et ils furent conduits à la prison de l'Abbaye. Ce fut le signal d'un soulèvement. L'acte le plus commun de l'autorité militaire fut traité d'attentat contre la liberté, et, en moins d'une heure, la prison des deux soldats (qu'on appeloit amis du peuple) fut assiégée par vingt mille hommes. Les geôliers ayant fait résistance, on prit des haches et des leviers, les portes furent enfoncées, et tous les prisonniers, même les criminels, s'échappèrent pendant la nuit.

Le lendemain, à l'ouverture de l'Assemblée nationale, arrivent à Versailles les députés de cette foule mutinée. Dans leur adresse, qui fut remise au président, il étoit dit que ces deux malheureuses victimes du despotisme avoient été arrachées de leurs fers ; qu'au bruit des acclamations ils avoient été ramenés au Palais-Royal, où ils étoient sous la garde du peuple, qui s'en étoit rendu responsable. « Nous attendons, ajoutoient-ils, votre réponse, pour rendre le calme à nos concitoyens et la liberté à nos frères. »

La réponse du président fut qu'en invoquant la clémence du roi l'Assemblée donneroit l'exemple du respect dû à l'autorité royale, et qu'elle conjuroit les habitans de Paris de rentrer sur-le-champ dans l'ordre. Cette réponse foible étoit au moins sincère et conforme au vœu des communes : car l'Assemblée ne savoit pas que, par les plus insignes et les plus infâmes brigands, on soulevoit la populace, et que cette furie qu'on lui avoit inspirée, on l'employoit à faire craindre à la cour des soulèvemens. L'Assemblée elle-même étoit mue par des ressorts qui lui étoient inconnus. En son nom et par elle on remuoit le peuple, par le peuple on la dominoit. Tel a été le mécanisme de la Révolution.

Le roi fut donc supplié, au nom de l'Assemblée, de vouloir bien employer au rétablissement de l'ordre les moyens infaillibles de la clémence et de la bonté, si naturels à son cœur, et il y consentit sans peine ; mais, avant de céder à un mouvement de bonté, il vouloit que l'ordre fût rétabli. Il ne le fut en aucune manière. Le peuple, sans remettre les deux soldats dans leur prison, sans renoncer lui-même à ses attroupemens nocturnes, et en redoublant au contraire de tumulte et de violence, réclama la promesse du roi d'un ton à ne souffrir aucun retardement, et il fallut que la discipline et que l'autorité royale fléchissent devant sa volonté.

Ce fut alors que les résolutions du conseil parurent prendre quelque énergie; mais la foiblesse ne sort jamais de son caractère qu'à demi, d'un pied chancelant, et pour y rentrer plus timide après un inutile effort.

L'aventure des soldats aux gardes, l'esprit d'insubordination que le peuple leur inspiroit, l'audace de ce peuple, le ton qu'il avoit pris, cette manière de commander en suppliant, cette impatience fougueuse d'obtenir ce qu'il demandoit, et ce mérite qu'on lui faisoit de s'apaiser après qu'on lui avoit obéi, enfin ce caractère de liberté impérieuse et menaçante qu'il annonçoit à tout propos, avoient été dans les conseils des moyens vivement saisis de faire entendre au roi que le plus grand des maux, et pour l'État et pour lui-même, seroit de laisser mépriser l'autorité qu'il avoit en main, et qu'infailliblement on la mépriseroit si on la voyoit désarmée; qu'on osoit déjà l'attaquer parce qu'elle se montroit foible, et que des forces redoutables lui pouvoient seules obtenir le respect et assurer l'obéissance; qu'il falloit que la multitude tremblât, ou qu'elle fît trembler; que ce n'étoit pas seulement par des lois que se gouvernoient les États, surtout des États aussi vastes ; que la justice avoit besoin de l'épée et du bouclier ; que la sagesse et l'équité consistoient à savoir user et à ne jamais abuser de la force ; que c'étoit par là que les bons rois se distinguoient des rois foibles et des tyrans ; qu'il eût été à souhaiter, sans doute, que la tenue des États se fût passée dans une pleine sécurité sans avoir autour d'eux aucun appareil militaire ; qu'il en étoit ainsi dans les pays où le peuple veut bien se reposer sur la sagesse et la fidélité de ses représentans ; qu'il en seroit de même en France dès que l'ordre et le calme y seroient rétablis ; mais que, tant que le peuple, et la classe du peuple la plus séditieuse et la plus violente, viendroit mêler l'insulte et la menace aux délibérations des États généraux, la force publique avoit droit de s'armer pour le contenir.

« On croit pouvoir, Sire, ajoutoient ceux qui demandoient l'usage de l'autorité réprimante, on croit pouvoir apaiser le bas peuple aussi aisément qu'on l'irrite ; après qu'on l'aura fait servir au dessein d'une subversion générale dans le royaume, on voudra ramener le tigre dans sa cage et lui faire oublier combien il est terrible quand il veut l'être ; il ne sera plus temps : la bête féroce aura connu sa force et la foiblesse de ses liens. Que sera-ce, surtout si elle a goûté du sang ? Elle fera trembler longtemps peut-être ceux qui auront osé la déchaîner. Apprenez-lui donc à ce peuple que, dans vos mains, il est pour lui encore une justice à redouter.

« Dès le commencement de votre règne, Sire, on vous a fait réduire et affoiblir votre maison militaire; et vous, qui vous flattiez de n'avoir à régner que sur un peuple fidèle et bon, vous avez consenti, dans la droiture de votre cœur, à cette réduction funeste; mais la discipline et l'obéissance ne sont pas détruites dans vos armées, et il vous reste encore assez de forces à opposer à l'audace des factieux. Le despotisme seroit l'usage de ces forces contre les lois; mais, employées à maintenir l'ordre et les lois, elles sont le digne cortège de l'autorité légitime, la sauvegarde de l'État et le soutien de la royauté.

« Si les membres de l'Assemblée nationale avoient tous votre loyauté, Sire, ils s'accorderoient tous à demander autour du sanctuaire de la législation une barrière impénétrable, inaccessible même, d'un côté pour les troupes, de l'autre pour le peuple; et alors tout seroit égal. Mais non, c'est pour laisser à cette populace une pleine licence et une pleine impunité qu'on veut que les troupes s'éloignent. On craint qu'elle ne soit refroidie et intimidée; on veut qu'elle ose tout sans avoir rien à craindre; c'est par elle qu'on veut régner. N'avons-nous pas vu que, du centre aux extrémités du royaume, ce nom de liberté, ce nom qui, pour la populace, ne veut dire que la licence, a retenti comme un signal d'insurrection et d'anarchie? La police parmi le peuple, la discipline dans les armées, partout les lois de l'ordre ont été dénoncées comme des restes de servitude. L'indépendance et le mépris de toute espèce d'autorité, voilà ce que présente la face du royaume; et c'est sur les ruines de la monarchie et avec ses débris que l'on se vante de créer un empire démocratique. C'est un vil ramas de vagabonds sans mœurs, sans état, sans aveu, qu'on appelle le peuple souverain. Mais la nation désire, elle demande que la constitution du royaume soit réglée et fixée sur des bases fondamentales, et il s'agit de la rendre à la fois plus régulière et plus constante. C'est à quoi, Sire, les États sont chargés de travailler avec vous. Par cette ancienne et vénérable constitution de la monarchie, vous êtes roi; l'autorité suprême, la force exécutive a été remise en vos mains; vos ancêtres, à qui la nation l'a confiée, vous l'ont transmise en héritage. La nation ne veut ni n'entend dépouiller, déposer, déshériter son roi. Et que seroit-ce qu'un monarque, si ce n'étoit pas le protecteur de tous les droits et de toutes les libertés?

« Protégez, Sire, celle de tous les ordres, et n'en laissez opprimer aucun. Protégez celle des

États eux-mêmes; et protégez surtout dans les villes, dans les campagnes, celle de ces citoyens honnêtes, de ces cultivateurs paisibles, qui, menacés dans leurs foyers par une populace oisive et vagabonde, tremblent avec raison que bientôt il ne soit plus temps de lui remettre le frein des lois. Non, Sire, ce n'est plus au nom du clergé ni de la noblesse, c'est au nom d'un bon peuple dont vous êtes le père que nous vous conjurons de ne pas le livrer à la plus cruelle des tyrannies, à celle de la populace et de ses perfides moteurs. »

C'étoit ainsi qu'on persuadoit au roi qu'en déployant aux yeux du peuple une puissance militaire il ne feroit que réprimer et contenir la force par la force, et laisser au milieu la liberté publique protégée et hors de danger.

LIVRE XVI

LE roi fit donc avancer des troupes; mais, en prenant une résolution vigoureuse, il falloit en prévoir les suites, calculer pas à pas les forces et les résistances, les obstacles et les dangers, et, selon les événemens, déterminer d'avance sa marche et ses positions. On ne calcula rien, on ne pourvut à rien, on ne songea pas même à garantir les troupes de la corruption du peuple de Paris. On ne fit aucune disposition pour mettre le roi et sa famille à l'abri de l'insulte dans un cas de révolte; et, dans les faubourgs de Paris, le seul poste imposant, la Bastille, ne fut pourvue ni de garnison suffisante, ni de vivres pour y nourrir le peu de soldats qu'il y avoit. Enfin, jusqu'à la subsistance des troupes que l'on assembloit fut négligée au point que leur pain n'étoit fait qu'avec des farines gâtées, tandis que les femmes du peuple venoient leur en offrir d'excellent, avec du vin et des viandes en abondance, sans compter leurs autres moyens de débauche et de corruption.

A cette espèce d'étourdissement où étoient la cour et le conseil le parti contraire opposoit une conduite raisonnée, progressive et constante, s'acheminant de poste en poste vers la domination, sans jamais perdre un temps ni reculer d'un pas. Résolu donc à ne souffrir ni autour de Versailles, ni autour de Paris, aucun rassemblement, on délibéra une adresse au roi le 8 juillet (1789). Ce fut l'ouvrage de Mirabeau, le principal orateur des communes, homme doué par la nature de tous les talens d'un tribun; bouillant de caractère, mais aussi souple dans sa conduite que fougueux dans ses passions; habile à pressentir l'opinion dominante, et, pour paroître la conduire, diligent à la devancer; lâche de cœur, mais fort de tête et intrépide d'impudence; corrompu à l'excès et se vantant de l'être; déshonoré dès sa jeunesse par les vices les plus honteux, mais n'attachant aucun prix à l'honneur; calculant bien qu'un homme dangereux ne pouvoit être méprisé même en se rendant méprisable, et résolu à se passer de l'estime attachée aux mœurs, s'il obtenoit celle qu'arrachent de grands talens devenus redoutables.

Voici l'adresse qu'il proposa d'adresser au roi,

chef-d'œuvre d'éloquence artificieuse et perfide, et qui, applaudie comme elle devoit l'être, fut adoptée par acclamation (le 9 juillet).

« Sire, vous avez invité l'Assemblée nationale à vous témoigner sa confiance; c'étoit aller au-devant du plus cher de ses vœux. Nous venons déposer dans le sein de Votre Majesté les plus vives alarmes. Si nous en étions l'objet, si nous avions la foiblesse de craindre pour nous-mêmes, votre bonté daigneroit encore nous rassurer; et même, en nous blâmant d'avoir douté de vos intentions, vous accueilleriez nos inquiétudes, vous en dissiperiez la cause, vous ne laisseriez point d'incertitude sur la position de l'Assemblée nationale.

« Mais, Sire, nous n'implorons pas votre protection : ce seroit offenser votre justice. Nous avons conçu des craintes, et, nous l'osons dire, elles tiennent au patriotisme le plus pur, à l'intérêt de nos commettans, à la tranquillité publique, au bonheur du monarque chéri qui, en nous aplanissant la route de la félicité, mérite bien d'y marcher lui-même sans obstacle. (Détestable hypocrite!)

« Les mouvemens de votre cœur, Sire, voilà le vrai salut des François. Lorsque des troupes s'avancent de toutes parts, que des camps se forment autour de nous, que la capitale est investie, nous

nous demandons avec étonnement : Le roi s'est-il méfié de la fidélité de ses peuples? S'il avoit pu en douter, n'auroit-il pas versé dans notre cœur ses chagrins paternels? Que veut dire cet appareil menaçant?

« Où sont les ennemis de l'État et du roi qu'il faut subjuguer? où sont les ligueurs qu'il faut réduire? Une voix unanime répond dans la capitale et dans l'étendue du royaume : Nous chérissons notre roi; nous bénissons le Ciel du don qu'il nous a fait de son amour.

« Sire, la religion de Votre Majesté ne peut être surprise que sous le prétexte du bien public. Si ceux qui ont donné ce conseil à notre roi avoient assez de confiance dans leurs principes pour les exposer devant nous, ce moment amèneroit le plus beau triomphe de la vérité.

« L'État n'a rien à redouter que des mauvais principes qui osent assiéger le trône même, et ne respectent pas la couronne du plus pur et du plus vertueux des princes; et comment s'y prend-on, Sire, pour vous faire douter de l'attachement et de l'amour de vos sujets?

« Avez-vous prodigué leur sang? êtes-vous cruel, implacable? avez-vous abusé de la justice? le peuple vous impute-t-il ses malheurs? vous nomme-t-il dans ses calamités? ont-ils pu vous dire que le peuple est impatient de votre joug?

Non, non, ils ne l'ont pas fait. La calomnie n'est du moins pas absurde : elle cherche un peu de vraisemblance pour colorer ses noirceurs.

« Votre Majesté a vu tout récemment ce qu'elle peut sur son peuple. La subordination s'est établie dans la capitale agitée; les prisonniers mis en liberté par le peuple, d'eux-mêmes ont pris leurs fers; et l'ordre public, qui peut-être eût coûté des torrens de sang si l'on eût employé la force, un mot de votre bouche l'a rétabli; mais ce mot étoit un mot de paix, il étoit l'expression de votre cœur, et vos sujets se font gloire de n'y résister jamais. Qu'il est beau d'exercer cet empire ! c'est celui de Louis IX, de Louis XII, de Henri IV, c'est le seul qui soit digne de vous. Nous vous tromperions, Sire, si nous n'ajoutions pas, forcés par les circonstances : Cet empire est le seul qu'il soit aujourd'hui possible en France d'exercer. La France ne souffrira pas qu'on abuse du meilleur des rois, et qu'on l'écarte, par des voies sinistres, du noble plan qu'il a lui-même tracé. Vous nous appelez pour fixer, de concert avec vous, la constitution, pour opérer la régénération du royaume. L'Assemblée nationale vient de vous déclarer solennellement que vos vœux seront remplis, que vos promesses ne seront point vaines, que les pièges, les difficultés, les terreurs, ne retarderont point sa marche et n'intimideront point son courage.

« Où donc est le danger des troupes ? affecteront de dire nos ennemis ; et que veulent dire leurs plaintes, puisqu'ils sont inaccessibles au découragement ? Le danger, Sire, est pressant et universel ; il est au delà de tous les calculs de la prudence humaine.

« Le danger est pour le peuple des provinces ; une fois alarmé sur notre liberté, nous ne connoissons plus de frein qui puisse le retenir. La distance seule grossit, exagère tout, double les inquiétudes, les aigrit, les envenime. Le danger est pour la capitale. De quel œil le peuple, au sein de l'indigence, et tourmenté des angoisses les plus cruelles, se verra-t-il disputer le reste de sa subsistance par une foule de soldats menaçans ? La présence des troupes ameutera, produira une fermentation universelle ; et le premier acte de violence exercé, sous prétexte de police, peut commencer une suite horrible de malheurs.

« Le danger est pour les troupes. Des soldats françois, approchés du centre des discussions, participant aux passions comme aux intérêts des peuples, pourront oublier qu'un engagement les a faits soldats pour se souvenir que la nature les fit hommes.

« Le danger, Sire, menace les travaux qui sont notre premier devoir, et qui n'auront un plein succès, une véritable permanence, qu'autant que les peuples les regarderont comme entièrement libres. Il est d'ailleurs une contagion dans les mouvemens passionnés. Nous ne sommes que des hommes : la défiance de nous-mêmes, la crainte de paroître foibles, peuvent nous entraîner au delà du but. Nous serons obsédés d'ailleurs de conseils violens et démesurés; et la raison calme, la tranquille sagesse, ne rendent pas leurs oracles au milieu du tumulte, du désordre et des scènes factieuses. Le danger, Sire, est plus terrible encore, et jugez de son étendue par les alarmes qui nous amènent devant vous. De grandes révolutions ont eu des causes bien moins éclatantes : plus d'une entreprise fatale aux nations s'est annoncée d'une manière moins sinistre et moins formidable.

« Ne croyez pas ceux qui vous parlent légèrement de la nation, et qui ne savent que vous la représenter selon leurs vues : tantôt insolente, rebelle, séditieuse; tantôt soumise, docile au joug, prompte à courber la tête pour le recevoir. Ces deux tableaux sont également infidèles. Toujours prêts à vous obéir, Sire, parce que vous commandez au nom des lois, notre fidélité est sans bornes comme sans atteinte. Prêts à résister à tous les commandemens arbitraires de ceux qui abusent de votre nom, parce qu'ils sont ennemis des lois, notre fidélité même nous ordonne cette résistance, et nous nous honorerons toujours de mériter les reproches que notre fermeté nous attire.

« Sire, nous vous en conjurons au nom de la patrie, au nom de votre bonheur et de votre gloire, renvoyez vos soldats aux postes d'où vos conseillers les ont tirés ; renvoyez cette artillerie destinée à couvrir vos frontières ; renvoyez surtout les troupes étrangères, ces alliés de la nation que nous payons pour nous défendre, et non pour troubler nos foyers : Votre Majesté n'en a pas besoin. Et pourquoi un roi adoré de vingt millions de François feroit-il accourir à grands frais autour du trône quelques milliers d'étrangers? Sire, au milieu de vos enfans, soyez gardé par leur amour. Les députés de la nation sont appelés à consacrer avec vous les droits éminens de la royauté sur la base immuable de la liberté du peuple ; mais, lorsqu'ils remplissent leur devoir, lorsqu'ils cèdent à la raison, à leurs sentimens, les exposeriez-vous au soupçon de n'avoir cédé qu'à la crainte? Ah ! l'autorité que tous les cœurs vous défèrent est la seule pure, la seule inébranlable ; elle est le juste retour de vos bienfaits et l'immortel apanage des princes dont vous êtes le modèle. »

Cette harangue insolemment flatteuse, cette menace éloquemment tournée d'un soulèvement général si le roi, pour la sûreté des bons et l'effroi des méchans, gardoit auprès de lui une partie de ses armées, s'il n'abandonnoit pas sa ville capitale à tous les excès de la licence et du brigandage, et l'Assemblée nationale aux insultes et aux menaces d'une populace ameutée; cette affectation d'englober des mutins et des vagabonds révoltés dans les éloges d'un bon peuple; cet avis arrogant qu'il importoit au roi de leur céder, de leur complaire, et la déclaration formelle que cet empire étoit le seul qu'il lui fût désormais possible d'exercer, ne firent pas sur l'esprit du roi l'effet qu'on en attendoit. A travers ces menaces respectueuses et ces alarmes hypocrites, il vit trop bien qu'il s'agissoit d'abandonner ou de maintenir son autorité légitime, qu'on l'exhortoit à se laisser désarmer et lier les mains; il vit surtout qu'en glissant sur l'article de ses bonnes intentions, on évitoit de toucher aux faits qui rendoient justes et nécessaires les précautions qu'il avoit prises. Il fallut donc qu'il s'expliquât lui-même, et à ce langage plein d'artifice il répondit par des raisons pleines de force et de candeur.

« Personne n'ignore, dit-il aux députés, les désordres et les scènes scandaleuses qui se sont passés et renouvelés à Paris et à Versailles sous mes yeux et sous les yeux des États généraux. Il est nécessaire que je fasse usage des moyens qui sont en ma puissance pour remettre et maintenir l'ordre dans la capitale et dans les environs. C'est un de mes devoirs principaux que de veiller à la sûreté publique. Ce sont ces motifs qui m'ont engagé à faire un rassemblement de troupes autour de Paris. Vous pouvez assurer les États généraux qu'elles ne sont destinées qu'à réprimer, ou plutôt qu'à prévenir de pareils désordres, à maintenir l'exercice des lois, à assurer et à protéger même la liberté qui doit régner dans vos délibérations. Toute espèce de contrainte en doit être bannie; de même que toute appréhension de tumulte et de violence en doit être écartée. Ce ne seroient que des gens malintentionnés qui pourroient égarer mes peuples sur les vrais motifs des mesures de précaution que je prends. J'ai constamment cherché à faire tout ce qui pouvoit tendre à leur bonheur, et j'ai toujours eu lieu d'être assuré de leur amour et de leur fidélité.

« Si cependant la présence nécessaire des troupes dans les environs de Paris causoit encore de l'ombrage, je me porterois, sur la demande de l'Assemblée, à transférer les États généraux à Noyon ou à Soissons, et je me rendrois à Compiègne. »

C'est ce qu'il étoit bien sûr que l'on ne demanderoit pas. Rien n'étoit plus contraire au plan formé que de se séparer du peuple de Paris. Il étoit donc plus qu'inutile d'en témoigner l'intention ; et si, par un nouveau tumulte, le roi étoit forcé à cette translation, que ne l'ordonnoit-il? que ne se rendoit-il à Compiègne avec sa maison et une garde respectable, en déclarant nulle et contraire au droit de sûreté et de liberté des suffrages toute délibération prise au milieu du trouble qui agitoit Versailles et Paris?

Le parti populaire n'eut garde de quitter son poste. Il avoit besoin d'être soutenu de la populace ; c'étoit en l'agitant qu'il se rendoit lui-même puissant et redoutable. Aussi répondit-il, par l'organe de Mirabeau, que « c'étoit aux troupes à s'éloigner de l'Assemblée, et non pas à l'Assemblée à s'éloigner des troupes. Nous avons, dit-il, réclamé une translation pour l'armée, et non pas pour nous. »

Dès lors, au moins fut-il bien évident que c'étoit par le peuple que les communes vouloient agir; et, dans cette lutte d'autorité qui alloit s'engager, elles vouloient toutes leurs forces et n'en laisser aucune au roi.

Il étoit juste cependant que le roi conservât au moins une force de résistance. Dans les monarchies les plus tempérées, le roi a le droit du *veto*, et jamais on n'avoit douté de la nécessité de la sanction royale pour donner aux décrets des députés du peuple la forme et la force des lois. En effet, comme dépositaire de la puissance exécutive, le roi avoit le droit d'examiner les lois qu'il devoit faire exécuter; et, par sa qualité de premier représentant de la nation, il étoit constitué le surveillant des autres. Dans le tumulte et dans le choc des passions diverses et des intérêts opposés qui pouvoient diviser une assemblée politique, il étoit fréquemment à craindre que le résultat d'une discussion orageuse ne fût pas la résolution la plus sage et la plus utile. Souvent il en pouvoit passer de contraires au bien public. Une seule voix au-dessus de l'égalité numérique pouvoit faire une loi d'un injuste et violent décret. Toutes les fois que l'éloquence passionnée et la saine raison seroient aux prises, il y avoit peu de sûreté pour le plus équitable et le meilleur parti. Le roi, dans la législation, étoit donc un modérateur, un régulateur nécessaire; ce n'étoit donc ni dans la volonté du roi seul, ni dans celle des députés du peuple, que devoit résider la plénitude de la puissance législative, mais dans l'accord de ces deux volontés. et le consentement de l'un aux résolutions de l'autre formoit cette sanction royale.

Or, si ce droit d'examiner et de sanctionner les lois, d'y donner son consentement ou d'y apposer son *veto,* étoit méconnu, contesté, refusé au monarque; s'il se voyoit ravir son autorité légitime; s'il voyoit son trône ébranlé, sa couronne avilie, le sceptre de ses pères prêt à se briser dans ses mains, ne seroit-il pas nécessaire qu'il fût armé pour les défendre? ne seroit-il pas juste, aux yeux même de la nation, qu'il apprît aux communes à se renfermer dans les bornes qui leur étoient marquées, même par leur mandat?

Ces questions agitées dans le conseil effrayoient les ministres.

« Tout acte de rigueur, disoient-ils, seroit une démarche également funeste, soit qu'il fallût la soutenir, soit qu'il fallût l'abandonner; une hostilité contraire aux sentimens du roi, capable d'allumer entre son peuple et lui les feux de la guerre civile, et qui rendroit odieux le pouvoir qu'elle auroit rendu redoutable ou qui l'aviliroit s'il se laissoit braver. »

Placés eux-mêmes entre deux écueils, dans un détroit où alloit périr l'autorité royale, ou ce qu'on appeloit la liberté publique, n'ayant pour sauver l'une et l'autre ni assez de crédit, ni assez d'influence, ils employoient auprès du roi tous les moyens de discussion que leur donnoient son estime et leur zèle : ils ne lui faisoient voir qu'imprudence et péril dans ce rassemblement de troupes mécontentes et corruptibles dont on se croyoit assuré. Mais, fussent-elles plus affermies dans la volonté d'obéir, qui répondroit que c'en seroit assez de leur approche pour rétablir l'ordre et le calme? Et si on manquoit le but d'intimider le peuple, si, au lieu de le contenir, on alloit l'irriter encore, que feroit-on pour le réduire? que feroit-on pour l'apaiser? Ils voyoient, à la tête du parti populaire, des hommes d'un naturel pervers; ils y voyoient aussi des fourbes profondément dissimulés, mais ils présumoient bien encore du caractère national; ils comptoient un grand nombre de gens de bien dans les communes; et l'exemple du roi, sa modération, sa loyauté, sa bonté généreuse, y pouvoient faire prévaloir des sentimens analogues aux siens. Leur espérance étoit la même que celle de Lally-Tolendal, lorsqu'en parlant à la noblesse de son bailliage, il lui disoit : « Ils vous trompent, citoyens nobles, ceux qui vous disent que le tiers n'a réclamé la justice que pour être injuste, et n'a voulu cesser d'être opprimé que pour être oppresseur. » Ce bon jeune homme ne tarda point à reconnoître que lui-même il étoit dans l'illusion; mais ce qu'il espéroit de bonne foi, Necker, Montmorin, La Luzerne, Saint-Priest, l'espéroient comme lui. Ainsi, également fidèles à l'État et au roi, les moyens de conciliation leur sembloient les seuls praticables : car ceux de corruption n'étoient pas de leur goût, et le roi les eût rebutés.

L'on conçoit quelle devoit être la perplexité de ce prince; mais tout l'avertissoit qu'il étoit temps de prendre une conduite ferme, et cette conduite nouvelle demandoit de nouveaux ministres.

Le renvoi de ceux-ci fut décidé le 11 juillet.

Le 12 on en sut, dès le matin, la nouvelle à Paris; mais elle ne fut divulguée que le soir, à l'heure des spectacles. Une sombre indignation s'empara de tous les esprits. On ne douta plus qu'à la cour la résolution d'agir à force ouverte ne fût prise à l'insu du roi, et qu'on ne voulût malgré lui l'entraîner dans ce dessein funeste, en éloignant de ses conseils des hommes sages et modérés. Le renvoi de Necker surtout, dans la crise où étoit le royaume, parut être la preuve qu'on vouloit ruiner et affamer Paris. A l'instant les spectacles furent interrompus. On y vit arriver des hommes égarés qui crioient aux acteurs : « Cessez, retirez-vous, le royaume est en deuil; Paris est menacé, nos ennemis l'emportent. Necker n'est plus en place, on le renvoie, il est parti; et avec lui sont renvoyés tous les ministres amis du peuple. »

Une frayeur soudaine se répand dans les salles, les acteurs disparoissent, le public se retire tremblant et consterné; et déjà dans toute la ville la résolution est formée de demander que Necker et tous les bons ministres qui pensent comme lui soient rendus à l'État.

Dans tous les lieux où le peuple a coutume de s'assembler les jours de fête, la fermentation fut extrême. Le Palais-Royal étoit rempli d'une foule agitée, comme les flots de la mer le sont dans la tourmente. D'abord un triste et long murmure, bientôt une rumeur plus redoutable, s'y fit entendre. On y prit la cocarde verte; les feuilles d'arbres en tinrent lieu; et, pour signal du soulèvement, le peuple ayant imaginé de prendre dans la boutique d'un modeleur en cire[1] le buste de Necker et celui du duc d'Orléans, il les promena dans Paris.

Une autre foule s'amassoit dans la place de Louis XV, et le tumulte alloit croissant. Pour le dissiper, on fit avancer quelques troupes. Leur commandant, le baron de Besenval, s'y étoit rendu avec une compagnie de grenadiers de gardes-suisses. Le prince de Lambesc vint l'y joindre à la tête de cinquante dragons de Royal-Allemand. La présence des troupes acheva d'irriter le peuple. Il se mit à les insulter. Ils négligèrent ses clameurs ; mais, assaillis à coups de pierres, dont quelques-uns furent blessés, les dragons perdoient patience, lorsque Besenval donna l'ordre au prince de Lambesc de faire un mouvement pour obliger le peuple à reculer dans les Tuileries. Ce mouvement se fit avec tant de mesure que personne du peuple n'en fut renversé ni froissé. Ce ne fut

---

1. Le célèbre Curtius.

qu'au moment de la retraite des dragons que fut blessé légèrement, et de la main du prince, un forcené qui s'obstinoit à lui fermer le Pont-Tournant.

Aussitôt dans Paris se répandit le bruit d'un massacre de citoyens dans le jardin des Tuileries, où couroient, disoit-on, les dragons de Lambesc à cheval, le sabre à la main, et le colonel à leur tête, égorgeant les vieillards, écrasant les enfans, renversant les femmes enceintes, ou les faisant avorter de frayeur.

En même temps, sur le faux bruit que leur régiment étoit insulté, les grenadiers des gardes-françoises forcèrent le duc du Châtelet, leur colonel, à les laisser sortir du jardin de l'hôtel de Richelieu, où il les tenoit enfermés. Dès lors le régiment aux gardes fut tout entier livré au peuple; et c'étoit là ce que les factieux désiroient le plus ardemment.

Ainsi Paris, sans tribunaux, sans police, sans garde, à la merci de cent mille hommes errant au milieu de la nuit, et la plupart manquant de pain, croyoit être au moment d'être assiégé au dehors, d'être saccagé au dedans. Vingt-cinq mille hommes de troupes étoient postés autour de son enceinte, à Saint-Denis, à Courbevoie, à Charenton, à Sèvres, à la Muette, au Champ-de-Mars; et, tandis qu'on le bloqueroit et qu'on lui couperoit les vivres, il alloit être en proie à un peuple affamé. Telle fut l'image terrible qui, dans la nuit du 12 au 13 juillet, fut présente à tous les esprits.

Mais les brigands eux-mêmes, saisis de la terreur commune, ne commirent aucun dégât. Les boutiques des armuriers furent les seules qu'on fit ouvrir, et l'on n'y prit rien que des armes.

Dès que le jour parut, la ville se trouva remplie d'une populace égarée, qui, frappant à toutes les portes, demandoit à grands cris des armes et du pain, et qui, croyant qu'il y avoit un dépôt de fusils et d'épées dans les souterrains de l'Hôtel de ville, s'y porta pour les faire ouvrir. Je m'arrête pour expliquer par qui, dans ce moment, l'Hôtel de ville étoit occupé, et par quelle espèce de tribunal la police y étoit exercée.

Le 10 mai, les élections de la commune étant achevées, Target, président de l'assemblée des électeurs, leur persuada de se tenir en permanence durant la session des États généraux. La délibération en fut prise du consentement et au gré de la faction populaire. Ainsi, lorsqu'à la fin de juin, après la séance royale, les électeurs trouvèrent leur salle fermée à l'archevêché, ils se firent ouvrir l'Hôtel de ville, et s'y établirent les agens de l'Assemblée nationale auprès du peuple de Paris.

Je dois leur rendre ce témoignage que, dans des circonstances difficiles et périlleuses, chargés du soin de la chose publique, ils s'acquittèrent de leurs fonctions en bons et braves citoyens.

Ce fut donc à cette assemblée que, le 13 juillet, le peuple s'adressa pour demander des armes, dont il y avoit, disoit-il, un amas dans les caveaux de l'Hôtel de ville; mais, comme ce dépôt n'existoit point, le peuple eut beau forcer les portes, les fusils de la garde furent les seuls qu'il y trouva, et ceux-là furent enlevés.

Cependant, au bruit du tocsin qu'on fit sonner dans toutes les églises, les districts s'assemblèrent pour aviser aux moyens de pourvoir à la sûreté de la ville au dedans ainsi qu'au dehors, car il n'étoit pas moins instant de la défendre des brigands dont elle étoit pleine que des troupes qui l'entouroient. Dès ce moment, la bourgeoisie forma des bandes de volontaires qui, dans les places et les jardins publics, venoient se ranger d'elles-mêmes; mais on manque d'armes; on ne cesse d'en demander à l'Hôtel de ville. Le prévôt des marchands, le malheureux Flesselles, y est appelé; il y arrive à travers la foule; il se dit le père du peuple, et il est applaudi dans cette même place où demain son corps sanglant sera traîné.

Les électeurs nomment un comité permanent à l'Hôtel de ville, pour y être jour et nuit accessible à ce peuple tourmenté de frayeurs. Flesselles, à la tête du comité, annonce imprudemment qu'il va lui arriver dix mille fusils de Charleville, et trente mille bientôt après. Il eut même, dit-on, la funeste légèreté de se jouer des plus impatiens en les envoyant çà et là dans des lieux où il leur fit croire qu'ils trouveroient des armes. On y courut, on se vit trompé, et l'on revint le dénoncer au peuple comme un fourbe qui, en le trahissant, l'insultoit.

Le comité des électeurs, pour rassurer le peuple, décida qu'une armée parisienne seroit incontinent formée au nombre de quarante-huit mille hommes. Tous les districts vinrent s'offrir pour la composer le jour même. On quitta la livrée verte, et la rouge et bleue prit la place (le vert étoit la couleur d'un prince qui n'étoit pas républicain[1]).

Le peuple cependant s'étoit porté au Garde-Meuble, et il en avoit enlevé les armes précieuses que l'on y conservoit comme des raretés, soit par la beauté du travail dont elles étoient enrichies, soit à cause de l'antiquité et par respect pour les héros dont elles rappeloient la gloire. L'épée de Henri IV fut le butin d'un vagabond.

Mais, pour tant de milliers d'hommes, ce petit nombre d'armes étoit une foible ressource. Ils revinrent furieux en demander à l'Hôtel de ville, disant qu'il y en avoit et accusant les électeurs d'être d'intelligence avec les ennemis du peuple pour

---

1. Le comte d'Artois.

laisser Paris sans défense. Pressé par ces reproches, que les menaces accompagnoient, le comité imagina d'autoriser tous les districts à faire fabriquer des piques et autres armes de cette espèce, et le peuple fut satisfait.

Mais un meilleur expédient, que les districts prirent d'eux-mêmes, fut d'envoyer le soir aux Invalides sommer le gouverneur Sombreuil de leur livrer les armes qu'ils savoient être en dépôt dans l'hôtel. Le commandant général des troupes, qui avoit un camp tout près de là, et à qui Sombreuil les adressa, leur demanda le temps d'envoyer à Versailles pour demander l'ordre du roi, et ce temps lui fut accordé.

La terreur de la nuit suivante, plus profonde et plus réfléchie, prit un caractère lugubre; l'enceinte de la ville fut fermée et gardée; des patrouilles déjà formées en imposoient aux vagabonds. Des feux allumés dans les rues éclairoient l'épouvante, intimidoient le crime, et faisoient voir partout des pelotons d'hommes du peuple errant comme des spectres. Ce silence vaste et funèbre n'étoit interrompu que par la voix étouffée et terrible de ces gens qui de porte en porte crioient : *Des armes et du pain!*

Au faubourg Saint-Laurent, la maison des religieux de Saint-Lazare fut incendiée et saccagée. On croyoit y trouver un magasin de blés.

Cependant le Palais-Royal étoit plein de ces factieux mercenaires qu'on employoit à attiser le feu de la sédition; et la nuit s'y passoit en délations et en motions atroces non seulement contre Flesselles, mais contre le comité des électeurs, qu'on dénonçoit comme traîtres à la patrie.

La veille, cinq milliers de poudre qui sortoient de Paris avoient été saisis aux barrières et déposés à l'Hôtel de ville, sous la salle des électeurs. Au milieu de la nuit, le petit nombre de surveillans qui étoient restés dans cette salle est averti que, du côté du faubourg Saint-Antoine, quinze mille hommes, la milice affidée des moteurs du Palais-Royal, viennent forcer l'Hôtel de ville. Parmi les surveillans étoit un citoyen, Le Grand de Saint-René, homme d'une complexion foible et valétudinaire, mais d'un fort et ferme courage. « Qu'ils viennent nous attaquer, dit-il, nous sauterons ensemble. » Aussitôt il ordonna aux gardes de l'Hôtel d'apporter six barils de poudre dans le salon voisin. Sa résolution fut connue. Le premier baril apporté fit pâlir les plus intrépides, et le peuple se retira. Ainsi par un seul homme l'Hôtel de ville fut gardé. Le royaume eût de même été sauvé si, à la tête des conseils et des camps, le roi avoit eu de tels hommes; mais lui-même il recommandoit qu'on épargnât le peuple, et contre lui jamais il ne put consentir à aucun acte de vigueur; foiblesse vertueuse qui a fait tomber sa tête sous la hache de ses bourreaux.

Durant cette nuit effrayante, la bourgeoisie se tenoit enfermée, chacun tremblant chez soi pour soi et pour les siens; mais, le 14 au matin, ces frayeurs personnelles cédant à l'alarme publique, la ville entière ne fut qu'un seul et même peuple : Paris eut une armée; cette armée, spontanément assemblée à la hâte, connoissoit mal encore les règles de la discipline, mais l'esprit public lui en tint lieu. Seul il ordonna tout comme une puissance invisible. Ce qui donnoit ce grand caractère à l'esprit public, c'étoit l'adresse qu'on avoit eue de fasciner l'opinion. Les meilleurs citoyens ne voyoient dans les troupes qui venoient protéger Paris que des ennemis qui portoient la flamme et le fer dans ses murs, croyoient tous avoir à combattre pour leurs foyers, pour leurs femmes et leurs enfans. La nécessité, le péril, le soin de la défense et du salut commun, la résolution de périr ou de sauver ce qu'ils avoient de plus cher au monde, occupoient seuls toutes les âmes, et formoient de tous les courages et de toutes les volontés cet accord surprenant qui, d'une ville immense et violemment agitée, fit une armée obéissante à l'intention de tous, sans recevoir l'ordre d'aucun : en sorte qu'une fois tout le monde sut obéir où personne ne commandoit.

Les armes à feu et la poudre manquoient encore à cette armée, et, le comité de la ville ayant protesté de nouveau qu'on n'en trouveroit pas même à l'Arsenal, on retourna aux Invalides. L'ordre que Sombreuil attendoit de Versailles n'arrivoit point. Le peuple alloit employer la force ; et telle étoit l'irrésolution de la cour, ou telle étoit plutôt la répugnance du roi pour toute espèce de violence, que dans le Champ-de-Mars, à deux pas de l'hôtel que l'on venoit forcer, les troupes n'eurent pas l'ordre de le défendre. Sans vouloir rien céder, on abandonnoit tout ; moyen de tout perdre avec honte.

Ce fut donc sous les yeux de six bataillons suisses et de huit cents hommes de cavalerie, tant dragons que hussards, tous immobiles dans leur camp, que fut ouvert au peuple l'hôtel des Invalides : preuve bien positive, comme l'a depuis affirmé Besenval, qu'il étoit défendu aux troupes de tirer sur les citoyens ; et ce fut là le grand avantage du peuple, que le consentement du roi se bornoit à le contenir, sans permettre de le traiter ni en ennemi, ni en rebelle. On le vit, ce même ordre, observé dans Paris, aux barrières, aux boulevards, dans la place de Louis XV. C'étoit aussi ce qui rendoit dans tous les postes d'alentour les troupes accessibles à la corruption, par la facilité que l'on donnoit au peuple de communiquer avec elles.

Ce peuple, hommes et femmes, accostoit le soldat, et, le verre à la main, lui présentoit l'attrait de la joie et de la licence. « Eh quoi! lui disoit-il, venez-vous nous faire la guerre? Venez-vous verser notre sang? Auriez-vous le courage de tirer l'épée contre vos frères, de faire feu sur vos amis? N'êtes-vous pas, comme nous, François et citoyens? N'êtes-vous pas, comme nous, les enfans de ce peuple qui ne demande qu'à être libre et à n'être plus opprimé? Vous servez le roi, vous l'aimez, et nous aussi nous l'aimons, ce bon roi; nous sommes prêts à le servir. Il n'est pas l'ennemi de son peuple; mais on le trompe, et l'on vous commande, en son nom, ce qu'il ne veut pas. Vous servez non pas lui, mais ces nobles injustes, ces nobles qui vous déshonorent en vous traitant comme des esclaves. Venez, braves soldats, venez et vengez-vous du plat de sabre qui vous flétrit. Vive le roi! vive la liberté! Périssent les aristocrates, nos oppresseurs et vos tyrans! »

Le soldat, naturellement ami du peuple, n'étoit pas sourd à ce langage. Il ne voyoit qu'un pas à faire de la misère à l'abondance, de la gêne à la liberté. Il en désertoit un grand nombre; et, si près de Paris, il étoit impossible qu'ils ne fussent pas corrompus.

Le peuple, en présence des troupes du Champ-de-Mars, eut donc toute licence de fouiller l'hôtel des Invalides. Il y trouva, dans les caveaux du dôme, vingt-huit mille fusils ; et, avec ce butin et les canons de l'Esplanade traînés dans Paris en triomphe, il revint à l'Hôtel de ville. Là, il apprit que le gouverneur de la Bastille, le marquis de Launey, sommé de fournir à son tour des munitions et des armes, répondoit qu'il n'en avoit point. A l'instant un cri général se fit entendre dans la place de Grève : « Allons attaquer la Bastille ! »

LIVRE XVII

ETTE résolution parut inopinée et soudaine parmi le peuple; mais elle étoit préméditée dans le conseil des chefs de la Révolution. La Bastille, comme prison d'État, n'avoit cessé d'être odieuse par l'usage souvent inique qu'en avoit fait, sous les précédens règnes, le despotisme des ministres; et, comme forteresse, elle étoit redoutable, surtout à ces faubourgs populeux et mutins que dominoient ses murs, et qui, dans leurs émeutes, se voyoient sous le feu du canon de ses tours. Pour remuer à son gré ce peuple et le faire agir hardiment, la faction républicaine vouloit donc qu'il fût délivré de ce voisinage importun. Les gens de bien les plus paisibles et même les plus éclairés vouloient aussi que la Bastille fût détruite, en haine de ce despotisme dont elle étoit le boulevard; en quoi ils s'occupoient bien plus de leur sécurité que de leur sûreté réelle : car le despotisme de la licence est mille fois plus redoutable que celui de l'autorité, et la populace effrénée est le plus cruel des tyrans. Il ne falloit donc pas que la Bastille fût détruite, mais que les clefs en fussent déposées dans le sanctuaire des lois.

La cour la croyoit imprenable ; elle l'auroit été, ou l'attaque et le siège en auroient coûté bien du sang, si elle avoit été défendue ; mais l'homme à qui la garde en étoit confiée, le marquis de Launey, ne voulut, ou n'osa, ou ne sut faire usage des moyens qu'il avoit d'en rendre la résistance meurtrière ; et cette populace, qui l'a si lâchement assassiné, lui devoit des actions de grâces.

De Launey avoit espéré d'intimider le peuple ; mais il est évident qu'il voulut l'épargner. Il avoit quinze pièces de canon sur les tours ; et, quoi qu'en ait dit la calomnie pour pallier le crime de son assassinat, pas un seul coup de canon de ces tours ne fut tiré. Il y avoit de plus, dans l'intérieur du château, trois canons chargés à mitraille, braqués en face du pont-levis. Ceux-ci auroient fait du carnage dans le moment que le peuple vint se jeter en foule dans la première cour ; il n'en fit tirer qu'un, et qu'une seule fois. Il étoit pourvu d'armes à feu de toute espèce, de six cents mousquetons, de douze fusils de rempart d'une livre et demie de balle, et de quatre cents biscaïens. Il avoit fait venir de l'Arsenal des caissons, des boulets, quinze mille cartouches et vingt milliers de poudre. Enfin, pour écraser les assiégeans, s'ils s'avançoient jusqu'au pied des murs de la place, il avoit fait porter sur les deux tours du pont-levis un amas de pavés et de débris de fer; mais, dans tous ces apprêts pour soutenir un siège, il avoit oublié les vivres; et, enfermé dans son château avec quatre-vingts invalides, trente-deux soldats suisses et son état-major, il n'avoit, le jour de l'attaque, pour toutes provisions de bouche, que deux sacs de farine et un peu de riz; preuve que tout le reste n'étoit rien qu'un épouvantail.

Le petit nombre de soldats suisses qu'on lui avoit envoyés étoient des hommes sûrs et disposés à se défendre; les invalides ne l'étoient pas, il devoit bien le savoir; mais du moins n'auroit-il pas dû les exposer à la peur de mourir de faim. Trop inférieur à sa position, et dans cet étourdissement dont la présence du péril frappe une tête foible, il le regardoit d'un œil fixe, mais trouble, et plutôt immobile d'étonnement que de résolution. Malheureusement, cette prévoyance qui lui manquoit, personne dans les conseils ne l'eut pour lui.

Pour enivrer un peuple de son premier succès, on a outrément exalté, comme un exploit, l'attaque et la prise de la Bastille. Voici ce que j'en ai appris de la bouche même de celui qui fut proclamé et porté en triomphe comme ayant conduit l'entreprise et comme en étant le héros.

« La Bastille n'a point été prise de vive force, m'a dit le brave Élie; elle s'est rendue avant même d'être attaquée; elle s'est rendue sur la parole que j'ai donnée, foi d'officier françois, et de la part du peuple, qu'il ne seroit fait aucun mal à personne si on se rendoit. » Voilà le fait dans sa simplicité, et tel qu'Élie me l'a attesté; en voici les détails écrits sous sa dictée.

Les avant-cours de la Bastille avoient été abandonnées. Quelques hommes déterminés ayant osé rompre les chaînes du pont-levis qui fermoit la première, le peuple en foule y étoit entré. De là, sourd à la voix des soldats qui, du haut des tours, s'abstenoient de tirer sur lui et lui crioient de s'éloigner, il voulut se porter vers les murs du château. Ce fut alors qu'on fit feu sur lui; et, mis en fuite, il se sauva sous les abris des avant-cours. Un seul mort et quelques blessés jetèrent l'épouvante jusqu'à l'Hôtel de ville, et l'on y vint, au nom du peuple, demander instamment que l'on fît cesser le carnage en employant la voie des députations. Il en arriva deux, l'une par l'Arsenal et l'autre du côté du faubourg Saint-Antoine. « Avancez, leur crioient les invalides du haut des tours, nous ne tirerons pas sur vous, avancez avec vos drapeaux. Le gouverneur va descendre, on va baisser le pont du château pour vous introduire, et nous donnerons des otages. » Déjà le drapeau blanc étoit arboré sur les tours, et les soldats y tenoient leurs fusils renversés en signe de paix ; mais ni l'une ni l'autre députation n'osa s'avancer jusqu'à la dernière avant-cour. Cependant la foule du peuple s'y pressoit vers le pont-levis, en faisant feu de tous côtés. Les assiégés eurent donc lieu de croire que ces apparences de députation n'étoient qu'une ruse pour les surprendre ; et, après avoir inutilement crié au peuple de ne pas avancer, ils se virent contraints de tirer à leur tour.

Le peuple, repoussé une seconde fois, et furieux d'avoir vu tomber quelques-uns des siens sous le feu de la place, s'en vengea selon sa coutume. Les casernes et les boutiques de l'avant-cour furent pillées, le logement du gouverneur fut livré aux flammes. Un coup de canon à mitraille et une décharge de mousqueterie avoient écarté cette foule de pillards et d'incendiaires, lorsqu'à la tête d'une douzaine de braves citoyens, Élie, s'avançant jusqu'au bord du fossé, cria qu'on se rendît, et qu'il ne seroit fait aucun mal à personne. Alors il vit, par une ouverture du tablier du pont-levis, une main passer et lui présenter un billet. Ce billet fut reçu au moyen d'une planche qu'on étendit sur le fossé ; il étoit conçu en ces mots :

Nous avons vingt milliers de poudre; nous ferons sauter le château si vous n'acceptez pas la capitulation.

Signé : DE LAUNEY.

Élie, après avoir lu le billet, cria qu'il acceptoit ; et, du côté du fort, toutes hostilités cessèrent. De Launey cependant, avant de se livrer au peuple, vouloit que la capitulation fût ratifiée et signée à l'Hôtel de ville, et que, pour garantir sa sûreté et celle de sa troupe, une garde imposante les reçût et les protégeât ; mais les malheureux invalides, croyant hâter leur délivrance, firent violence au gouverneur, en criant de la cour : « La Bastille se rend ! »

Ce fut alors que de Launey, saisissant la mèche d'un canon, menaça, résolut peut-être d'aller mettre le feu aux poudres. Les sentinelles qui les gardoient lui présentèrent la baïonnette ; et, malgré lui, sans plus de précaution ni de délai, il se vit forcé de se rendre.

D'abord, le petit pont-levis du fort étant ouvert, Élie entra avec ses compagnons, tous braves gens, et bien déterminé à tenir sa parole. En le voyant, le gouverneur vint à lui, l'embrassa, et lui présenta son épée avec les clefs de la Bastille.

« Je refusai, m'a-t-il dit, son épée, et je n'acceptai que les clefs. » Les compagnons d'Élie accueillirent l'état-major et les officiers de la place avec la même cordialité, jurant de leur servir de garde et de défense; mais ils le jurèrent en vain.

Dès que le grand pont fut baissé (et il le fut sans qu'on ait su par quelle main), le peuple se jeta dans la cour du château, et, plein de furie, il se saisit de la troupe des invalides. Les Suisses, qui n'étoient vêtus que de sarraux de toile, s'échappèrent parmi la foule; tout le reste fut arrêté. Élie et les honnêtes gens qui étoient entrés les premiers avec lui firent tous leurs efforts pour arracher des mains du peuple les victimes qu'eux-mêmes ils lui avoient livrées; mais sa férocité se tint obstinément attachée à sa proie. Plusieurs de ces soldats à qui on avoit promis la vie furent assassinés, d'autres furent traînés dans Paris comme des esclaves. Vingt-deux furent amenés à la Grève, et, après des humiliations et des traitemens inhumains, ils eurent la douleur de voir pendre deux de leurs camarades. Présentés à l'Hôtel de ville, un forcené leur dit : « Vous avez fait feu sur vos concitoyens; vous méritez d'être pendus, et vous le serez sur-le-champ. » Heureusement les gardes-françoises demandèrent grâce pour eux; le peuple se laissa fléchir ; mais il fut sans pitié pour les officiers de la place. De Launey, arraché des bras de ceux qui vouloient le sauver, eut la tête tranchée sous les murs de l'Hôtel de ville. Au milieu de ses assassins, il défendit sa vie avec le courage du désespoir ; mais il succomba sous le nombre. Delosme-Salbray, son major, fut égorgé de même. L'aide-major, Mirai, l'avoit été près de la Bastille. Person, vieux lieutenant des invalides, fut assassiné sur le port Saint-Paul, comme il retournoit à l'hôtel. Un autre lieutenant, Caron, fut couvert de blessures. La tête du marquis de Launey fut promenée dans Paris par cette même populace qu'il auroit foudroyée s'il n'en avoit pas eu pitié.

Tels furent les exploits de ceux qu'on a depuis appelés les héros et les vainqueurs de la Bastille. Le 14 juillet 1789, vers les onze heures du matin, le peuple s'y étoit assemblé ; à quatre heures quarante minutes, elle s'étoit rendue ; à six heures et demie, on portoit la tête du gouverneur en triomphe au Palais-Royal. Au nombre des vainqueurs, qu'on a fait monter à huit cents, ont été mis des gens qui n'avoient pas même approché de la place.

Le peuple, après cette conquête, ivre de son pouvoir, mais sans cesse nourri de soupçons et d'inquiétudes, et d'autant plus farouche qu'il frémissoit encore des dangers qu'il avoit courus, ne montra plus que le caractère d'un tyran ombrageux et cruel. On devoit savoir que, pour lui, de la licence au crime il n'y avoit de barrière que la crainte des châtimens; et, dans un temps de trouble et de sédition, la défense de la Bastille étoit, pour le repos public, un objet de haute importance. On vient de voir à quel excès elle avoit été délaissée. Ni Broglie, ministre et général, ni le conseil du roi, ni le parti des nobles, personne ne s'étoit avisé de savoir si la garnison en étoit sûre et suffisante, si elle avoit du pain et des vivres, et si le commandant étoit un homme d'un courage assez froid et assez ferme pour la défendre. On l'avoit supposée inutile ou inattaquable, ou plutôt on sembloit l'avoir mise en oubli.

Il n'en est pas moins vrai que, si de Launey avoit fait usage de son artillerie, il eût épouvanté Paris. Il se souvint sans doute qu'il servoit un bon roi, et, parmi le peuple, chacun le savoit comme lui.

Paris, au moment de l'attaque, s'étoit porté vers la Bastille. Les sexes et les âges, tout venoit se confondre autour de ces remparts hérissés de canons. Qu'est-ce donc qui les rassuroit? Le roi permet qu'on menace son peuple, mais le roi ne veut pas que son peuple soit écrasé. Quelle leçon funeste on a donnée aux rois par l'exemple de celui-ci!

Le soir, le peuple, encore plus altéré de sang,

poussé au crime par le crime, demande la tête de Flesselles, qui, le matin, dit-il, lui a refusé des armes, et qui, d'intelligence avec la cour, l'a trahi, l'a trompé, et s'est joué de lui avec la dernière insolence; et la Grève et l'Hôtel de ville retentissoient de ces clameurs; mais le foyer de la fermentation et de la rage populaire, ce n'étoit point la Grève, c'étoit le district de Saint-Roch, le quartier du Palais-Royal : c'étoit là que Flesselles avoit été proscrit.

Durant l'attaque de la Bastille, le malheureux avoit assisté au comité de l'Hôtel de ville, assailli d'une troupe de brigands qui l'accabloient d'injures et qui lui annonçoient la mort. Après deux heures de silence et d'angoisses, il avoit résolu de passer de la salle du comité dans la grande salle, pour demander au peuple à être entendu et jugé par l'assemblée générale des électeurs, las de vivre, et voulant mourir plutôt que d'endurer une si cruelle agonie. En effet, c'étoit se livrer à une mort certaine que d'aller se jeter dans cette foule impitoyable. Il y passa, et il y prit séance dans le cercle des électeurs. Il se voyoit couché en joue de toutes parts; mais, d'autres incidens ayant fait diversion à la fureur dont il étoit l'objet, il profita de ce relâche; et, se penchant vers un ecclésiastique qui étoit auprès de lui (c'étoit l'abbé Fauchet), il lui tendit la main, le conjurant tout bas de se rendre à la hâte au district de Saint-Roch. « On y veut ma tête, ajouta-t-il, et c'est de là que partent toutes les accusations intentées contre moi. Allez, et dites-leur que je ne demande que le temps de me justifier. » Fauchet, s'étant ému pour lui d'un sentiment de compassion, alla implorer cette grâce, et l'implora inutilement. Il s'agissoit d'épouvanter ceux qui, comme Flesselles, se croiroient par devoir attachés au parti du roi ; et, pour vaincre la probité par la terreur, il falloit encore des victimes. Le peuple n'étoit pas encore assez habitué au crime; et, pour l'y aguerrir, on vouloit l'y exercer. Le district, conducteur de l'insurrection, fut donc inexorable, et Flesselles ne revit plus celui dont il attendoit son salut.

Ici je dois faire observer quels étoient, à l'Hôtel de ville, ceux qu'on y envoyoit demander la tête de Flesselles. « C'étoient, nous dit un fidèle témoin[1], des hommes armés comme des sauvages; et quels hommes? de ceux qu'on ne se souvient pas d'avoir jamais rencontrés au grand jour. D'où sortoient-ils? qui les avoit tirés de leurs réduits ténébreux?

---

1. Les premières lignes de cette citation sont empruntées à la relation bien connue de J. Dusaulx : *De l'insurrection parisienne et de la prise de la Bastille*. Mais la suite n'est pas de l'écrivain auquel Marmontel l'attribue, et je n'ai pas retrouvé le texte qu'il avait sous les yeux.

« A la tête du comité des électeurs, nous dit le même témoin, Flesselles marquoit encore quelque assurance : on le vit jusqu'au moment fatal écoutant tout le monde avec un air d'empressement et d'affabilité si naturel qu'il s'en seroit tiré, si le parti de le faire périr n'avoit pas été pris irrévocablement. Il fut témoin de la joie féroce qu'on fit éclater à la vue de cette lance au bout de laquelle étoit la tête du gouverneur de la Bastille. Il fut témoin des efforts que firent, dans ces momens, quelques bons citoyens pour arracher au peuple quelques-unes de ses victimes. Il entendit les cris de ceux qui demandoient que lui-même il leur fût livré.

« Cependant, parmi tant d'horreurs, hasardant tout pour échapper, et se croyant oublié un moment, il osa sortir de sa place et se glisser parmi la foule. Il l'avoit percée en effet; mais ceux qui l'avoient poursuivi dans cette salle, et qui sans doute avoient promis sa mort, le poursuivoient encore en lui criant : « Au Palais-Royal ! au Palais-« Royal ! — Soit », leur dit-il en sortant; et, le moment d'après, sur l'escalier de l'Hôtel de ville, un de ces brigands lui cassa la tête d'un coup de pistolet. Cette tête fut aussi promenée dans Paris en triomphe, et ce triomphe fut applaudi. Il en fut de même du meurtre des soldats invalides que l'on voyoit égorger dans les rues, tant le délire de la fureur avoit étouffé dans les âmes tout sentiment d'humanité!

« J'ai remarqué, ajoute mon témoin en se servant d'une expression de Tacite, que, si, parmi le peuple, peu de gens alors osoient le crime, plusieurs le vouloient, et tout le monde le souffroit. Ils n'étoient pas de la nation, ces brigands qu'on voyoit remplir l'Hôtel de ville, les uns presque nus, et les autres bizarrement vêtus d'habits de diverses couleurs, hors d'eux-mêmes, et la plupart ou ne sachant ce qu'ils vouloient, ou demandant la mort des proscrits qu'on leur désignoit, et la demandant d'un ton auquel, plus d'une fois, il ne fut pas possible de résister. »

Si l'Assemblée nationale eût voulu pressentir les maux dont le royaume étoit menacé par cette effroyable anarchie; si elle avoit prévu l'impuissance où elle seroit elle-même de faire rentrer dans les liens d'une autorité légitime cette bête féroce qu'elle auroit déchaînée; si ceux qui la flattoient avoient pensé qu'un jour peut-être eux-mêmes ils en seroient la proie, ils en auroient frémi d'une salutaire frayeur. Mais, pour se donner à soi-même une autorité dominante, on ne songea qu'à désarmer celle qui seule auroit pu tout sauver.

La bourgeoisie de Paris, se laissant aveugler sur ses intérêts véritables, se livra aux transports d'une joie insensée quand il fut décidé que la Bastille seroit détruite. On n'eût pas vu avec plus d'allégresse, sous le règne de Louis XI, les cages de fer se briser. L'histoire rendra cependant ce témoignage à la mémoire de Louis XVI que, de sept prisonniers qui se trouvèrent à la Bastille, aucun n'y avoit été enfermé sous son règne.

Tandis que la ville de Paris se déclaroit hautement soulevée contre l'autorité royale, les moteurs de la rébellion triomphoient à Versailles, en paroissant gémir des malheurs et des crimes qu'ils avoient commandés; et, pour en effrayer le roi, ils l'en affligeoient tous les jours. « Vous déchirez de plus en plus mon cœur, leur dit-il enfin, par le récit que vous me faites des malheurs de Paris. Il n'est pas possible de croire que les ordres que j'ai donnés aux troupes en soient la cause. » Non, ils ne l'étoient pas, car ils se réduisoient à maintenir la police et la paix.

Cependant l'Assemblée demandoit au roi, avec les plus vives instances, l'éloignement des troupes, le renvoi des nouveaux ministres et le rappel des précédens. Il commença par ordonner le renvoi des troupes qui étoient au Champ-de-Mars; mais le départ des autres camps n'étoit pas ordonné, et dans Paris, qui se croyoit toujours menacé d'un assaut, cette nuit du 14 au 15 juillet fut terrible encore. Le peuple, toujours plus farouche, frémissoit de peur et de rage; les motions du Palais-Royal étoient des listes de proscription. Le lendemain, à travers une foule d'opinions diverses qui agitoient l'Assemblée nationale, la voix du baron de Marguerittes[1] se fit entendre. « Ce n'est pas, dit-il, dans une circonstance aussi affligeante qu'il faut discourir : toute parole superflue est un crime de lèse-humanité. Je persiste dans l'avis que je proposai hier d'envoyer au roi sur-le-champ de nouveaux députés, lesquels lui diront : « Sire, le sang « coule, et c'est celui de vos sujets. Chaque jour, « chaque instant, ajoute aux désordres affreux qui « règnent dans la capitale et dans tout le royaume. « Sire, le mal est à son comble; c'est en éloignant « les troupes de Paris et de Versailles, c'est en « chargeant les députés de la nation de porter en « votre nom des paroles de paix, que le calme peut « se rétablir. Oui, Sire, il est un moyen digne de « vous, et surtout de vos vertus personnelles : ce « moyen, fondé sur l'amour inaltérable des François « pour leur roi, est de mettre en ce jour toute « votre confiance dans les représentans de votre « fidèle nation. Nous vous conjurons, Sire, de « vous réunir sans délai à l'Assemblée nationale

---

1. J.-A. Teissier, baron de Marguerittes (1745-1794), député de la noblesse de la sénéchaussée de Nîmes et de Beaucaire.

« pour y entendre la vérité, et aviser, avec le con-
« seil naturel de Votre Majesté, aux mesures les
« plus promptes pour rétablir le calme et l'union,
« et assurer le salut de l'État. »

Cet avis adopté par acclamation, une députation nouvelle alloit se rendre auprès du roi, lorsque le duc de Liancourt vint annoncer que le roi lui-même alloit venir, et qu'il apportoit les dispositions les plus favorables.

Cette nouvelle causoit dans l'Assemblée la plus sensible joie, et tous les gens de bien la faisoient éclater, lorsque Mirabeau se hâta de la réprimer : « Le sang de nos frères coule à Paris, dit Mirabeau ; cette bonne ville est dans les horreurs des convulsions pour défendre sa liberté et la nôtre ; et nous pourrions nous abandonner à quelque allégresse avant de savoir qu'on va rétablir le calme, la paix et le bonheur ! Quand tous les maux du peuple devroient finir, serions-nous insensibles à ceux qu'il a déjà soufferts ? Qu'un morne respect soit le premier accueil fait au monarque par les représentans d'un peuple malheureux. Le silence des peuples est la leçon des rois. »

Comme si le sang répandu, comme si les crimes du peuple, les crimes commandés par lui-même et par ses complices, avoient pu s'imputer au roi ! Cependant, malgré l'évidence d'une si noire calomnie, la véhémence de ce discours replongeoit l'Assemblée dans un triste silence, lorsque le roi parut ; et, debout, au milieu des députés qui, debout comme lui, l'écoutoient, il leur parla ainsi :

« Messieurs, je vous ai assemblés pour vous consulter sur les affaires les plus importantes de l'État. Il n'en est point de plus instante et qui affecte plus sensiblement mon cœur que les désordres affreux qui règnent dans la capitale. Le chef de la nation vient avec confiance au milieu de ses représentans leur témoigner sa peine, et les inviter à trouver les moyens de ramener l'ordre et le calme. Je sais qu'on a donné d'injustes préventions ; je sais qu'on a osé publier que vos personnes n'étoient point en sûreté. Seroit-il donc nécessaire de vous rassurer sur des bruits aussi coupables, démentis d'avance par mon caractère connu ? Eh bien ! c'est moi qui ne suis qu'un avec ma nation ; c'est moi qui me fie à vous. Aidez-moi dans cette circonstance à assurer le salut de l'État ; je l'attends de l'Assemblée nationale. Le zèle des représentans de mon peuple, réunis pour le salut commun, m'en est un sûr garant ; et, comptant sur la fidélité et l'amour de mes sujets, j'ai donné ordre aux troupes de s'éloigner de Paris et de Versailles. Je vous autorise et vous invite même à faire connoître mes intentions à la capitale. »

Après la réponse du président, qui se terminoit à demander au roi pour l'Assemblée une communication toujours libre et immédiate avec sa personne, le roi s'étant retiré, l'Assemblée entière se mit en foule à sa suite, et forma son cortège depuis la salle jusqu'au palais.

Ce fut sans doute un spectacle majestueux que ce cortège national accompagnant le roi à travers une multitude qui faisoit retentir les airs d'acclamations et de vœux, tandis que, du haut du balcon de la façade du château, la reine, embrassant le Dauphin, le présentoit au peuple, et sembloit le recommander aux députés de la nation; mais ce triomphe étoit réellement celui des factieux, auxquels le roi venoit de se livrer. Les confidens de la Révolution étoient encore en petit nombre; le reste étoit de bonne foi; mais les fourbes, au fond de leur cœur, insultant à la noble sincérité du roi et à la crédule simplicité de la multitude, s'applaudissoient des pas rapides qu'ils faisoient faire à leur puissance, et laissoient exhaler ces sentimens de joie et d'amour mutuel qu'ils sauroient réprimer lorsqu'il en seroit temps.

La nombreuse députation que l'on fit partir pour Paris y fut reçue, dès la barrière jusqu'à l'Hôtel de ville, par une armée de cent mille hommes diversement armés d'instrumens de carnage : scène évidemment préparée, comme pour étaler les moyens qu'on avoit de se faire obéir si le roi n'avoit point cédé; et à cet appareil terrible se mêloit une joie de conquérans de cette liberté sans frein qui n'avoit produit que des crimes, et dont les meilleurs citoyens eux-mêmes se laissoient encore enivrer. Un blocus, un siège, une famine, un massacre, étoient les noirs fantômes dont on les avoit effrayés; et, en voyant éloignées les troupes que l'on croyoit chargées de commettre ces crimes, Paris ne croyoit plus rien avoir à craindre.

Arrivés à l'Hôtel de ville, les députés furent applaudis, couronnés comme les sauveurs et les libérateurs d'une ville assiégée; calomnie perpétuelle que le marquis de La Fayette, dans le discours qu'il prononça, se dispensa de démentir, n'osant rendre hommage aux intentions du roi, dans la crainte d'offenser le peuple.

Il eût été naturel, il eût été juste de rappeler dans ce moment ce que le roi avoit dit tant de fois, qu'il n'avoit assemblé des troupes que pour maintenir dans Paris l'ordre, la sûreté, le calme, et pour servir de sauvegarde au repos des bons citoyens. Ce fut là ce que La Fayette passa sous silence.

« Messieurs, dit-il, voici enfin le moment le plus désiré par l'Assemblée nationale : *le roi étoit trompé,* il ne l'est plus. Il est venu aujourd'hui au milieu de nous, sans armes, sans troupes, sans cet appareil inutile aux bons rois. Il nous a dit qu'il avoit donné ordre aux troupes de se retirer : *oublions nos malheurs*, ou plutôt ne les rappelons que pour en éviter à jamais de pareils. »

A son tour, le sincère et courageux Lally-Tolendal se fit entendre; et, pour donner à mon récit toute la vérité qu'il peut avoir, c'est le sien que je vais transcrire[1].

« Dans la salle où nous fûmes reçus, il y avoit, dit-il, des citoyens de toutes les classes. Un peuple immense étoit sur la place, et j'éprouvai qu'on eût pu facilement, si tout le monde s'étoit accordé à le vouloir, tourner toute leur exaltation du côté de l'ordre et de la justice. Ils tressailloient en m'entendant parler de l'honneur du nom françois. Lorsque je leur dis qu'ils seroient libres, que le roi l'avoit promis, qu'il étoit venu se jeter dans nos bras, qu'il se fioit à eux, qu'il renvoyoit ses troupes, ils m'interrompirent par des cris de *Vive le roi!* Lorsque je leur dis : « Nous venons de vous « apporter la paix de la part du roi et de l'Assem- « blée nationale », ce fut à qui répéteroit : *La paix!*

---

1. Ce passage, ainsi que les trois autres que l'on trouvera plus loin, sont extraits du *Mémoire de M. le comte de Lally-Tolendal, ou Seconde Lettre à ses commettants*. Paris, Desenne, janvier 1792, in-8.

la paix! Lorsque j'ajoutai : « Vous aimez vos « femmes, vos enfans, votre roi, votre patrie », tous répondirent mille fois : *Oui.* Lorsque enfin, les pressant davantage, je hasardai de leur dire : « N'est-« ce pas que vous ne voudriez pas déchirer tout « ce que vous aimez par des discordes sanglan-« tes? n'est-ce pas qu'il n'y aura plus de pro-« scriptions? La loi seule en doit prononcer. Plus « de mauvais citoyens; votre exemple les rendra « bons », ils répétèrent encore : « *La paix, et plus de proscriptions!* »

Ainsi dès lors rien n'étoit plus facile que de rétablir l'ordre et que d'entretenir la plus heureuse intelligence entre le monarque et son peuple. Le roi ne désiroit rien tant que d'être aimé, et à ce prix rien ne lui étoit pénible. La ville de Paris venoit de se donner Bailly pour maire, et La Fayette pour commandant de sa milice. Le roi, qui seul auroit dû nommer à ces deux places, agréa sans difficulté les choix que la ville avoit faits. Elle avoit demandé le rappel de Necker : Necker fut rappelé, ainsi que Montmorin, La Luzerne et Saint-Priest, qui avoient partagé sa disgrâce; et les nouveaux ministres prévinrent leur renvoi en donnant leur démission. Enfin Paris, de nouveau travaillé par ses perfides *agitateurs,* désira que le roi vînt lui-même à l'Hôtel de ville dissiper ses fausses alarmes, et le roi s'y rendit (le 17 juillet 1789), sans autre garde que la milice bourgeoise de Versailles et de Paris, au milieu de deux cent mille hommes armés de faux, de pioches, de fusils et de lances, traînant des canons avec eux.

A l'arrivée du roi, et sur son passage, toute acclamation en sa faveur étoit défendue, et, si aux cris de *Vive la nation!* quelques-uns ajoutoient *Vive le roi!* des brigands apostés leur imposoient silence. Le roi s'en aperçut, et il dévora cette injure. Après avoir entendu à la barrière la harangue du maire Bailly, dans laquelle il lui disoit que, si Henri IV avoit conquis sa ville, cette ville à son tour venoit de conquérir son roi, il reçut à l'Hôtel de ville la cocarde républicaine, il la reçut sans répugnance; et, comme sa réconciliation avec son peuple étoit sincère, il lui montra tant de candeur et de bonté qu'enfin tous les cœurs en furent émus. Les félicitations des orateurs portèrent l'émotion jusqu'à l'enthousiasme, et, lorsque Lally-Tolendal prit la parole, ce ne furent plus que des élans de sensibilité et des transports d'amour.

« Eh bien, citoyens, leur dit-il, êtes-vous satisfaits? Le voilà, ce roi que vous demandiez à grands cris, et dont le nom seul excitoit vos transports lorsqu'il y a deux jours nous le proférions au milieu de vous. Jouissez de sa présence et de ses bienfaits. Voilà celui qui vous a rendu vos assemblées nationales, et qui veut les perpétuer;

voilà celui qui a voulu établir vos libertés, vos propriétés, sur des bases inébranlables ; voilà celui qui vous a offert, pour ainsi dire, d'entrer avec lui en partage de son autorité, ne se réservant que celle qui lui étoit nécessaire pour votre bonheur, celle qui doit à jamais lui appartenir, et que vous-mêmes devez le conjurer de ne jamais perdre. Ah ! qu'il recueille enfin des consolations ! que son cœur noble et pur emporte d'ici la paix dont il est si digne ! et puisque, surpassant les vertus de ses prédécesseurs, il a voulu placer sa puissance et sa grandeur dans votre amour, n'être obéi que par l'amour, n'être gardé que par l'amour, ne soyons ni moins sensibles, ni moins généreux, que notre roi, et prouvons-lui que même sa puissance, que même sa grandeur, ont plus gagné mille fois qu'elles n'ont sacrifié.

« Et vous, Sire, permettez à un sujet qui n'est ni plus fidèle ni plus dévoué que tous ceux qui vous environnent, mais qui l'est autant qu'aucun de ceux qui vous obéissent, permettez-lui d'élever sa voix vers vous, et de vous dire : « Le voilà, ce « peuple qui vous idolâtre, ce peuple que votre « seule présence enivre, et dont les sentimens pour « votre personne sacrée ne peuvent jamais être « l'objet d'un doute. Regardez, Sire, consolez- « vous en regardant tous les citoyens de votre ca- « pitale ; voyez leurs yeux, écoutez leurs voix,

« pénétrez dans leurs cœurs qui volent au-devant
« de vous. Il n'est pas ici un seul homme qui ne
« soit prêt à verser pour vous, pour votre autorité
« légitime, jusqu'à la dernière goutte de son sang.
« Non, Sire, cette génération françoise n'est pas
« assez malheureuse pour qu'il lui ait été réservé de
« démentir quatorze siècles de fidélité. Nous péri-
« rons tous, s'il le faut, pour défendre un trône
« qui nous est aussi sacré qu'à vous et à l'auguste
« famille que nous y avons placée il y a huit cents
« ans. Croyez, Sire, croyez que nous n'avons
« jamais porté à votre cœur une atteinte doulou-
« reuse qu'elle n'ait déchiré le nôtre; qu'au milieu
« des calamités publiques, c'en est une de vous
« affliger, même par une plainte qui vous avertit,
« qui vous implore et qui ne vous accuse jamais.
« Enfin, tous les chagrins vont disparoître, tous les
« troubles vont s'apaiser. Un seul mot de votre
« bouche a tout calmé. Notre vertueux roi a rap-
« pelé ses vertueux conseils; périssent les ennemis
« publics qui voudroient encore semer la division
« entre la nation et son chef! Roi, sujets, citoyens,
« confondons nos cœurs, nos vœux, nos efforts, et
« déployons aux yeux de l'univers le spectacle ma-
« gnifique d'une de ses plus belles nations, libre,
« heureuse, triomphante sous un roi juste, chéri,
« révéré, qui, ne devant plus rien à la force, devra
« tout à ses vertus et à notre amour. »

Tolendal fut vingt fois interrompu par des cris de *Vive le roi!* Le peuple étoit ravi d'être rendu à ses sentimens naturels; le roi les partageoit, et son émotion les lui exprimoit plus vivement que n'eût fait l'éloquence. Mais, si ces sentimens avoient été durables entre son peuple et lui, il auroit été trop puissant au gré des factieux qui vouloient le réduire à n'être plus qu'un fantôme de roi.

LIVRE XVIII

Dans l'Assemblée nationale, du côté des communes, il y avoit comme dans le peuple deux esprits et deux caractères : l'un, modéré, foible et timide : c'étoit celui du plus grand nombre ; l'autre, fougueux, outré, violent et hardi : c'étoit celui des factieux. On avoit vu d'abord celui-ci, pour ménager l'autre, n'annoncer que des vues raisonnables et pacifiques. On avoit entendu l'un de ses organes conjurer le clergé, *au nom d'un Dieu de paix*, de se réunir avec l'ordre où l'on méditoit sa ruine. Nous venons de voir Mirabeau, dans sa harangue au roi, affecter un respect et un zèle hypocrites ; mais, lorsque après s'être assuré de la résolution et du dévouement du bas peuple, de la mollesse, de la nonchalance, de la timidité, de la classe aisée et paisible, ce parti se vit en état de maîtriser l'opinion, il cessa de dissimuler.

Dès le lendemain du jour où le roi étoit allé de si bonne foi se livrer à l'Assemblée nationale, on entreprit de poser en principe qu'elle avoit droit de s'ingérer dans la formation du ministère; et les deux orateurs qui sur ce point attaquèrent de front la prérogative royale furent Mirabeau et Barnave, l'un et l'autre doués d'une éloquence populaire : Mirabeau, avec plus de fougue et par élans passionnés, souvent aussi en fourbe et avec artifice; Barnave, avec plus de franchise, plus de nerf et plus de vigueur. Tous les deux avoient appuyé l'avis d'ôter au roi le libre choix de ses ministres, droit que Tolendal et Mounier avoient fortement défendu en soutenant que, sans cette liberté dans le choix des objets de sa confiance, le roi ne seroit plus rien. Le décret résultant de cette discussion l'avoit laissée irrésolue; mais la question, une fois engagée, n'en étoit pas moins le signal de la lutte des deux pouvoirs.

Pour ce combat, il falloit aux communes une force toujours active et menaçante. De là tous les obstacles qu'éprouva Tolendal dans sa motion du 20 juillet. C'est encore lui qu'il faut entendre.

« A partir du point où nous étions, il étoit évident, dit-il, qu'il n'y avoit plus à redouter pour la liberté que les projets des factieux ou les dangers de l'anarchie. L'Assemblée nationale n'avoit à se mettre en garde que contre l'excès même de sa propre puissance. Il n'y avoit pas un moment à perdre pour rétablir l'ordre public. Déjà l'on avoit la nouvelle que la commotion éprouvée dans la capitale s'étoit fait sentir non seulement dans les villes voisines, mais dans les provinces lointaines. Les troubles s'annonçoient dans la Bretagne; ils existoient dans la Normandie et dans la Bourgogne; ils menaçoient de se répandre dans tout le royaume. Des émissaires, partis évidemment d'un point central, couroient par les chemins, traversant les villes et les villages sans y séjourner, faisant sonner le tocsin, et annonçant tantôt des troupes étrangères et tantôt des brigands, criant partout aux armes, plusieurs répandant de l'argent. »

En effet, j'en voyois moi-même traversant à cheval le hameau où j'étois alors, et nous criant qu'autour de nous des hussards portoient le ravage et incendioient les moissons, que tel village étoit en feu et tel autre inondé de sang. Il n'en étoit rien, mais dans l'âme du peuple la peur excitoit la furie, et c'étoit ce qu'on demandoit.

Les mains pleines de lettres qui attestoient les excès impunément commis de toutes parts, Tolendal se rendit à l'Assemblée nationale, et y proposa un projet de proclamation, qui, après avoir présenté à tous les François le tableau de leur situation, de leurs devoirs et de leurs espérances, les invitoit tous à la paix, mettoit en sûreté leur vie et leurs propriétés, menaçoit les méchans, protégeoit les bons, maintenoit les lois en vigueur et les tribunaux en activité.

« Ce projet, nous dit-il, fut couvert d'applaudissemens : on demanda une seconde lecture, et les acclamations redoublèrent. Mais quel fut mon étonnement lorsque je vis un parti s'élever pour le combattre !... Suivant l'un, ma sensibilité avoit séduit ma raison. Ces incendies, ces emprisonnemens, ces assassinats, étoient des contrariétés qu'il falloit savoir supporter, comme nous avions dû nous y attendre. Suivant l'autre, mon imagination avoit créé des dangers qui n'existoient pas. Il n'y avoit de danger que dans ma motion... : danger pour la liberté, parce qu'on ôteroit au peuple une inquiétude salutaire qu'il falloit lui laisser; danger pour l'Assemblée, qui alloit voir Paris se déclarer contre elle si elle acceptoit la motion; danger pour le pouvoir législatif, qui, après avoir brisé l'action si redoutable de l'autorité, alloit lui en rendre une plus redoutable encore. »

Le meurtre de Bertier, intendant de Paris, celui de Foulon, son beau-père, massacrés à la Grève, leurs têtes promenées, et le corps de Foulon traîné et déchiré dans le Palais-Royal, faisoient voir que la populace, ivre de sang, en étoit encore altérée, et sembloient crier à l'Assemblée de se hâter d'admettre la motion de Tolendal. Lui-même il va nous dire le peu d'impression que fit cet horrible incident.

« Le lendemain (21 juillet), je fus éveillé par des cris de douleur. Je vis entrer dans ma chambre un jeune homme pâle, défiguré, qui vint se précipiter sur moi, et qui me dit en sanglotant : « Monsieur, « vous avez passé quinze ans de votre vie à défen- « dre la mémoire de votre père, sauvez la vie du « mien, et qu'on lui donne des juges. Présentez- « moi à l'Assemblée nationale, et que je lui de- « mande des juges pour mon père. » C'étoit le fils du malheureux Bertier. Je le conduisis sur-le-champ chez le président de l'Assemblée. Le malheur voulut qu'il n'y eût point de séance dans la matinée. Le soir, il n'y avoit plus rien à faire pour cet infortuné. Le beau-père et le gendre avoient été mis en pièces.

« On croit bien, poursuit Tolendal, qu'à la première séance je me hâtai de fixer l'attention générale sur cet horrible événement. Je parlai au nom d'un fils dont le père venoit d'être massacré, et un fils qui étoit en deuil du sien (c'étoit Barnave) osa me reprocher de sentir lorsqu'il ne falloit que penser. Il ajouta ce que je ne veux même pas répéter (*le sang qu'on a versé étoit-il donc si précieux?*), et, chaque fois qu'il élevoit les bras au milieu de ses déclamations sanguinaires, il montroit à tous les regards les marques lugubres de son malheur récent (*les pleureuses*), et les témoins incontestables de son insensibilité barbare. »

Mais telle étoit parmi les factieux la dépravation des esprits qu'une cruauté froide y passoit pour vertu et l'humanité pour foiblesse. Trente-six châteaux démolis ou brûlés dans une seule province; en Languedoc, un M. de Barras coupé par morceaux devant sa femme enceinte et prête d'accoucher; en Normandie, un vieillard paralytique jeté sur un bûcher ardent, et tant d'autres excès commis, étoient ou passés sous silence dans l'Assemblée, ou traités d'épisodes, si quelqu'un les y dénonçoit.

Il étoit de la politique des factieux de ne laisser au peuple faire aucun retour sur lui-même. Refroidi un moment, il auroit pu sentir qu'on l'égaroit, qu'on le trompoit; que ces ambitieux ne faisoient de lui leur complice que pour en faire leur esclave, et que, de crime en crime, ils vouloient le réduire au point de ne plus voir pour lui de salut qu'en exécutant tous ceux qu'ils lui commanderoient. Aussi la proclamation proposée par Tolendal ne passa-t-elle enfin que lorsqu'on en eut retranché ce qui pouvoit modérer le peuple. Encore, de peur de donner trop d'authenticité à cette proclamation pacifique, tout affoiblie qu'elle étoit, ne voulut-on pas qu'elle fût envoyée par le roi dans les provinces du royaume, et lue en chaire dans les églises, mais seulement qu'on s'en remît aux députés du soin de la faire passer, chacun d'eux, à leurs commettans.

Le 31 juillet fut un jour remarquable par le retour de Necker, et par l'espèce de triomphe qu'il obtint à l'Hôtel de ville.

En revenant de Bâle, où il avoit reçu les deux lettres de son rappel, l'une du roi, l'autre de l'Assemblée nationale, Necker avoit sur sa route vu les excès auxquels les peuples se livroient; il avoit tâché de les calmer, de répandre sur son passage des sentimens plus doux, et d'inspirer partout l'horreur de l'injustice et de la violence. Il trouvoit les chemins couverts de François que les événemens de Paris, que les assassinats commis près de l'Hôtel de ville, avoient glacés d'horreur et d'effroi, et qui s'en alloient chercher une autre contrée. Instruit de ces scènes sanglantes, dès lors son vœu le plus ardent avoit été de détourner le peuple de Paris de ses aveugles barbaries, de le ramener à des sentimens d'humanité, et de lui faire effacer la tache que ces criminelles violences imprimoient au caractère de la nation. Je parle ici d'après lui-même; et, quelques erreurs, quelques fautes, quelques torts, qu'on lui attribue, personne au moins ici ne doutera de sa sincérité. Dans cette confiance, je lui cède la parole pour un récit qui, sans être moins vrai, en sera plus intéressant.

« Heureuse et grande journée pour moi (le 28 juillet 1789), nous a-t-il dit[1], belle et mémorable époque de ma vie, où, après avoir reçu les plus touchantes marques d'affection de la part d'un peuple immense, j'obtins de ses nombreux députés rassemblés à l'Hôtel de ville, et de lui-même ensuite, avec des cris de joie, non seulement l'entière liberté du prisonnier que j'avois défendu (le baron de Besenval), mais une amnistie générale, un oubli complet des motifs de plainte et de défiance, une généreuse renonciation aux sentimens de haine et de vengeance dont on étoit si fort animé, enfin une sorte de paix et de réunion avec ce grand nombre de citoyens qui, les uns, avoient déjà fui de leur pays, les autres étoient prêts à s'en éloigner ! Cette honorable détermination fut le prix de mes larmes : je l'avois demandée au nom de l'intérêt que j'inspirois dans ce moment; je l'avois demandée comme une reconnoissance de mon dernier sacrifice ; je l'avois demandée comme la seule et unique récompense à laquelle je voulois jamais prétendre. Je me prosternai, je m'humiliai de toutes les manières pour réussir. Je fis agir enfin toutes les puissances de mon âme; et, secondé de l'éloquence d'un citoyen généreux et

---

[1]. *Sur l'administration de M. Necker, par lui-même* (Amsterdam, 1791, in-12), p. 87.

sensible (Clermont-Tonnerre), j'obtins l'objet de mes vœux; et cette première faveur me fut accordée d'une voix unanime, et avec tous les élans d'enthousiasme et de bonté qui pouvoient me la rendre plus chère. »

Voici quelle fut la délibération de l'assemblée générale des électeurs à l'Hôtel de ville, le même jour 31 juillet.

« Sur le discours vrai, sublime et attendrissant de M. Necker, l'assemblée des électeurs, pénétrée des sentimens de justice et d'humanité qu'il respire, a arrêté que le jour que ce ministre si cher, si nécessaire, a été rendu à la France, devoit être un jour de fête. En conséquence elle déclare, au nom des habitans de cette capitale, certaine de n'être pas désavouée, qu'elle pardonne à tous ses ennemis, qu'elle proscrit tout acte de violence contraire au présent arrêté, et qu'elle regarde désormais comme les seuls ennemis de la nation ceux qui troubleront par aucun excès la tranquillité publique.

« Arrête en outre que le présent arrêté sera lu au prône de toutes les paroisses, publié à son de trompe dans toutes les rues et carrefours, et envoyé à toutes les municipalités du royaume, et les applaudissemens qu'il obtiendra distingueront les bons François. »

C'étoit le salut de l'État, mais la ruine de projets qui ne pouvoient réussir que par le trouble et la terreur.

« Dès la nuit même de ce jour mémorable, poursuit Necker, tout fut changé. Les chefs de la démocratie avoient d'autres pensées. Nuls ne vouloient encore de bonté, ni d'oubli, ni d'amnistie; ils avoient besoin de toutes les passions du peuple; ils avoient besoin surtout de ses défiances, et ils ne vouloient non plus, à aucun prix, qu'un grand événement important pût être rapporté à mes vœux et à mon influence. On assembla donc les districts, et l'on sut les animer contre une dé-. claration que leurs représentans, que les anciens électeurs nommés par eux, qu'une assemblée générale de l'Hôtel de ville, avoient adoptée d'une voix unanime, et que le premier vœu du peuple avoit ratifiée. L'Assemblée nationale étoit mon espérance dans cette malheureuse contrariété; mais elle accueillit l'opinion des districts, et je vis renverser de fond en comble l'édifice de mon bonheur. A quoi cependant ce bonheur s'étoit-il attaché? A retenir au milieu de nous ceux qui, par leurs richesses et par leurs dépenses, entretenoient le travail et encourageoient l'industrie; à voir les idées de persécution remplacées par un sentiment de confiance et de magnanimité; à prévenir cette exaspération, suite inévitable des craintes et des alarmes que l'on dédaigne de calmer; à préserver la nation françoise de ces effrayans tribunaux d'inquisition désignés sous le nom de Comités des recherches; à rendre enfin la liberté plus aimable en lui donnant un air moins farouche, et en montrant comme elle peut s'allier aux sentimens de douceur, d'indulgence et de bonté, le plus bel ornement de la nature humaine et son premier besoin. Ah! combien de malheurs auroient été prévenus si la délibération prise à l'Hôtel de ville n'avoit pas été détruite, si le premier vœu du peuple, si ce saint mouvement n'avoit pas été méprisé! »

Lorsque Necker parloit ainsi, il étoit loin de prévoir quels attentats, quelles atrocités, mettroient le comble aux forfaits passés.

Mais dès lors il devoit sentir combien lui-même il seroit déplacé et misérablement inutile parmi des hommes dédaigneux de tous principes de morale et de tous sentimens de justice et d'humanité.

C'étoit en exerçant le plus violent despotisme qu'on avoit fait annuler l'arrêté de l'Hôtel de ville; et ce que Necker a passé sous silence, cet autre témoin que personne n'a osé démentir, Tolendal, l'a dit hautement.

« A l'entrée de la nuit, les factieux s'étoient rassemblés dans ce Palais-Royal, fameux désormais par tous les genres de crimes, après l'avoir été par tous les genres de dépravation; dans ce Palais-Royal, où l'histoire sera obligée de dire que l'on corrompoit les mœurs, que l'on débauchoit les troupes, que l'on traînoit les cadavres des morts, et que l'on proscrivoit les têtes des vivans. Là ils avoient juré de faire révoquer l'arrêté de l'Hôtel de ville, et ils s'étoient mis en marche. Un district effrayé avoit communiqué son effroi à plusieurs autres; le tocsin avoit sonné; la troupe avoit grossi; l'Hôtel de ville avoit craint de se voir assiégé; enfin, sur la réclamation de plusieurs districts seulement, la commune de Paris avoit été forcée de céder, et l'assemblée des électeurs, par un nouvel arrêté, avoit rétracté celui du matin, en disant qu'elle l'expliquoit. »

Le 1er août, lorsqu'à l'élection du président, Thouret fut nommé au scrutin, à l'instant même le frémissement des factieux et leur menace se firent entendre dans l'Assemblée. L'élection fut dénoncée au Palais-Royal comme une trahison; Thouret y fut proscrit s'il acceptoit la présidence; on le menaça de venir l'assassiner dans sa maison; il se démit, et ce fut comme le coup mortel pour la liberté de l'Assemblée, le plus grand nombre étant celui des âmes foibles à qui la peur imposoit silence ou commandoit l'opinion.

Les tribunaux étoient eux-mêmes épouvantés;

les lois étoient sans force, et le peuple les méprisoit. Il avoit entendu déclarer nuls les anciens édits; il refusoit de payer des impôts antérieurement établis; personne n'osoit l'y contraindre, et la faction lui laissoit croire qu'elle l'en avoit délivré.

Cependant les fonds des finances étoient tous épuisés et leurs sources presque taries. Necker vint exposer à l'Assemblée la détresse où il se trouvoit, et demander qu'elle autorisât un emprunt de trente millions à cinq pour cent. Cet intérêt modique fut malignement chicané; on le morcela d'un cinquième; et, le public ne voyant plus dans Necker qu'un ministre contrarié et mal voulu dans les communes, le signal de sa décadence fut le terme de son crédit.

Une contribution patriotique fut la ressource momentanée que l'Assemblée mit en usage; et, au surplus, laissant le ministre se travailler d'inquiétudes pour subvenir aux besoins de l'État, elle entama l'ouvrage d'une constitution qu'elle s'autorisa elle-même à créer, non seulement sans les pouvoirs et l'aveu de la nation, mais au mépris des défenses expresses que la nation elle-même lui avoit faites dans ses mandats de toucher aux anciennes bases et aux principes fondamentaux de la monarchie existante.

Jusque-là on n'avoit cessé d'espérer mettre un

terme aux usurpations des communes, et tous les moyens de conciliation avoient été mis en usage. Le 4 août, la séance du soir avoit été marquée par des résolutions et par des sacrifices qui auroient dû tout pacifier. Le clergé et la noblesse avoient fait, par acclamation, l'abandon de leurs privilèges. Ces renonciations, faites avec une sorte d'enthousiasme, avoient été reçues de même, et la très grande pluralité de l'Assemblée les regardoit comme le sceau d'une pleine et durable réconciliation. Le bon archevêque de Paris avoit proposé qu'un *Te Deum* en fût chanté en actions de grâces; Tolendal, qui ne perdoit jamais de vue le salut de l'État, avoit fait la motion que Louis XVI fût proclamé *restaurateur de la liberté françoise;* l'une et l'autre proposition avoient enlevé toutes les voix. Enfin, le roi lui-même avoit consenti sans réserve à toutes les renonciations faites et rédigées en décret dans la séance du 4 août; mais il refusoit son acceptation pure et simple à la déclaration ambiguë des droits de l'homme et aux dix-neuf articles de la constitution qui lui avoient été présentés. Il y avoit même d'autres articles auxquels on prévoyoit qu'il refuseroit sa sanction; et, quoique le *veto* qu'il se réservoit ne fût que suspensif, c'en étoit assez pour arrêter le mouvement révolutionnaire. Il falloit franchir cet obstacle; et, si on vouloit forcer sa résistance, le roi pouvoit bien prendre une résolution à laquelle il s'étoit longtemps refusé.

Ce fut là bien réellement ce qui fit former le projet d'avoir le roi à Paris, et ce qui fit envoyer à Versailles (le 5 octobre 1789) trente mille séditieux avec des canons à leur tête, et une foule de ces femmes immondes que l'on fait marcher en avant dans toutes les émeutes. Le prétexte de leur mission étoit d'aller se plaindre de la cherté du pain.

Je ne décrirai point la brutalité de cette populace conduite à Versailles pour enlever le roi et sa famille. La procédure du Châtelet a révélé cet horrible mystère, ce crime dont l'Assemblée eut beau vouloir laver le duc d'Orléans et Mirabeau. Les faits en sont consignés dans les mémoires du temps que mes enfans liront. Ils y verront, en frémissant, les fidèles gardes du corps, à qui le roi avoit défendu de tirer sur le peuple, massacrés jusque sur le seuil de l'appartement de la reine, et leurs têtes portées au bout des piques sous les fenêtres du palais; ils verront cette reine, éperdue et tremblante pour le roi et pour ses enfans, s'enfuir de son lit, qu'on vient percer à coups de baïonnettes, et allant se jeter dans les bras du roi, où elle croyoit mourir; ils les verront, ces augustes époux, au milieu d'un peuple farouche, opposer à sa rage la plus magnanime douceur, lui montrer leurs enfans afin de l'attendrir, et lui demander ce qu'il veut que l'on fasse pour l'apaiser : *Que le roi vienne avec nous à Paris.* Ce fut la réponse du peuple, et l'aveu du complot qu'on lui faisoit exécuter.

Ce qu'on ne peut oublier, c'est que la nuit où cette horde sanguinaire remplissoit les cours du château, quelques voix s'étant élevées dans la salle des députés pour proposer d'aller en corps se ranger à côté du roi et réprimer les mouvemens du peuple, Mirabeau réfuta insolemment cette motion, en disant qu'il ne seroit pas de la dignité de l'Assemblée nationale de se déplacer : il n'avoit garde de vouloir s'opposer à son propre ouvrage.

Le roi pouvoit encore s'éloigner; tout étoit préparé pour son départ; ses carrosses, ses gardes, l'attendoient, lui et sa famille, aux grilles de l'Orangerie; quelques amis fidèles le pressoient de saisir le temps où le peuple, dispersé dans Versailles, alloit se livrer au sommeil; mais un plus grand nombre, tremblans et larmoyans, le conjuroient à genoux de ne pas les abandonner. Trompé par la sécurité de La Fayette, qui répondoit que tout seroit bientôt tranquille, le roi, par la fatalité de son étoile ou de son caractère, se livra à sa destinée, et perdit le moment qu'il ne devoit plus retrouver.

Dès qu'il fut arrivé aux Tuileries avec sa famille, l'Assemblée déclara qu'elle ne pouvoit rester séparée de la personne du roi; elle vint elle-même s'établir à Paris (le 19 octobre 1789); et, dans ces translations, le bon peuple crut voir le gage de sa sûreté.

Le premier acte du roi, à Paris, fut son acceptation des premiers articles de la constitution et la sanction des droits de l'homme.

Ces Mémoires ne sont point l'histoire de la Révolution; vous la lirez ailleurs, mes enfans, et vous verrez, depuis cette époque du 19 octobre, la suite de tant d'événemens mémorables, et tous faciles à prévoir après les premiers succès d'un parti vainqueur : les biens du clergé déclarés nationaux le 2 novembre; la création des assignats le 21 décembre; le nombre, la forme et la fabrication de cette monnaie, déterminés le 17 avril 1790; la noblesse et tous les titres abolis le 19 juin suivant; la fuite du roi le 21 juin 1791; son retour à Paris le 25; enfin l'acceptation de la constitution entière par le roi le 3 septembre, et la promulgation de cet acte le 28 du même mois.

Là se termina la session de l'Assemblée constituante; et ce fut alors que s'éloigna de moi cet ami qui, dans les travaux et les périls de la tribune, avoit si dignement rempli ses devoirs et mes espérances, et qui venoit d'être appelé à Rome pour y être comblé d'honneurs, l'abbé Maury, cet homme d'un talent si rare et d'un courage égal à ce rare talent.

En vous parlant de lui, je ne vous ai donné, mes enfans, que l'idée d'un bon ami, d'un homme aimable; je dois vous le faire connoître en qualité d'homme public, et tel que ses ennemis eux-mêmes n'ont pu s'empêcher de le voir : invariable dans les principes de la justice et de l'humanité; défenseur intrépide du trône et de l'autel; aux prises tous les jours avec les Mirabeau et les Barnave; en butte aux clameurs menaçantes du peuple des tribunes; exposé aux insultes et aux poignards du peuple du dehors, et assuré que les principes dont il plaidoit la cause succomberoient sous le plus grand nombre; tous les jours repoussé, tous les jours sous les armes, sans que la certitude d'être vaincu, le danger d'être lapidé, les clameurs, les outrages d'une populace effrénée, l'eussent jamais ébranlé ni lassé. Il sourioit aux menaces du peuple; il répondoit par un mot plaisant ou énergique aux invectives des tribunes, et revenoit à ses adversaires avec un sang-froid imperturbable. L'ordre de ses discours, faits presque tous à l'improviste, et durant des heures entières, l'enchaînement de ses idées, la clarté de ses raisonnemens, le choix et l'affluence de son expression, juste, correcte, harmonieuse, et toujours animée sans aucune hésitation, rendoient comme impossible de se persuader que son éloquence ne fût pas étudiée et préméditée; et cependant la promptitude avec laquelle il s'élançoit à la tribune et saisissoit l'occasion de parler forçoit de croire qu'il parloit d'abondance.

J'ai moi-même plus d'une fois été témoin qu'il dictoit de mémoire le lendemain ce qu'il avoit prononcé la veille, en se plaignant que dans ses souvenirs sa vigueur étoit affoiblie et sa chaleur éteinte. « Il n'y a, disoit-il, que le feu et la verve de la tribune qui puissent nous rendre éloquens. » Ce phénomène, dont on a vu si peu d'exemples, n'est explicable que par la prodigieuse capacité d'une mémoire à laquelle rien n'échappoit, et par des études immenses; il est vrai qu'à ce magasin de connoissances et d'idées, que Cicéron a regardé comme l'arsenal de l'orateur, Maury ajoutoit l'habitude et la très grande familiarité de la langue oratoire; avantage inappréciable que la chaire lui avoit donné.

Quant à la fermeté de son courage, elle avoit pour principe le mépris de la mort et cet abandon de la vie, sans lequel, disoit-il, une nation ne peut avoir de bons représentans, non plus que de bons militaires.

Tel s'étoit montré l'homme qui a été constamment mon ami, qui l'est encore et le sera toujours sans que les révolutions de sa fortune et de la mienne apportent aucune altération dans cette mutuelle et solide amitié.

Le moment où, peut-être pour la dernière fois nous embrassant, nous nous dîmes adieu, eut quelque chose d'une tristesse religieuse et mélancolique. « Mon ami, me dit-il, en défendant la bonne cause, j'ai fait ce que j'ai pu; j'ai épuisé mes forces, non pas pour réussir dans une assemblée où j'étois inutilement écouté, mais pour jeter de profondes idées de justice et de vérité dans les esprits de la nation et de l'Europe entière. J'ai eu même l'ambition d'être entendu de la postérité. Ce n'est pas sans un déchirement de cœur que je m'éloigne de ma patrie et de mes amis; mais j'emporte la ferme espérance que la puissance révolutionnaire sera détruite. »

J'admirai cette infatigable persévérance de mon ami; mais, après l'avoir vu lutter inutilement contre cette force qui entraînoit ou qui renversoit tout ce qui s'opposoit à ses progrès rapides, je conservois peu d'espérance de vivre assez pour voir la fin de nos malheurs.

L'Assemblée législative, installée le 1er octobre 1791, suivit et même exagéra l'esprit de l'Assemblée constituante. Je ne fais encore que rappeler des dates pour arriver à ce qui m'est personnel.

Le 29 novembre, décret qui invite le roi à

requérir les princes de l'Empire de ne pas souffrir les armemens des princes fugitifs.

Le 14 décembre, le roi prononce, sur sa déclaration à ces princes, un discours applaudi.

Le 1er janvier 1792, décret d'accusation contre les frères de Louis XVI.

Le 1er mars, mort de l'empereur Léopold.

Le 29 mai, assassinat de Gustave III, roi de Suède.

Le 20 avril, déclaration de guerre de la France au nouveau roi de Hongrie et de Bohême.

Au mois de juin, le roi refuse sa sanction à deux décrets; et c'est là le prétexte du soulèvement des faubourgs que l'on envoie en masse et en tumulte aux Tuileries.

Le roi, qui les entend menacer avec des cris sauvages et par d'horribles imprécations d'enfoncer les portes de son appartement, ordonne qu'on les ouvre. Il se présente d'un air calme pour entendre leur pétition. On lui demande de sanctionner les décrets auxquels il a refusé son acceptation. « Ma sanction est libre, répond le roi; et ce n'est ici le moment ni de la solliciter, ni de l'obtenir. »

Deux jours après, dans sa proclamation contre cet acte de violence, il déclara qu'on n'auroit jamais à lui arracher son consentement pour ce qu'il croiroit juste et convenable au bien public, mais qu'il exposeroit, s'il le falloit, sa tranquillité et sa sûreté même pour faire son devoir.

Cette résistance auroit été le frein du despotisme populaire. La libre acceptation des lois, et le droit que le roi s'étoit réservé de suspendre celles qu'il n'approuveroit pas, étoit l'article fondamental d'une monarchie tempérée, et du serment qu'on avoit prêté librement, dans tout le royaume, *à la nation, à la loi et au roi;* mais cela seul eût arrêté le mouvement révolutionnaire, et la faction ne vouloit pas que son pouvoir fût limité.

Le 31 juillet fut marqué par l'arrivée des Marseillois à Paris, sorte de satellites qu'on avoit à ses ordres pour les grandes exécutions.

Le 3 août, au nom des sections de Paris, Pétion présente à l'Assemblée une pétition pour la déchéance du roi.

Le 6, on fait répandre aux Tuileries le bruit que le roi veut s'enfuir.

Ce fut alors que, par un pressentiment trop fidèle de ce qui alloit se passer, ma femme me pressa de quitter cette maison de campagne qu'elle avoit tant aimée, et d'aller chercher loin de Paris une retraite où, dans l'obscurité, nous pussions respirer en paix.

Nous ne savions où diriger nos pas; le précepteur de nos enfans décida notre irrésolution. Ce fut lui qui nous assura qu'en Normandie, où il étoit né, nous trouverions sans peine un asile paisible et sûr; mais il falloit du temps pour nous le procurer, et, en arrivant à Évreux, nous ne savions encore où aller reposer notre tête. Le maître de l'auberge où nous descendîmes avoit, à deux pas de la ville, dans le hameau de Saint-Germain, une maison assez jolie, située au bord de l'Iton, et à la porte des jardins de Navarre; il nous l'offrit. Charmés de cette position, ce fut là que nous nous logeâmes, en attendant que plus près de Gaillon, lieu natal de Charpentier, sa famille nous eût trouvé une demeure convenable.

Si, dans l'état pénible où étoient nos esprits, un séjour pouvoit être délicieux, celui-là l'eût été pour nous; mais à peine étions-nous arrivés à Évreux que nous apprîmes l'épouvantable événement du 10 août.

A Paris, dès le point du jour, de ce jour qui devoit en amener de si funestes, les places et les rues adjacentes aux Tuileries s'étoient remplies d'hommes armés avec un train d'artillerie. C'étoit le peuple des faubourgs, soutenu par la bande des Marseillois, qui venoit assiéger le roi dans son palais.

Ce malheureux prince n'avoit pour défense qu'un petit nombre de gardes suisses, et, quoiqu'on ait dit qu'il y avoit dans le jardin des Tuileries une foule de braves gens qui se seroient rangés autour de sa personne s'il avoit voulu se montrer, sans doute il ne crut pas la résistance ou permise ou possible ; on lui conseilla de se rendre avec sa famille au sein de l'Assemblée nationale ; il s'y réfugia.

Cependant ses braves soldats suisses, qui, fidèles à leurs consignes, défendoient dans les cours l'approche du palais, se virent obligés de tirer sur le peuple. Ils l'avoient repoussé, et tenoient ferme dans leur poste, lorsqu'ils apprirent que le roi s'étoit retiré. Alors ils perdirent courage, et, s'étant dispersés, ils furent presque tous massacrés dans Paris.

Le roi fut transféré et enfermé avec sa femme, ses enfans et sa sœur, dans la prison de la tour du Temple (le 13 août).

Le 31 août, le maire et le procureur-syndic de la ville (Pétion et Manuel) se présentèrent à l'Assemblée, à la tête d'une députation, au nom de laquelle Tallien, son orateur, annonça « qu'on avoit enfermé nombre de prêtres perturbateurs, et que, sous peu de jours, le sol de la liberté seroit purgé de leur présence ».

Le 2 septembre, au couvent des Carmes du Luxembourg, au séminaire de Saint-Firmin, rue Saint-Victor, à l'abbaye Saint-Germain-des-Prés, plusieurs prélats et un grand nombre de prêtres furent égorgés. Le carnage dura jusqu'au 6 à l'hôtel de la Force.

Le 8, les prisonniers d'Orléans, envoyés à Versailles, y furent massacrés.

Ce fut dans ces jours d'épouvante et de frémissement que vint loger auprès de nous, dans le hameau de Saint-Germain, un homme que je croyois m'être inconnu. Dans son déguisement, j'eus tant de peine à me rappeler où j'avois pu le voir qu'il fut obligé de se nommer : c'étoit Lorry[1], évêque d'Angers. Notre reconnoissance fut attendrie par le malheur de sa situation, qu'il ne laissoit pas de soutenir avec un courage assez ferme.

Nous voilà donc en société et en communauté de table, comme il le désira lui-même; et, dans un meilleur temps, cette liaison fortuite nous auroit été réciproquement agréable. Logés ensemble au bord d'une jolie rivière, dans la plus belle saison de l'année, ayant pour promenades des jardins enchantés et une superbe forêt, parfaitement d'accord dans nos opinions, dans nos goûts et dans nos principes, les souvenirs d'un monde où nous avions vécu étoient pour nous des sujets d'entretien d'une abondance inépuisable; mais toutes ces douceurs étoient empoisonnées par les chagrins dont nous étions continuellement abreuvés.

La Convention prit, le 21 septembre, la place

---

1. Michel-François Couet du Vivier de Lorry, évêque d'Angers de 1782 à 1791.

de la Législative. Son premier décret fut l'abolition de la royauté.

Cependant, au nom de la liberté républicaine, des colonnes de volontaires accouroient aux armes; nous nous trouvions sur leur passage, et notre repos en étoit troublé. D'ailleurs, l'approche de l'hiver rendoit humide et malsain le lieu où nous étions : il fallut le quitter, et ce ne fut pas sans regret que nous y laissâmes le bon évêque. Nous nous retirâmes, ma femme et moi, à Couvicourt.

Le 11 décembre, le roi comparut à la barre de la Convention; il y fut interrogé. Il demanda deux avocats, Tronchet et Target, pour conseils.

Target refusa son ministère à ces fonctions vénérables; le vertueux Malesherbes s'empressa de s'offrir pour le remplacer; on y consentit.

Tronchet et Malesherbes demandèrent à se donner pour adjoint l'honnête et sensible Desèze, et l'on y consentit encore.

Le 26, le roi comparut pour la seconde fois et avec ses trois défenseurs. Desèze porta la parole, mais le roi ne lui avoit permis, dans sa défense, aucun appareil oratoire. En lui obéissant, Desèze n'en fut que plus touchant.

Le 17 janvier 1793, la peine de mort fut prononcée à la pluralité de 366 voix contre 355.

Le roi interjeta l'appel à la nation. L'appel fut rejeté.

Le 19, il fut décidé, à la pluralité de 380 voix contre 310, qu'il ne seroit point sursis à l'exécution de la sentence, et, le 21, Louis XVI eut la tête tranchée sur la place de Louis XV.

Son confesseur, au pied de l'échafaud, lui dit ces mots à jamais mémorables : « Fils de saint Louis, montez au ciel. »

Le roi sur l'échafaud voulut parler au peuple ; Santerre, commandant l'exécution, et l'un des moteurs du faubourg Saint-Antoine, ordonna aux tambours de battre ensemble pour étouffer sa voix.

Cette exécution fut suivie, à peu d'intervalle, de celle des trois autres prisonniers du Temple. Le 21 janvier, le roi avoit péri sur l'échafaud ; le 16 octobre, la reine, son épouse, éprouva le même sort ; le 21 floréal (10 mai) de l'année suivante, Elisabeth, sœur du roi, termina, sous la même hache, son innocente vie, et, le 20 prairial (8 juin) de la même année, le Dauphin mourut au Temple.

LIVRE XIX

La Révolution françoise auroit eu, dans l'ancienne Rome, un exemple honorable à suivre. Louis XVI n'avoit aucun des vices des Tarquins, et l'on n'avoit à l'accuser ni d'orgueil ni de violence; sans autre raison que d'être lasse de ses rois, la France pouvoit les expatrier avec toute leur race.

Mais le 21 janvier 1793 commença et dut commencer le règne de la Terreur.

On parut concevoir le vaste, l'infernal projet de dépraver le peuple en masse, d'associer les vices et les crimes, de propager de mauvaises mœurs par de mauvaises lois, et de réaliser, dans la corruption générale, tout ce qu'on attribue aux ténébreux génies du genre humain.

Les opinions religieuses, la croyance en un Dieu, la pensée d'un avenir, pouvoient retenir l'homme sur la pente du crime; l'autorité des pères pouvoit réprimer les enfans; la morale, par ses principes d'humanité, d'équité, de pudeur, pouvoit régénérer des races corrompues. Le projet de dépravation fut formé sous tous ces rapports. Nous entendîmes proclamer l'incrédulité, le blasphème; nous vîmes le libertinage affecter le mépris d'un Dieu, le sacrilège insulter les autels, et le crime s'enorgueillir de l'espérance du néant; nous vîmes rompre tous les nœuds de subordination formés par la nature; les enfans, rendus par les lois indépendans des pères, n'eurent qu'à souhaiter leur mort pour être sûrs, sans leur aveu et en dépit de leur volonté, de se partager leur dépouille. Le nœud conjugal étoit encore le moyen de perpétuer les vertus domestiques, et de tenir liés ensemble les époux l'un à l'autre et avec leurs enfans : on rendit ce lien fragile à volonté; le mariage ne fut plus qu'une prostitution légale, qu'une liaison passagère, que le libertinage, le caprice, l'inconstance, pouvoient former et dissoudre à leur gré. Enfin, l'honnêteté, la foi publique, la décence, le respect de soi-même et de l'opinion, la vénération qu'inspiroit la sainte image de la vertu, offroient encore un point de ralliement aux âmes susceptibles des mouvemens du repentir, des impressions de l'exemple. Tout cela fut détruit. On professa, on érigea en maximes de mœurs républicaines l'impudence du vice, l'audace de la honte, l'émulation de la licence, jusqu'à la plus effrénée dissolution ; et le système de Mirabeau et du duc d'Orléans, ce système dépravateur d'une génération entière, parut régner en France. Ainsi s'étoit formé ce despotisme révolutionnaire, ce colosse de fange pétri et cimenté de sang.

Tout confinés que nous étions dans notre chaumière d'Abloville, où nous avions passé en quittant Couvicourt, nous ne laissions pas de redouter un siècle si corrompu pour nos enfans, et nous employions tous nos soins à les prémunir d'une éducation salutaire et préservative, lorsque la mort presque soudaine de leur fidèle instituteur vint ajouter à nos chagrins une affliction domestique qui acheva de nous accabler. Une fièvre pourprée, d'une extrême malignité, nous enleva cet excellent jeune homme. Nos enfans doivent se souvenir de la douleur que nous causa sa perte, et de la frayeur que nous eûmes de les voir exposés eux-mêmes à l'air contagieux d'une maladie pestilentielle.

Nous ne savions que devenir, leur mère et moi, et notre dernière ressource étoit d'aller chercher un refuge dans quelque hôtellerie de Vernon, lorsqu'on nous suggéra l'idée de demander l'asile à un vénérable vieillard qui, dans le village d'Aubevoie, peu éloigné du nôtre, habitoit une maison assez considérable pour nous y loger tous sans qu'il en fût incommodé. Cette circonstance de ma vie a quelque chose de romanesque.

Le vieillard, qui, touché de notre situation, s'empressa de nous accueillir, étoit l'un des religieux qu'on avoit expulsés de la chartreuse voisine. Son nom étoit dom Honorat. Il étoit plus âgé que moi. Ses mœurs rappeloient celles des solitaires de la Thébaïde. Cet homme de bien sembloit être envoyé du ciel pour nous édifier et pour nous consoler. Il respiroit la piété, mais une piété douce, indulgente, affectueuse et charitable, une piété évangélique. Il se permettoit rarement de dîner avec nous; mais une heure l'après-dînée, et un peu plus longtemps le soir, il venoit nous entretenir des grands objets qu'il méditoit sans cesse, de la Providence divine, de l'immortalité de l'âme, de la vie à venir, de la morale de l'Évangile; et tout cela couloit de source, simplement et du fond du cœur, avec une foi vive et une onction touchante. Il y auroit eu de la cruauté à lui marquer des doutes sur ce qui faisoit la consolation de sa vieillesse et de sa solitude. L'âme du bon vieillard étoit sans cesse dans le ciel, et il nous étoit aussi doux de nous y élever avec lui qu'il auroit été inhumain de vouloir l'en faire descendre. Il nous releva de l'abattement où nous avoit mis la mort du roi; et, en rappelant les mots du confesseur, *Fils de saint Louis, montez au ciel :* « Oui, disoit-il avec confiance, il est à présent devant Dieu, et je suis bien sûr qu'il implore le pardon de ses ennemis. » Il pensoit de même des vertueux martyrs du 2 septembre.

L'adoucissement qu'un pieux solitaire pouvoit trouver à sa situation en communiquant avec nous importuna le maire d'Aubevoie. Au bout de dix-huit jours il vint me faire entendre qu'il seroit temps de nous retirer. Heureusement l'air de notre maison étoit purifié; et, après avoir convenablement témoigné notre reconnoissance à celui qui nous avoit si bien reçus, nous retournâmes dans nos foyers.

Elle étoit à moi, cette humble et modique demeure; j'en avois fait l'acquisition; mais quelle décadence elle annonçoit dans notre fortune passée! Je venois de quitter, près de Paris, une maison de campagne qui faisoit mes délices, un jardin où tout abondoit; et, comme d'un coup de baguette, ce riant séjour se changeoit en une espèce de chaumière bien étroite et bien délabrée! C'étoit là qu'il falloit tâcher de nous accommoder à notre situation, et, s'il étoit possible, vivre aussi honorablement dans la détresse que nous avions vécu dans l'abondance. L'épreuve étoit pénible : mes places littéraires étoient supprimées, l'Académie françoise alloit être détruite[1]; la pension d'homme

---

1. Elle le fut le 10 août 1792.

de lettres, qui étoit le fruit de mes travaux, n'étoit plus d'aucune valeur. Le seul bien solide qui me restât étoit cette modique ferme de Paray, que la sage prévoyance de ma femme m'avoit fait acquérir. Il avoit fallu mettre bas ma voiture, et renvoyer jusqu'au domestique dont ma vieillesse auroit eu besoin. Mais, dans cette masure, où nous avions à peine l'indispensable nécessaire, ma femme avoit le bon esprit et l'art de restreindre notre dépense en simplifiant nos besoins, et je puis dire que ce malaise de notre état nous touchoit foiblement en comparaison de la calamité publique. Le soin que je donnois à l'instruction de mes enfans, la tendre part que prenoit leur mère à leur éducation morale, et, s'il m'est permis de le dire, la bonté de leur naturel, étoient pour nous, dans notre solitude, une ressource inexprimable. Ils nous consoloient d'un malheur qui n'étoit pas le malheur de leur âge. Au moins évitions-nous de les en affliger. « L'orage passe sur leur tête, disions-nous en leur souriant, et nous avons pour eux l'espérance d'un temps plus calme et plus serein. »

Mais l'orage alloit en croissant : nous le voyions s'étendre sur la nation entière ; ce n'étoit point une guerre civile, car l'un des deux partis étoit soumis et désarmé ; mais, d'un côté, c'étoit une haine ombrageuse ; de l'autre, une sombre terreur.

Des millions d'hommes à soudoyer dans les armées, beaucoup d'autres dépenses excessives, absorboient infiniment plus de richesses que n'en pouvoient fournir les contributions de l'État, ni la vente des biens du clergé et des émigrés. Le papier-monnoie, multiplié par milliards, se détruisoit lui-même ; sa chute accélérée entraînoit celle du crédit. Le commerce étoit ruiné. La guerre ne donnoit pas assez de ressources dans les pays conquis. Il fut décrété (le 10 mars 1793) que les biens des condamnés seroient acquis à la République ; et ce fut ce qu'on appela battre monnoie avec la guillotine sur cette place de la Révolution, que l'on fit regorger de sang.

C'est pour cela que la richesse fut une cause de proscription, et que non seulement des hommes recommandables par leur mérite, les Malesherbes, les Nicolaï, les Gilbert de Voisin, mais des hommes notables pour leur fortune, un Magon, un La Borde, un Duruey, un Serilly, une foule de financiers, furent envoyés à la mort. Aussi, lorsque le vieux Magon fut amené devant le tribunal révolutionnaire, et qu'on lui demanda son nom : « Je suis riche », répondit-il, et il ne daigna pas en dire davantage.

Pour donner plus de latitude aux tables de proscriptions, les dénoncés étoient désignés sous des qualifications vagues d'ennemis du peuple, d'ennemis de la liberté, d'ennemis de la Révolution, enfin sous le nom de *suspects* ; et l'on tenoit pour *suspects* tous ceux qui, soit par leur conduite, soit par leurs relations, soit par leurs propos, se seroient montrés partisans de la tyrannie (c'est-à-dire de la royauté) ou ennemis de la République, et en général ceux à qui l'on auroit refusé des certificats de *civisme*. Or, en les refusant, ces certificats, on étoit dispensé d'expliquer le motif et la cause de ce refus (décret du 30 janvier 1793); l'accusation et le jugement étoient aussi dispensés de la preuve. Dans un décret portant peine de mort contre *les ennemis du peuple* (du 22 prairial an II), il étoit dit : « Sont réputés *tels* ceux qui cherchent à anéantir la liberté par force ou par ruse, à avilir la Convention nationale et le gouvernement révolutionnaire dont elle est le centre, à égarer l'opinion et empêcher l'instruction du peuple, à dépraver les mœurs et corrompre la conscience publique, enfin à altérer la pureté des principes révolutionnaires. La preuve nécessaire pour les condamner, ajoutoit ce décret, sera toute espèce de document matériel ou moral qui peut naturellement obtenir l'assentiment d'un esprit juste et raisonnable. La règle des jugemens est la conscience des jurés éclairés par l'amour de la patrie. Leur but est le triomphe de la patrie, la ruine de ses ennemis. S'il existe des documens du genre ci-dessus, il ne sera point entendu de témoins. »

C'est avec ce langage équivoque et perfide qu'une charlatanerie hypocrite institua la jurisprudence et la procédure arbitraire de nos tribunaux criminels. Point de preuves, point de témoins, la conscience des jurés ; et de quels jurés ! des organes et des suppôts de Robespierre, de Lebon, de Carrier, de Francastel, et de tant d'autres tigres insatiables de sang humain.

L'un des bourreaux ambulans de la faction avoit fait graver sur son cachet, pour emblème, une guillotine ; un autre, à son dîner, en avoit une sur une table, avec laquelle il s'amusoit à trancher la tête au poulet qu'on lui avoit servi ; et, tandis que ceux-là se faisoient un jeu de l'instrument de leur barbarie, d'autres se vantoient à la Convention de leur économie et de leur diligence à exécuter ses décrets. « Fusiller, c'est trop long, lui écrivoit l'un d'eux ; on y dépense de la poudre et des balles. On a pris le parti de les mettre (les prisonniers) dans de grands bateaux au milieu de la rivière ; à demi-lieue de la ville, on coule le bateau à fond. Saint-Florent et les autres endroits, ajoutoit-il, sont pleins de prisonniers. Ils auront aussi le baptême patriotique. » Je n'ai pas besoin de dire quels frissonnemens d'horreur nous causoient ces railleries de cannibales. Ce qui faisoit frémir l'humanité, les noyades de Carrier sur la Loire, les canonnades à mitraille de Collot d'Herbois à Lyon, obtenoient la mention honorable au bulletin. Les atrocités de Lebon dans le Pas-de-Calais n'étoient que des *formes un peu acerbes* qu'il falloit lui passer, et on les lui passoit.

Un parti formidable se forma tout à coup dans le sein de la Convention contre Robespierre; Tallien le dénonça. Sur-le-champ il fut mis hors de la loi (le 9 thermidor), surpris, arraché de l'Hôtel de ville où il s'étoit réfugié, et traîné sur cet échafaud (le 10) où tous les jours il faisoit périr tant d'innocens.

Après la mort de Robespierre, les comités, le tribunal révolutionnaire, furent renouvelés, et la Convention désavoua leurs cruautés passées; mais elle déclara (22 frimaire an III) « qu'elle ne recevroit aucune demande en revision de jugemens rendus par les tribunaux criminels, portant confiscation de biens au profit de la République et exécutés pendant la Révolution ».

Cependant la fermentation des esprits n'étoit pas éteinte. La société des Jacobins n'oublioit pas qu'elle avoit été toute-puissante; elle se voyoit écartée, et ne pouvoit souffrir que cette puissance anarchique, qui étoit sa sanglante conquête, fût usurpée par un parti qui n'étoit plus le sien. On avoit beau la ménager, elle sentoit le frein, elle le rongeoit en silence. On voulut l'affoiblir en l'épurant, et les comités réunis furent chargés de présenter le mode de cette épuration (le 13 vendémiaire). On défendit toute correspondance et toute relation entre les sociétés populaires (le 25 vendémiaire); mais le feu couvoit sous la cendre, et empêcher ce feu de se communiquer étoit encore un vain projet.

On se mit en défense contre les dénonciations par un décret de garantie qui régloit la manière dont il seroit dorénavant procédé au jugement d'un membre de la représentation nationale (le 8 brumaire); mais cette garantie dans un soulèvement n'étoit pas une sûreté, et le tumulte commençoit à être menaçant autour de la salle des Jacobins (le 19). On ordonna que cette salle fût fermée, et ce décret fut envoyé aux armées et aux sociétés populaires (le 10). Les mouvemens du peuple au centre de Paris et dans le faubourg Saint-Antoine n'en furent que plus furieux.

Pour fortifier le parti contraire à la ligue des Jacobins, on fit rentrer dans la Convention, le 18 frimaire, les soixante-dix députés mis en arrestation le 3 octobre 1793, et trois des anciens terroristes, convaincus des excès qu'ils avoient commis à Nantes, furent condamnés à la peine de mort. L'acte d'accusation fut prononcé contre Fouquier-Tainville, accusateur public, et il fut condamné avec quinze de ses complices. En même temps Collot d'Herbois, Barère et Billaud de Varenne furent mis en jugement.

Enfin la Convention tout entière prêta le serment de poursuivre jusqu'à la mort les continuateurs de Robespierre.

Les Jacobins sembloient aux abois. Des jeunes gens rassemblés dans le jardin du Palais-Royal y avoient brûlé un mannequin dans le costume du jacobinisme, et en avoient porté les cendres dans l'égout Montmartre, avec cette inscription sur l'urne funéraire : *Panthéon des Jacobins du 9 Thermidor.*

Telle étoit cependant l'inquiétude de l'Assemblée que, parmi tous ces actes de vigueur, elle ne laissa pas de donner un signal d'alarme et de détresse. Car j'appelle ainsi le décret où, prévoyant le cas de sa dissolution, elle arrêtoit que, « ce cas arrivant, tous les représentans qui auroient pu échapper au fer parricide se réuniroient au plus tôt à Châlons-sur-Marne ». L'événement prouva qu'il avoit été bien prévu.

Le 1er prairial, des femmes du peuple ayant forcé les portes de la salle de l'Assemblée, avec des cris et des insultes qui interrompirent les délibérations, à l'instant les hommes en foule y pénétrèrent avec elles, et la tête d'un des députés fut portée sur le bureau. C'en étoit fait si le peuple avoit profité du moment d'épouvante qu'il avoit répandue; mais, les révoltés s'amusant à s'emparer des sièges qu'on leur abandonnoit, l'un d'eux, appelé Romme, eut l'imprudente vanité de s'asseoir sur le fauteuil du président, et de perdre le temps à y prononcer des décrets. Par ces décrets, il ordonnoit l'arrestation des membres des comités du gouvernement, l'élargissement de tous les détenus depuis le 9 thermidor, le rappel de Barère, de Collot d'Herbois et de Billaud de Varenne. Cette folle jactance d'autorité endormit la fureur du peuple; et, tandis qu'il donnoit des lois, l'un des députés entre dans la salle à la tête de la force armée, chasse et disperse la multitude, et rend à l'Assemblée le courage et la liberté.

Dès lors le sang des terroristes recommença de couler à grands flots, et les moteurs de la sédition populaire furent exécutés en présence du peuple.

Ainsi, entre le despotisme et l'anarchie, la force armée étoit le seul arbitre, et les chefs du parti vaincu alloient périr sur l'échafaud.

Ce ne fut qu'un spectacle pour la saine partie de la nation, qui redoutoit également l'anarchie et le despotisme.

On sentit enfin la nécessité de régénérer la République, en changeant non le fond, mais la forme d'un gouvernement républicain de nom et réellement despotique, et en feignant de diviser les pouvoirs pour les balancer. Tel fut l'objet et l'artifice de la nouvelle constitution. Dans ce simulacre des lois fondamentales, qu'une commission fut chargée de fabriquer, et qu'elle présenta le 5 messidor de l'an III, deux conseils de législation et un directoire exécutif composoient le corps dépositaire de la puissance nationale.

Les deux conseils, l'un de cinq cents et l'autre de deux cent cinquante députés, choisis tous les ans à la pluralité des voix dans les assemblées électorales, étoient revêtus du pouvoir, l'un de proposer, et l'autre d'accepter, de sanctionner les lois ou de les refuser, comme étant le régulateur, le modérateur de celui qui en avoit seul l'initiative. Jusque-là l'intérêt public, si les choix étoient libres et assez éclairés, pouvoit être en de bonnes mains ; mais à ces deux conseils on ajouta un directoire exécutif, armé de la force publique, pour maintenir l'ordre et les lois ; et ce fut là que s'établit et se retrancha le despotisme le plus absolu et le plus tyrannique dont on ait jamais vu d'exemple.

Les cinq membres qui composoient le directoire devoient être pris dans le nombre de cinquante candidats que proposeroit le conseil des cinq cents, et c'étoit au conseil des deux cent cinquante (dit des Anciens) qu'il appartenoit de les choisir.

Ces pentarques seroient successivement amovibles ; d'abord un tous les ans devoit être exclu et remplacé par la voie du sort, et dans la suite chacun ne sortiroit qu'au bout de ses cinq ans de règne et dans l'ordre de succession.

De là vint, pour le dire en passant, que les habiles ne se pressèrent pas d'être du nombre des élus, que le sort pouvoit exclure au bout d'un ou deux ans, et qui, d'ailleurs, devoient courir les risques d'une première tentative.

Mais tous avoient droit de prétendre à ces éminentes dignités de l'État, et d'y passer plus d'une fois. Aussi leur premier soin avoit-il été de composer la commission des rédacteurs de l'acte constitutionnel des plus ardens, des plus adroits, des plus ambitieux républicains; et ceux-ci s'étoient appliqués à donner à cette oligarchie roulante le plus d'autorité, de force et de consistance possible.

La gestion des plus grandes affaires de l'État, la politique, les finances, les relations au dehors, le commerce et les alliances, la guerre et la paix, les armées, leur formation, leur conduite, le choix des généraux et leur destitution, la nomination aux emplois militaires, appartenoient exclusivement à ce conseil des cinq. Au dedans, la police, l'usage de la force armée, le droit de la faire agir, le droit d'inspection sur la trésorerie et sur les préposés à la perception des impôts, le maniement des deniers publics, leur distribution aux besoins de l'État, sans jamais en être comptables; le choix et l'emploi des ministres, travaillant sous leurs ordres et révocables à leur gré, la surveillance des tribunaux, la dépendance immédiate des autorités constituées et des agens qu'ils emploieroient dans toutes les parties de l'Administration ; enfin le droit d'avoir dans les départemens, jusque dans les moindres communes, des commissaires attitrés, et le droit de casser les élections que le peuple auroit faites de ses magistrats, de ses juges : telles étoient les attributions prodiguées au Directoire par l'acte constitutionnel, sans compter ce qu'il y ajouta.

Ainsi tous les moyens de dominer, d'intimider et de corrompre : l'usage de la force armée ; la disposition du trésor de l'État ; l'intérêt qu'on auroit dans les armées, dans les finances, dans tous les emplois mercenaires, de gagner la faveur de ces pentarques tout-puissans ; le dévouement des chefs pour les auteurs de leur fortune, l'exemple qu'ils en donneroient aux soldats et aux subalternes ; parmi les magistrats du peuple, la crainte d'être déposés, le désir d'être maintenus ; dans l'assemblée nationale, l'ambition d'avoir pour amis les promoteurs aux grandes places et ceux qui tenoient dans leurs mains les récompenses et les peines, selon qu'on les auroit bien ou mal servis : tout cela, dis-je, fit pour le Directoire une puissance devant laquelle les conseils furent anéantis.

Mais il falloit d'abord que la constitution fût

reçue, et les peuples pouvoient s'apercevoir qu'on ne leur proposoit qu'une tyrannie habilement masquée et savamment organisée; il falloit de plus prendre garde que l'esprit n'en fût changé dans l'Assemblée qu'alloient former les prochaines élections; et ce fut à quoi l'on pourvut de la manière la plus hardie.

LIVRE XX.

Les événemens dont je viens de rappeler le souvenir ont tellement occupé ma pensée qu'à travers tant de calamités publiques je me suis presque oublié moi-même. L'impression que faisoit sur moi cette foule de malheureux étoit si vive et si profonde qu'il est bien naturel que ce qui ne touchoit que moi me soit très souvent échappé. Ce n'est pas cependant que, par des diversions de travail et d'études, je n'eusse tâché de me défendre de ces réflexions fatigantes dont la continuité pouvoit se terminer par une noire mélancolie ou par une fixité d'idées, plus dangereuse encore pour le foible et fragile organe du bon sens.

Tant que mon imagination put me distraire par d'amusantes rêveries, je fis de nouveaux *Contes*, moins enjoués que ceux que j'avois faits dans les plus beaux jours de ma vie et les rians loisirs de la prospérité, mais un peu plus philosophiques et d'un ton qui convenoit mieux aux bienséances de mon âge et aux circonstances du temps [1].

Lorsque ces songes me manquèrent, je fis usage de ma raison, et j'essayois de mieux employer le temps de ma retraite et de ma solitude en composant, pour l'instruction de mes enfans, un *Cours élémentaire* en petits traités de *grammaire,* de *logique,* de *métaphysique* et de *morale,* où je recueillis avec soin ce que j'avois appris dans mes lectures en divers genres, pour leur en transmettre les fruits.

Quelquefois, pour les égayer ou pour les instruire d'exemples, j'employois nos soirées d'hiver à leur raconter, au coin du feu, de petites aventures de ma jeunesse, et ma femme, s'apercevant que ces récits les intéressoient, me pressa d'écrire pour eux les événemens de ma vie.

Ce fut ainsi que je fus engagé à écrire ces volumes de mes *Mémoires.* J'avouerai bien, comme

---

[1]. Publiés après la mort de l'auteur sous le titre de *Nouveaux Contes moraux* : Paris, J.-B. Garnery et Maradan; Strasbourg, les frères Levrault, an IX (1801), 4 vol. in-8 et in-12 ; portrait gravé par Tassaert, d'après Boilly, et quatre figures de Monnet, gravées par L'Épine. Une partie de ces contes avait paru dans le *Mercure,* de 1789 à 1792. Le premier est intitulé *la Veillée;* c'est celui auquel l'auteur a fait deux fois allusion (voyez tome II, p. 160 et 206).

Mme de Staal, que je ne m'y suis peint qu'en buste; mais j'écrivois pour mes enfans.

Ces souvenirs étoient pour moi un soulagement véritable, en ce qu'ils effaçoient, au moins pour des momens, les tristes images du présent par les doux songes du passé.

Cependant je touche à l'époque où l'intérêt de la chose publique vint me saisir plus fortement, plus étroitement que jamais. Par mon devoir de citoyen, je fus appelé à cette assemblée primaire du canton de Gaillon, où alloit être proposée la nouvelle constitution. C'étoit le moment d'observer où en étoit l'esprit national, et ce moment étoit intéressant : car le problème alloit être mis en délibération et résolu simultanément par la pluralité des voix dans la totalité des assemblées primaires.

Dans celle où j'assistai, il me fut évident que deux partis se balançoient...

TABLE ANALYTIQUE

DES MÉMOIRES

TOME PREMIER

LIVRE I

But de l'auteur en écrivant ses *Mémoires*, 1. — Description de Bort et de ses environs, 3. — Souvenirs d'enfance, 5. — Première éducation, 6. — Défaut de mémoire, 7. — Portrait de la mère de Marmontel et des autres membres de la famille, 8. — Entrée au collège de Mauriac, 11. — Examen et admission à ce collège, 12. — Réflexions de Marmontel sur ses premières études, 15. — Le P. Bourzes, continuateur du P. Vanière, 16. — Mœurs des écoliers de Mauriac, leurs travaux et leurs plaisirs, 18. — Amalvy, modèle des écoliers, 22. — Querelle de Marmontel avec le régent du collège, 24. — Studieux emploi des vacances, 35. — Premières amours, 42. — Marmontel est placé par son père dans une maison de commerce à Clermont-Ferrand, 49. — Il la quitte presque aussitôt et se croit une vocation ecclésiastique, 50. — Son admission dans la classe de philosophie du collège de Clermont, 54. — Velléité de passer chez les oratoriens de Riom, 58. — Les jésuites lui procurent tout aussitôt des répétitions, 61. — Promenade à Beauregard et bienveillant accueil de Massillon, 62. —

Nouvelles vacances sous le costume ecclésiastique, 63. — Mort du père de Marmontel, 65. — Désespoir et maladie de l'auteur, 67.

LIVRE II

Séjour de Marmontel à Saint-Bonnet, 70, et au château de Linars, comme précepteur, 72. — Retraite au séminaire de Limoges, 73. — Entretiens littéraires de Marmontel avec les directeurs du séminaire, 74. — Présentation à l'évêque (Coetlosquet), 76. — Plaisanterie du comte de Linars et ses conséquences, 79. — Hospitalité d'un curé de campagne et de sa nièce, 82. — Comment les jésuites de Clermont entendaient agrandir leur collège, 86. — Démarches du P. Nolhac auprès de Marmontel pour l'engager à entrer dans la société, 89. — Voyage de Bort à Toulouse; proposition de mariage avec la fille d'un muletier, 94. — Au moment d'entrer au noviciat des jésuites, Marmontel consulte sa mère; réponse de celle-ci, 100. — Premiers succès de l'auteur comme répétiteur de philosophie, 104. — Il obtient une bourse au collège Sainte-Catherine, 107. — Concours aux Jeux floraux, 108. — Lettre de Voltaire, 109. — Succès académiques, 111. — Soutenance brillante de thèse, 114. — Démêlés d'un boursier de Sainte-Catherine et d'un grand vicaire, 118. — Pénitence au séminaire de Calvet, 123. — Hésitation sur le choix d'une carrière, 124. — Nouveau voyage à Bort, 125. — Entretien de l'auteur et de sa mère; triste état de la santé de celle-ci, *ibid.* — Billet de Voltaire, 131. — La *Petite académie*, 132. — Départ de Toulouse, 133. — Incidents de voyage, 134. — Arrivée à Paris, 140.

LIVRE III

Première visite à Voltaire et conseils de celui-ci, 141. — Premier logement et premières ressources, 143. — Vauvenargues, 146. — Bauvin, 147. — L'*Observateur littéraire,*

149. — Prix à l'Académie française, *ibid*. — Grande pénurie, 150. — Procédé délicat de Voltaire, 152. — Marmontel précepteur du jeune Gilly, et introduit dans la famille Harenc, 153. — Société choisie de Mme Harenc, 154. — Nouveau prix de poésie à l'Académie française, 156. — Mort de la mère de Marmontel, *ibid*. — Lecture de *Denys le tyran*, tragédie, aux acteurs de la Comédie-Française, 157. — Rivalité de Mlle Gaussin et de Mlle Clairon au sujet d'un des principaux rôles, 158. — Distribution des autres rôles et répétitions, 163. — Lecture de *Denys* devant les conseillers favoris de Voltaire et de Mlle Clairon, 163. — Résultat de leur délibération, 165. — Tour d'un escroc gascon, 168. — Plaidoyer de Boubée, avocat de Toulouse, pour Cammas, peintre de la ville, accusé de séduction, 168. — Favier, 170. — Générosité de Mme Harenc, 175. — Première représentation et succès de *Denys*, 176. — Épître à Voltaire sur la mort de Vauvenargues, 179. — Monet présente Marmontel à Mlle Navarre, 183. — Séjour à Avenay, 189. — Singulier aveu échappé à Mlle Navarre, 192. — Fureur et départ de Marmontel, 193. — Retour à Paris; réception que lui font ses amis, 194. — Inquiétudes, chagrin et désespoir d'un amant trahi, 197. — Visite du chevalier de Mirabeau, 200. — Autre visite du même et de Mlle Navarre, 202. — Consolations prodiguées à l'auteur par Mlle Clairon, 206. — Reprise de *Denys le tyran*, 207. — Un caprice de Clairon, 208. — Démarche délicate de la part de Mlle Broquin, 209. — Tentatives de rapprochement de la part de Clairon; refus de Marmontel, 210. — Bons procédés du duc de Duras envers lui, 211. — Lecture d'*Aristomène* à Voltaire, 213. — Première représentation, 215. — Action dramatique et maladie de Roselly, 216. — Interruption et reprise d'*Aristomène*, 217.

LIVRE IV

Liaison de Marmontel et de Mlle Marie Verrière, 219. — Colère du maréchal de Saxe, 223. — Double rupture, 224. — Mariage de La Popelinière, 227. — Son train de maison à Passy, 230. — Lecture d'*Aristomène* chez Mme de Tencin, 232. — Découverte de la cheminée secrète de Mme de La Popelinière, et conséquences de cette découverte, 236. — Plaisirs, spectacles et distractions de tout genre offerts par La Popelinière à ses hôtes, 243. — *Cléopâtre*, tragédie de Marmontel, 247. — *Les Héraclides*, autre tragédie, 251. — Incident de la première représentation, *ibid*. — Liaison de Marmontel avec d'Alembert, Mlle de Lespinasse, Diderot, d'Holbach, Helvétius, Grimm et J.-J. Rousseau, 253. — Faveur de Marmontel auprès de Mme de Pompadour, 257. — Elle lui conseille de tenter de nouveau la fortune dramatique, 258. — *Égyptus*, tragédie, 259. — Sa chute, 260. — L'auteur obtient de M. de Marigny l'emploi de secrétaire des bâtiments du roi, 262. — Le prince de Kaunitz, 263. — Mercy-Argenteau, Starhemberg, Seckendorf, 265. — Milord d'Albemarle et Mlle Gaucher, dite *Lolotte*, *ibid*. — Liaison de Lolotte avec le comte d'Hérouville ; son mariage et sa fin, 268. — Conseils de Mme de Tencin à Marmontel, 271. — Livrets de divers ballets ou divertissements pour Rameau, 274. — Liaison avec Cury et les autres intendants des Menus-Plaisirs, 275. — Tribou, 276. — Jélyotte, *ibid*. — Contraste de cette société avec celle des philosophes, 279. — Voltaire et la mort de Mme du Châtelet, 281. — Son désir de plaire à la cour, 282. — Motifs de sa disgrâce, 284. — Faveur de Crébillon auprès du roi et de Mme de Pompadour, 286. — Rivalité dramatique de Voltaire et de Crébillon (*Sémiramis, Oreste, Rome sauvée*), 289. — Départ de Voltaire pour la Prusse ajourné, puis brusquement décidé ; causes de ces retards et de ce revirement, 291-294. — Discussion de Voltaire et d'un coutelier, 294. — Départ de Marmontel pour Versailles, 297.

TOME DEUXIÈME

LIVRE V

Entrée en fonctions de l'auteur auprès de M. de Marigny, 1. — Qualités et défauts de celui-ci, 2. — Vie de Marmontel à Versailles, à Marly, à Fontainebleau, à Compiègne, 6. —Nouvelles liaisons; l'abbé de La Ville, Dubois, premier commis de la guerre, Cromot du Bourg, Bouret, Mme Filleul, 9. — Mariage de la sœur aînée de Marmontel avec M. Odde, 13. — Emploi qu'obtient celui-ci, 14. — Mme de Chalut, 17. — Vers faits, à sa prière, pour la convalescence du Dauphin, 20. — Plaisant embarras des jeunes époux au moment de remercier l'auteur, 21. — Éducation d'Aurore de Saxe faite aux frais du Dauphin, 22. — Portrait de Quesnay, 23. — Mme de Marchais, 27. — Réforme du costume au théâtre tentée par Mlle Clairon, 32. — Remarques de Marmontel sur ses rapports avec Marigny, 35. — Sur l'exil de Voltaire, 36. — Sa collaboration à l'*Encyclopédie*, 37. — Entrevue avec Mme de Pompadour, sollicitations et conseils, 39. — Origine et fortune politique de Bernis, 42. — Rapports de l'auteur avec lui durant son passage au ministère des affaires étrangères, 46. — Singulière maladie guérie par un singulier remède de Genson, 53. — Attribution de la direction du *Mercure* à Louis de Boissy, sur le conseil de Marmontel, 59. — Reconnaissance, puis embarras de Boissy, 60-63. — Origine des *Contes moraux*, 64. — Marmontel titulaire du brevet, à la mort de Boissy, *ibid*. — Autre place de secrétaire du comte de Gisors, proposée à Marmontel, refusée par Suard et acceptée par Deleyre, 65. — Retour de l'auteur à Paris, 68.

LIVRE VI

Changements et progrès apportés à la composition du *Mercure*; collaborateurs recrutés par Marmontel : Malfilâtre, Colardeau, Thomas, J.-D. Le Roy, C.-N. Cochin, 70-77. — Gallet et Panard, 79. — Portrait de Mme Geoffrin, 82. — Principaux habitués de son salon : d'Alembert, Dortous de Mairan, Marivaux, Chastellux, Morellet, Saint-Lambert, Thomas, Mlle de Lespinasse, Raynal, Galiani, Caraccioli, le comte de Creutz, Carle Van Loo, Soufflot, Boucher, Le Moyne, La Tour, le comte de Caylus, 88-106. — Autres convives des petits soupers de Mme Geoffrin : Gentil-Bernard, Mme de Brionne, Mme de Duras, Mme d'Egmont, le prince Louis de Rohan, 106-108. — Soupers chez Pelletier, fermier général, avec Gentil-Bernard, Monticourt, Collé, 110. — Séjour de Marmontel à Chennevières, chez Cury, 114. — Parodie de *Cinna*, rimée par celui-ci, 118. — Marmontel en cite quelques vers chez Mme Geoffrin, 122. — Il est accusé d'en être l'auteur, et s'en défend inutilement auprès des ducs d'Aumont et de Choiseul, 122-127. — Lettre de cachet qui l'envoie à la Bastille, 127. — Préparatifs de sa captivité, 129. — Accueil bienveillant du gouverneur, 131. — Installation et premier repas, 133. — Un menu maigre et un menu gras, 134. — Prévenances de M. d'Abadie, 135. — Interrogatoire subi par Marmontel au sujet d'un sieur Durand, familier du salon de Mme Harenc, 137. — Inquiétude que cette formalité cause à Marmontel, 138. — Lettre de Mlle S** [Sau***?], et réponse du prisonnier, 138. — Sa sortie et sa première visite à M. de Sartine, 140. — Sermon de Mme Geoffrin, et regrets qu'elle en témoigne le lendemain, 141. — Entrevue avec Choiseul, 144. — Réponses de Marmontel aux inculpations dont il est l'objet, 145. — Vains efforts du premier ministre pour lui faire rendre le brevet du *Mercure*, 151. — Ce que ce journal devint sous l'abbé de La Garde et ses successeurs, 155.

LIVRE VII

Réflexions de Marmontel sur son passé à cette date et sur ses projets d'avenir, 157. — Sa situation et celle de sa famille, 159. —Voyage en compagnie de Gaulard, 162. — Séjour à Bordeaux, 163. — Mésaventures de Le Franc de Pompignan, 165. — Arrêts à Toulouse, Béziers, Montpellier, Nîmes, Avignon, Aix, Marseille, 169. — Retour par Lyon et Genève, 181. — Visite à Voltaire, 182. — Son enthousiasme pour l'acteur L'Écluse, 183. — Mme Denis comparée par son oncle à Mlle Clairon, 185. — Genève et J.-J. Rousseau, 187. — Huber et Cramer, 190. — Le théâtre de Voltaire à Tournay, 191. — Lecture de *Tancrède* et de *la Pucelle*, 194. — Rentrée à Paris, 196. — L'*Épître aux poètes*, de Marmontel, est couronnée par l'Académie française, 197. — Origine d'*Annette et Lubin*, 199. — Séjours à la Malmaison, à Croix-Fontaine, à Sainte-Assise, à Saint-Cloud, à Maisons-Alfort, 201. — Intrigues académiques, 207. — Présentation par Marmontel de sa *Poétique française* au roi, au Dauphin, à Mme de Pompadour, à Choiseul et à Praslin, 214. — Candidature au fauteuil de Bougainville, 218. — Conduite généreuse de Thomas dans cette circonstance, 219. — Caractère ombrageux de Marivaux, 222. — Singuliers griefs du président Hénault et de Moncrif contre Marmontel, 225. — Mort de Cury, 228. — Mlle de Lespinasse, ses origines, sa société, ses amours, sa mort, 229. — Société du baron d'Holbach, 239. — Motifs respectifs qui avaient éloigné Buffon et J.-J. Rousseau du parti encyclopédique, 246. — Promenades de d'Holbach et de ses amis aux environs de Paris, 245.

LIVRE VIII

Récit fait par Diderot à Marmontel des origines de sa rupture avec Rousseau, 248. — Relations de Jean-Jacques avec le baron d'Holbach et avec Hume, 257. — Séjour de

Marmontel à Saumur, près de sa sœur et de son beau-frère, 260. — Visite au comte d'Argenson, exilé aux Ormes, 261. — Un bel esprit de l'académie d'Angers, et ses habiletés oratoires, 265. — Maladies de l'auteur, 267. — Conception de *Bélisaire*, 269. — Lectures faite par l'auteur à Diderot et au prince héréditaire de Brunswick, 271. — Démêlés de l'auteur avec les censeurs de la Sorbonne, 275. — Conférence avec M. de Beaumont, archevêque de Paris, et les docteurs de la Sorbonne, 277. — Plaisanteries de Voltaire et de Turgot au sujet des propositions condamnables extraites de *Bélisaire* par les casuistes, 282. — Succès du livre dans diverses cours étrangères, 284. — Voyage de Mmes Filleul et de Séran aux eaux d'Aix-la-Chapelle, où Marmontel les accompagne, 285. — M. et Mme de Marigny (née Filleul) les y rejoignent, 287. — Entretiens de Marmontel et des évêques de Noyon (Broglie) et d'Autun (Marbeuf), 289. — *Discours en faveur des paysans du Nord*, 295. — Portrait de Mme de Séran, 297. — Sa présentation à la cour, 300. — Tête-à-tête avec le roi, 301. — Correspondance de Louis XV et de la jeune comtesse, 306. — Rencontre de Marmontel avec le prince et la princesse de Brunswick, 307. — Voyage à Spa avec Mme de Séran, M. et Mme de Marigny, 311. — Imprudences funestes commises par Mme Filleul, 314. — Politesses faites à Marmontel par Bassompierre, contrefacteur de ses œuvres, à Liège, 315. — Cabinet du chevalier Verhulst à Bruxelles, 316. — Mort de Mme Filleul, 319. — Son caractère, sa philosophie, 320. — Déception de Marmontel au sujet d'une nièce de Mme Gaulard, 321.

LIVRE IX

Séjours à Ménars, 325. — Séjour à Maisons, 326. — Le comte de Creutz présente Grétry à Marmontel, 327. — *Le Huron*, 328. — *Lucile, Sylvain, l'Ami de la maison, Zémire et Azor*, 329. — *Le Connaisseur*, 330. — Épilogue des relations de Louis XV et de Mme de Séran, 332. — Marmontel vient loger dans l'hôtel de Mlle Clairon, 336.

— Encore la parodie de *Cinna*, 337. — Entrevue de Marmontel et du duc d'Aumont, 337. — Séjour du prince royal de Suède (Gustave III) à Paris, 339. — Maladie de l'auteur, 341. — Soins que lui prodiguent Bouvart et Mlle Clairon, 342. — Rapports de Marmontel et du duc d'Aiguillon; retouches à un mémoire de Linguet, fureur de celui-ci, 342. — Nomination de Marmontel au poste d'historiographe de France, 346. — Succès de *Zémire et Azor* sur le théâtre de la cour, à Fontainebleau, 346. — Discussion de l'auteur et du costumier, 347. — *L'Ami de la maison* est moins bien accueilli, 351. — *La Fausse Magie*, 353. — *La Voix des pauvres*, épître sur l'incendie de l'Hôtel-Dieu, 353. — *Ode à la louange de Voltaire*, 354. — Séjour de Marmontel chez Mme de Séran, au château de La Tour, en Normandie, 356. — Liaison avec Mme de L. P***, 357. — Matériaux recueillis par l'auteur pour une histoire du règne de Louis XV, 360. — Rapprochement opéré par Marmontel entre le duc de Richelieu et plusieurs membres de l'Académie française, 361. — Communication des manuscrits de Saint-Simon, 363. — Nouvelle collaboration à l'*Encyclopédie*, 364. — Suicide de Bouret, 365. — Sacre de Louis XV, 367. — Portrait de la maréchale de Beauvau, 368. — Querelle des gluckistes et des piccinistes, 371. — Marmontel se range parmi ceux-ci, 372. — *Roland*, opéra, 375. — Liaison de l'auteur et des frères Morellet, 377.

TOME TROISIÈME

LIVRE X

Mort de Mme Odde et de ses enfants, 2. — Inquiétudes de Marmontel sur son propre avenir, 3. — Mme et Mlle de Montigny, sœur et nièce de MM. Morellet, 3. — Prédiction de l'abbé Maury à Marmontel, 4. — Projets de bonheur, 5. — Mariage de l'auteur et de Mlle de Montigny, 9. — Liaison des nouveaux époux avec Mme d'Houdetot et

Saint-Lambert, 12. — Portrait de Mme Necker, 13. — Mort du premier né de Mme Marmontel, 19. — Inquiétude pour le second enfant, 20. — Séjour à Saint-Brice, *ibid.* — Promenades à Montmorency, 23. — Réflexions sur les ouvrages et le caractère de Rousseau, 23. — Mort de Voltaire, 29. — *Polymnie,* poème satirique sur la querelle des gluckistes et des piccinistes, 34. — Retraite de Necker, 35. — Mme de Vermenoux, 37. — *Atys,* opéra, 38. — Rapports de l'auteur avec Turgot, 39. — Départ du comte de Creutz et du marquis de Caraccioli, *ibid.* — Mort de d'Alembert, 40. — Nouvelle maladie de Marmontel et nouveaux soins de Bouvart, 41. — *Didon,* opéra, musique de Piccini, 45. — Son succès à la cour et à Paris, 46.

LIVRE XI

Élection de Marmontel comme secrétaire perpétuel de l'Académie française, 48. — Concert de M. de La Borde, 49. — Réunion des amis de l'auteur à sa maison de campagne, 50. — Mort d'un troisième enfant, 52. — *Pénélope,* opéra, 53. — *Le Dormeur éveillé, ibid.* — Succès de « lecteur » obtenus par Marmontel aux séances publiques de l'Académie française, 55. — Candidature de l'abbé Maury, 56. — Son différend avec La Harpe, 57. — Son élection, 59. — Mort et portrait de Thomas, 61. — Élection de Morellet, 67. — *Éloge de Colardeau,* 69. — Poème sur la mort du duc de Brunswick, 70. — Présents du comte d'Artois et du prince de Brunswick à ce sujet, 71. — Situation prospère du ménage de Marmontel, 73. — Liaison avec M. et Mme Desèze, 75. — Procédés généreux de Calonne à l'égard de l'Académie française, 77. — Plan général d'instruction publique demandé par Lamoignon à Marmontel, 78. — Éloge de Sainte-Barbe et de ses méthodes d'enseignement, 81.

LIVRE XII

Coup d'œil sur les causes de la Révolution, 84. — Portrait de Louis XVI, 85. — Rentrée en grâce du comte de Maurepas; son passé, ses vues, sa politique, ses principes, 87. — Renvoi de Terray, 91. — Vues de Turgot, son successeur, *ibid*. — Émeute de 1775, 95. — Renvoi de Turgot, 96. — Passage aux affaires de Clugny et de Taboureau, *ibid*. — Ils sont remplacés par Necker, *ibid*. — Plans et vues de celui-ci; ses discussions avec Turgot, 97. — Compte rendu au roi par Necker (1781), 102. — Réfutation de Bourboulon, 104. — Disgrâce de Sartine, 105. — Ligue de Maurepas et de toute la cour contre Necker, 107. — Sa démission est acceptée, 113. — Ses successeurs, Joly de Fleury, d'Ormesson, Calonne, 116. — Réputation, caractère et imprévoyance de celui-ci, 118. — Première assemblée des notables (22 février 1787), 121. — Discussion, sur le déficit, entre Necker et Calonne, 122. — Exil de Necker, 124. — Disgrâce de Calonne et de Miroménil, 125. — Bouvard de Fourqueux est nommé contrôleur général, et Lamoignon garde des sceaux, *ibid*. — Notes confidentielles de Montmorin communiquées à Marmontel, *ibid*. — Loménie de Brienne est nommé ministre des finances, 129.

LIVRE XIII

Portrait de Brienne, 131. — Ses luttes contre le Parlement au sujet des édits sur le timbre et sur l'impôt territorial, 133. — Lit de justice, 136. — Exil du Parlement à Troyes, 137. — Continuation de la lutte, 138. — Séance royale, 141. — Mouvement d'opinion en faveur de la réunion des États généraux, 143. — Exil du duc d'Orléans à Villers-Cotterets, 144. — Lit de justice (8 mai 1788), 145. — Examen du nouveau système judiciaire, 146. — Résistance des États de Bretagne et de Dauphiné, 150. —

Ressources désastreuses imaginées par Brienne, 151. — Sa démission, *ibid*. — Situation déplorable du Trésor et de l'agriculture, 152. — Impopularité et suicide de Lamoignon, 153. — Projets de Necker, 155. — Seconde convocation des notables (3 novembre 1788), 160. — Opinion de six bureaux touchant le mode de représentation du tiers aux États généraux, 161. — Conseil d'État du 27 décembre 1788, 165. — Choix de Versailles pour lieu de réunion des États, 171. — Ce que voulait Necker et ce qui aurait pu arriver, 172.

LIVRE XIV

Marmontel membre de l'assemblée primaire du district des Feuillants et de l'assemblée électorale, 176. — Rôle de Duport, 177. — Influence des avocats dans ces réunions préliminaires, 178. — Target élu président de l'assemblée électorale aux lieu et place d'Angran d'Alleray, 182. — Échec de Marmontel contre Sieyès, 185. — Dialogue de l'auteur et de Chamfort, *ibid*. — Ouverture des États généraux, 196. — Discours du roi, 197. — Exposé présenté par Necker, 200.

LIVRE XV

Contestation entre le tiers et les deux autres ordres au sujet du mode de délibération et de la vérification des pouvoirs, 207. — Arrêté pris le 10 juin par le tiers touchant cette vérification, 210. — Autre arrêté (17 juin) spécifiant que le tiers s'appellerait désormais Assemblée nationale, 213. — Embarras de Necker, 214. — Projet d'une séance royale et d'une déclaration que devait lire le roi, *ibid*. — Discours du duc de Luxembourg, président de l'ordre de la noblesse, au roi, 215. — Serment du Jeu de paume, 216. — Adhésion de deux archevêques, de deux évêques et de cent quarante-cinq députés du clergé au tiers, 217. — Séance royale du 23, 218. — Motifs de l'abstention de Necker, *ibid.* — Disparates sensibles dans la déclaration lue par le roi, 219. — Décret du tiers touchant l'inviolabilité des députés, 222. — Necker offre sa démission, 223. — Il est acclamé par le peuple, *ibid.*, et par l'Assemblée, 224. — Union des communes, 225. — Division des deux autres ordres, *ibid.* — Réunion plénière (27 juin), 226. — Ovation à la famille royale et à Necker, 227. — Symptômes d'agitation et bruits alarmants, 229. — Rassemblements et motions au Palais-Royal, 230. — Délivrance des gardes-françaises enfermés à l'Abbaye, 237. — Adresse du peuple à l'Assemblée, 238.

LIVRE XVI

Imprévoyance de la cour, 244. — Adresse au roi (rédigée par Mirabeau), 246. — Réponse du roi, 252. — Du droit de *veto*, 255. — Renvoi des ministres, 258. — Agitation dans Paris, *ibid.* — Charge du prince de Lambesc, 259. — L'agitation redouble; on court aux armes, 261. — Promesse imprudente de Flesselles, 263. — Formation d'une armée citoyenne et adoption d'une cocarde, *ibid.* — Pillage du magasin d'armes des Invalides, 267.

LIVRE XVII

Attaque et reddition de la Bastille, 270. — Récit d'Élie, l'un des vainqueurs, recueilli par Marmontel, 273. — Massacre de de Launey, de ses principaux officiers et de Flesselles, 277. — Motion du baron de Margueritte à l'Assemblée nationale, 284. — Discours du roi, 286. — Réception, à Paris, de la députation choisie par l'Assemblée, 287. — Discours de La Fayette et de Lally-Tolendal, 288. — Visite du roi à l'Hôtel de ville, 290. — Discours de Lally-Tolendal, 291.

LIVRE XVIII

Discussion de la prérogative royale touchant la nomination des ministres, 296. — Meurtre de Foulon et de Bertier, 298. — Massacres commis en province, 300. — Retour de Necker et arrêté d'amnistie qu'il obtient des électeurs de Paris, 301. — Improbation des districts, 306. — Épuisement des finances, 307. — Abandon des privilèges (4 août), 308. — Journées des 5 et 6 octobre, 309. — Retour du roi et de l'Assemblée à Paris, 310. — Précis des autres événements accomplis jusqu'à la séparation de la Constituante, 311. — Départ et adieux de l'abbé Maury, 312. — Entrée en fonctions de l'Assemblée législative, 314. — Départ de Marmontel et de sa famille pour la Normandie, 316. — Journée du 10 août et ses conséquences, 317. — Lorry, ancien évêque d'Angers, vient chercher un abri auprès de Marmontel, 319. — Sommaire des événements depuis la réunion de la Convention nationale (21 septembre 1792) jusqu'à la mort du Dauphin (20 prairial an III- 8 juin 1795), 319-321.

LIVRE XIX

Commencement de la Terreur, 322. — Maladie et mort de Charpentier, précepteur des enfants de Marmontel, 324. — Dom Honorat, 325. — Retour à Abbeville ; réflexions de l'auteur sur sa situation actuelle, 326. — Gravité croissante des événements publics, *ibid.* — Lois du 10 mars 1793, du 22 prairial an II (10 juin 1794), 328. — Excès commis par Carrier, Collot d'Herbois et Le Bon, 330. — Le 9 thermidor, 331. — Fermeture du club des Jacobins, 332. — Journée du 1er prairial, 333. — Constitution des deux Conseils et du Directoire, 335. — Pouvoirs étendus confiés à celui-ci, 336.

LIVRE XX

Retour de Marmontel sur lui-même, 339. — Nouveaux *Contes-moraux*, 340. — Cours de grammaire, de logique, de métaphysique et de morale, rédigés pour ses enfants, *ibid.* — Rédaction des présents *Mémoires, ibid.* — Aveu de l'auteur à ce sujet, 341. — Assemblée primaire du canton de Gaillon, *ibid.*

INDEX ALPHABÉTIQUE

ABADIE (François-Jérôme d'), ou de L'Abadie, gouverneur de la Bastille. II, 131, 136.
Abloville [ou plus exactement *Habloville*] (Eure). III, 324, 326.
Académie des Jeux floraux. I, 108, 110-113.
Académie française. I, 149, 156; II, 207, 218, 361; III, 48, 55, 77.
Académie (La petite), société littéraire de Toulouse. I, 132.
Acanthe et Céphise, pastorale, musique de Rameau, paroles de Marmontel. I, 274.
AIGUILLON (Armand de Vignerot, duc d'). II, 342-346.
Aix-la-Chapelle. II, 285, 286, 288, 307, 308.
ALBEMARLE (Guillaume-Anne Keppel, milord). I, 265-268.
ALBOIS (Mme d'), tante de Marmontel. I, 125; II, 160.
Alcibiade, conte, par Marmontel. II, 64.
ALEMBERT (Jean-François Le Rond, dit d'). I, 280; II, 210-213, 215-218, 231-237, 360-363; III, 10, 40.
Amadis, opéra, musique de Lully, paroles de Quinault. II, 117, 122.
AMALVY, camarade de Marmontel. I, 22, 23, 61.
AMBELOT (Chevalier d'). I, 168, 170, 172, 174.
Ami de la maison (L'), opéra, paroles de Marmontel, musique de Grétry. II, 329.
ANGIVILLER (Charles-Claude de Flahaut de La Billarderie, comte d'). I, 28, 30, 31; II, 154; III, 46, 73.
ANGRAN D'ALLERAY (Denis-François). III, 182.

Annette et Lubin, conte, par Marmontel. II, 200.
ANSELY, négociant anglais établi à Bordeaux. II, 164.
ARGENSON (Marc-Pierre de Voyer de Paulmy, comte d'). II, 24-26, 261-264.
ARGENTAL (Charles-Augustin de Ferriol, comte d'). I, 163 ; II, 119.
Aristomène, tragédie de Marmontel. I, 210, 213-217.
ARMAGNAC (Françoise-Adélaïde de Noailles, princesse d'). II, 302.
ARNAUD (D'). Voyez Baculard.
ARTOIS (Charles-Philippe, comte d'). III, 71, 263.
Atys, opéra de Quinault, réduit par Marmontel, musique de Piccini. III, 38.
Aubevoie (Eure). III, 324, 326.
AUMONT (Louis-Marie-Augustin, duc d'). I, 164 ; II, 116, 122-127, 141, 146-154, 337-339.
AURORE, fille naturelle de Maurice de Saxe et de Marie Rinteau, dite Verrière. I, 221 ; II, 21, 22.
Avenay (Marne). I, 186.

B*** (Mlle). V. Broquin.
BACULARD D'ARNAUD (François-Thomas Marie). I, 292, 293.
BALME (Le P. Jean-Pierre), jésuite. I, 33, 34, 35, 52.
BALOT DE SAUVOT. I, 237.
BARBOT (Le président Jean de). II, 167.
BARÈRE (Bertrand). III, 333, 334.
BARNAVE (Antoine-Pierre-Joseph-Marie). III, 299.
BASSOMPIERRE, libraire et imprimeur liégeois. II, 315, 316.
BAUVIN (Jean-Grégoire). I, 147.
BEAUMÉNARD (Mlle). I, 222.
BARTHÉLEMY (L'abbé Jean-Jacques). II, 151, 155 ; III, 51.
BEAUMONT (Christophe de), archevêque de Paris. II, 277-281.
Beauregard, maison de campagne de l'évêché de Clermont. I, 62.
BEAUVAU (Charles-Juste, maréchal, prince de). II, 367.

Beauvau (Marie-Charlotte de Rohan-Chabot, princesse de), femme du précédent. II, 368, 369.
Beauzée (Nicolas). II, 363; III, 48.
Belle (La) et la Bête, conte, par Marmontel. V. Zémire et Azor.
Bélisaire, par Marmontel. II, 269.
Belle-Isle (Charles-Louis Auguste Fouquet, maréchal, duc de). II, 65.
Bergère des Alpes (La), conte, par Marmontel. II, 115.
Bernard (Pierre-Joseph), dit Gentil-Bernard. II, 106, 111.
Bernis (François-Joachim de Pierres, abbé, puis cardinal de). I, 257; II, 42-52.
Bertier de Sauvigny (Louis-Bénigne-François). III, 298, 299.
Besenval (Pierre-Victor, baron de). III, 259, 267.
Billaud-Varenne (Jacques-Nicolas). III, 333-334.
Biron (Duc de). I, 268.
Bissy (Claude de Thiard, comte de). II, 362.
Blois (Mme de). II, 15.
Blondel de Gagny (Barthelémy-Augustin). II, 117.
Boismont (L'abbé Nicolas Thyrel de). III, 51.
Boissy (Louis de). II, 58-64.
Bordeaux. II, 163, 168.
Bort (Corrèze). I, 2.
Boubée, avocat à Toulouse. I, 167.
Boucher (François). II, 103.
Boucle (La) de cheveux enlevée, poème de Pope, traduit par Marmontel. I, 139, 144.
Bourboulon (De). III, 104, 108-111, 114, 115.
Bourdaloue (Sermons du P. Louis). I, 75.
Bouret (Michel-Étienne). II, 11, 13, 205, 365.
Bouret de Villaumont (Mme), née Gaulard. II, 223, 224.
Bourges (Archevêque de). V. La Rochefoucauld.
Bournon (M. Fernand), cité. II, 131.
Bourzes (Le P. Jean), jésuite. I, 16, 17.
Bouvart (Michel-Philippe). II, 154, 234, 342; III, 41, 47, 52.

Brancas (Buffile-Hyacinthe-Toussaint de), comte de Céreste. I, 199.
Brancas-Céreste (Louis, marquis de). I, 199.
Bréquigny (Louis-Georges Oudart Feudrix de). II, 363; III, 51.
Breteuil (Louis-Auguste Le Tonnelier, baron de). III, 128, 129, 150.
Brienne. V. Loménie.
Brionne (Louise-Charlotte de Grammont, comtesse de). II, 106.
Broglie (Charles de), évêque, comte de Noyon. II, 289-295.
Broglie (Charles-François, comte de). II, 360.
Broglie (Victor-François, maréchal, duc de). III, 278.
Broquin (Mlle). I, 44, 46, 48, 63, 64, 126, 210.
Brunswick-Wolfenbuttel (Karl-Wilhelm, duc de). II, 271-272, 307-308; III, 72.
Brunswick-Wolfenbuttel (Princesse Auguste de Hanovre, duchesse de), femme du précédent. II, 307-309.
Buffon (Georges-Louis Leclerc, comte de). II, 240-241.
Bury, domestique de Marmontel. II, 131-135, 162.
Bussy, commis des affaires étrangères. II, 49.

Caillot (Joseph). II, 330-331.
Calonne (Charles-Alexandre de). III, 77, 118-125.
Calvet (Séminaire de). I, 123.
Cammas, peintre toulousain. I, 169.
Campardon (M. Émile), cité. I, 231.
Caraccioli (Dominique, marquis de). II, 98; III, 11, 18, 39.
Carbury de Céphalonie (Marin). III, 51.
Caron, lieutenant des invalides de la Bastille. III, 277.
Carrier (J.-B.). III, 330.
Castries (Charles-Eugène-Gabriel de La Croix, marquis de). I, 268; II, 360.
Catherine II, impératrice de Russie. II, 284, 296.
Caylus (Ch.-Ph. de Tubières de Pestels de Levi, comte de). II, 104.
Celésia (Pierre-Paul). III, 50.

CHABRILLANT (N... Desfourniels, comtesse de). I, 155.
CHALUT DE VÉRIN (Geoffroy), I, 271 ; II, 17.
— (Élisabeth de Varanchan, dame). I, 271 ; II, 17-22, 204-205.
CHAMFORT (Sébastien-Roch-Nicolas). III, 185, 192.
CHAMPION DE CICÉ (Jérôme-Marie), archevêque de Bordeaux. III, 217.
CHANTILLY (La). V. Favart (Mme).
CHARPENTIER, précepteur des enfants de Marmontel. III, 81, 317, 324.
CHASTELLUX (François-Jean, chevalier, puis marquis de). II, 91, 229; III, 10.
CHAUVELIN (Henri-Philippe, abbé de). I, 164.
— (Jacques-Bernard de). I, 282.
CHEMINAIS (*Sermons* du P. Timoléon). I, 75.
Chennevières-lès-Louvres (Seine-et-Oise). II, 114.
CHÉRON (Mlle Beltz, dame), nièce de Morellet. III, 72.
CHEVRIER (L'abbé), censeur. II, 275.
CHOISEUL (César-Gabriel, comte de), duc de Praslin. I, 164; II, 207-209, 218-221.
CHOISEUL (Étienne-François, comte de Stainville, puis duc de). II, 122-127, 143-156, 333-334.
CHOISEUL-BEAUPRÉ (François-Martial, comte de). I, 25.
— (Charlotte-Rosalie de Romanet, comtese de). II, 25-26.
CIDEVILLE (Pierre-Robert Lecornier de). I, 188.
CLAIRON (Claire-Joseph Lerys, dite). I, 159, 206-211, 219; II, 32-35, 184-185, 335-336, 341-342, 354-355.
CLAIRVAL (J.-B. Guinard, dit). II, 330, 347-350.
CLÉMENT (Mme). I, 58.
Cléopâtre, tragédie de Marmontel. I, 226, 247.
Clermont-Ferrand. I, 49, 86-89.
CLUGNY DE MUY (Jean-Etienne-Bernard de). III, 96, 100.
COCHIN (Charles-Nicolas). II, 76, 287.
COETLOSQUET (Jean-Gilles du), évêque de Limoges. I, 8, 72, 76.
COGÉ (L'abbé François-Marie). II, 283.

COLARDEAU (Ch.-Pierre). II, 73.
COLBERT DE SEIGNELAY DE CASTLEHILL, évêque de Rodez. III, 217.
COLIN, homme d'affaires de Mme de Pompadour. II, 155.
COLLÉ (Charles). II, 110.
COLLOT D'HERBOIS (Jean-Marie). III, 331, 333, 334.
Connaisseur (Le), livret d'opéra-comique écrit puis détruit par Marmontel. II, 330.
CONTADES (Louis-Georges-Érasme, marquis de), maréchal de France, II, 265, 360.
CONTADES (Marquis de), fils du précédent. II, 265.
CONTI (Louis-François, prince de). III, 95.
COSTE DE PUJOLAS (Louis). II, 129.
Couvicourt (Eure). III, 324.
CRAMER (Gabriel). II, 190.
CRÉBILLON (Prosper Jolyot de). I, 286-288.
— (Claude-Prosper Jolyot de), fils du précédent. II, 110.
CREUTZ (Charles-Philippe, comte de). II, 99, 326-328; III, 11, 18, 39.
Croix-Fontaine (Château de Bouret à). II, 201, 205.
CROMOT DU BOURG (Jules-David). II, 10, 13.
CRUSSOL (Le bailli de). III, 72.
CURTIUS (Kreutz, dit). III, 259.

DANCOURT (Mlle). — V. La Popelinière (Mme de).
DARIMATH (La). — V. Durancy.
DAUPHIN (Le). — V. Louis de France.
DAUPHINE (La). — V. Marie-Josèphe de Saxe.
DEBON (L'abbé). I, 180, 195.
DECEBIÉ (Le P. Ignace), jésuite. I, 26.
DELATOUR (Louis-François). III, 21.
DELEYRE (Alexandre). II, 67.
DELILLE (L'abbé Jacques). II, 197, 362.
DENIS (Marie Mignot, dame), nièce de Voltaire. I, 181, 188, 195-197, 291-292; II, 183, 195.
Denys le Tyran, tragédie de Marmontel. I, 146, 176; 207.
DESFOURNIELS (Mme). I, 155.

Destouches (Mme Lobreau-), directrice du théâtre de Lyon. II, 196.
Desèze (Raymond). III, 75, 320.
Diderot (Denis). I, 253 ; II, 188-189, 243-255, 270.
Didon, opéra, paroles de Marmontel, musique de Piccini. III, 41-45, 48.
Dorlif. II, 65.
Dormeur éveillé (Le), opéra-comique, paroles de Marmontel, musique de Piccini. III, 54.
Du Bocage (Marie-Anne Le Page, dame Fiquet). II, 225.
Dubois, premier commis au ministère de la guerre. II, 10, 25.
Du Chatelet (Émilie Le Tonnelier de Breteuil, marquise). I, 281.
Du Chatelet (Duc), colonel des gardes-françaises. III, 287.
Duclos (Charles Pinot-). II, 257 ; I, 198, 213, 214-218, 342.
Du Deffand (Marie-Anne de Vichy-Chamrond, dame). I, 253 ; II, 231-234.
Duménil (Marie-Françoise Marchand, dite). I, 251-252.
Dupin de Francueil (Claude-Louis de). I, 221.
Dupont (de Nemours). III, 99.
Duport (Adrien). III, 176.
Du Puget (Henri-Gabriel). I, 133, 139.
Durancy (François Fieuzal, dit). I, 219.
Durancy (Françoise-Marine Dessuslefour, dite Darimath, dame). I, 219.
Durancy (Madeleine-Céleste Fieuzal, dite), fille des précédents. II, 146.
Durand (M.), ami de Mme Harenc et de Marmontel. II, 131, 137, 140-141.
Durant, camarade de Marmontel. I, 6.
Duras (Emmanuel-Félicité de Durfort, duc de). I, 212 ; II, 154, 214-215 ; III, 41-43.
Duras (Louise-Henriette-Philippine, marquise, puis duchesse de). II, 107.
Durif, camarade de Marmontel. I, 28.
Duruey (Joseph), ancien receveur général. III, 328.
Du Tillet (Guillaume-Louis), évêque d'Orange. III, 226.

Edgeworth de Firmont (L'abbé). III, 321, 325.
Egmont (Jeanne-Sophie-Louise-Armande-Septimanie de Richelieu, comtesse d'). II, 107.
Egyptus, tragédie, par Marmontel. I, 261.
Élie, vainqueur de la Bastille. III, 273-276.
Élisabeth (Madame). III, 321.
Encyclopédie (Supplément à l'). II, 364.
Épître aux poètes, par Marmontel. II, 186, 197, 199.
Éprémenil (Jean-Jacques Duval d'). III, 141.
Esquille (Collège de l'), à Toulouse. I, 114.
Estrades (Élisabeth-Charlotte Huguet de Sémonville, comtesse d'). II, 24-27.

Fausse Magie (*La*), opéra-comique, paroles de Marmontel, musique de Grétry. II, 353.
Favart (Marie-Justine-Benoîte Cabaret-Duronceray, dame). I, 222.
Favier (Jean). I, 170.
Filleul (Marie-Catherine-Irène du Buisson de Longpré, dame). II, 11, 285-288, 310-314, 319-321.
Flavacourt (Fr.-Marie de Fouilleuse, marquis de). I, 224.
Flamarens (Mme de). III, 112.
Flammermont (M. Jules), cité. III, 185 n.
Flesselles (Jacques de). III, 279-281.
Fleurieu (Jacques-Annibal et Marc-Antoine-Louis Claret de). II, 195.
Fleury (Le bailli de). I, 208, 210.
Fleury (André-Hercule, cardinal de). I, 228-229.
Fontenelle (Bernard Le Bovier de). I, 232.
Forest (L'abbé). I, 180, 194.
Foulon (Joseph-François). III, 298.
Fourqueux (Bouvard de). III, 125, 127.
Francastel (Marie-Pierre-Adrien). III, 330.
Frédéric II, roi de Prusse. I, 291-293; II, 273.
Fréteau de Saint-Just (Emmanuel-Marie). III, 144.
Friesen (Henri-Auguste, comte de). I, 254.

Gagny. — V. Blondel de Gagny.

Gaillard (Gabriel-Henri). III, 58.
Galiani (L'abbé Ferdinand). II, 97, 243.
Gallet, épicier et convive du Caveau. II, 79.
Garches (Seine-et-Oise). II, 117.
Garges. — V. Garches.
Garville, ami de Mlle Clairon. II, 342.
Gatti (Angelo). II, 270.
Gaucher (Mlle Louise, dite Lolotte, plus tard comtesse d'Hérouville). I, 265-270.
Gaulard (Catherine-Suzanne Josset, dame). II, 161, 206, 272, 321-323.
Gaulard, fils de la précédente. II, 161-169, 182-185.
Gaussin (Jeanne-Catherine Gaussem, dite). I, 158-162.
Genson, vétérinaire. II, 55.
Geoffrin (Marie-Thérèse Rodet, dame). I, 234; II, 82-88, 141-143, 222, 229, 266, 268, 321, 332.
Germani. — V. Necker (Louis).
Gevigland (Noël-Marie de). II, 268.
Gilbert de Voisin (Pierre), ancien président à mortier au Parlement de Paris. III, 328.
Gilly, directeur de la compagnie des Indes. I, 153.
Gisors (Comte de). II, 65.
Gloire (La) de Louis XIV, perpétuée dans le roi son successeur, poème par Marmontel. I, 149.
Godard (Jacques). III, 51.
Goutelongue, promoteur de l'archevêché de Toulouse. I, 118-123.
Grandval (François-Charles Racot de). I, 167.
Grétry (André-Ernest-Modeste). II, 327-331, 347, 350.
Grimm (Frédéric-Melchior). I, 253.
Guiffrey (M. Jules), cité. I, 237 n.
Guirlande (La), ou les Fleurs enchantées, ballet, musique de Rameau, paroles de Marmontel. I, 274.
Gustave III, roi de Suède. II, 339-340; III, 315.

Harenc (Mme). I, 154, 156, 175, 178, 181, 187.
Harenc de Presle. I, 154, 178.
Helvétius (Claude-Adrien). I, 232, 234; II, 92.

HÉNAULT (Charles-Jean-François). II, 225-228.
Henriade (La), de Voltaire, préface par Marmontel. I, 152.
Héraclides (Les), tragédie, par Marmontel. I, 248, 251, 252.
HÉROUVILLE (Antoine de Ricouard, comte d'). I, 268-270.
HÉROUVILLE (Mme d'). — V. Gaucher.
HERTZBERG (Comte de). II, 47.
HOLBACH (Paul-Henri Thiry, baron d'). I, 253; II, 243.
HONORAT (Dom). III, 328.
HOUDETOT (Élisabeth-Sophie-Françoise de La Live, comtesse d'). II, 249-253; III, 12.
HUBER (Jean). II, 188.
HUME (David). II, 256-259.
Huron (Le), opéra-comique, paroles de Marmontel, musique de Grétry. II, 328.

Incas (Les), par Marmontel. II, 289.
Irène, tragédie, par Voltaire. III, 29.

JAUCOURT (Louis, chevalier de). II, 364.
JÉLYOTTE (Pierre). I, 276, 279.
JOLY DE FLEURY (Jean-François). III, 116, 117.
JUIGNÉ (Ant.-Éléonore-Léon Leclerc de), archevêque de Paris. III, 226.
JULLIEN (M. Ad.), cité. I, 221 n.

KAUNITZ (Wenceslas-Antoine, comte de Rietberg, prince de). I, 263, 264.

LA BORDE (J.-B. Benjamin de). III, 38, 48-50, 328.
LABORIE (Antoine-Athanase Roux de). III, 79.
LA BRICHE (Adélaïde-Edmée Prévost, dame de La Live de). III, 38, 48.
LA BRUÈRE (Charles-Antoine Le Clerc de). II, 58.
LACOME (Mlle). I, 155.
LA FAYETTE (M.-J.-P. Roch-Yves-Gilbert Motier, marquis de). III, 194, 288, 310.

La Ferté (Denis-Pierre-Jean Papillon de). II, 118, 119, 337, 338.
La Garde (Philippe Bridard de). II, 155.
La Harpe (Jean-François de). III, 57-59.
Lally-Tolendal (Trophime-Gérard, comte de). III, 257, 289, 291-294, 296, 299, 305.
Lambesc (Charles-Eugène de Lorraine-d'Elbeuf, prince de). III, 259.
Lamoignon (Chrétien-François II de). III, 78-80, 83, 125, 128, 136-138, 141, 153-154.
Languedoc (Canal du). II, 169.
Lantage (M. de). I, 155.
Lany. I, 185, 243.
La Popelinière (Alexandre-Jean-Joseph Le Riche de). I, 218, 227-240 ; II, 173, 175.
La Popelinière (Thérèse des Hayes, dame Le Riche de). I, 227, 243.
La Roche-Aymon (Charles-Antoine de), archevêque de Toulouse. I, 123.
La Rochefoucauld de Roye (Frédéric-Jérôme de), archevêque de Bourges. I, 77.
La Ruette (J.-L.). II, 350.
La Ruette (Mme). II, 330, 350-352.
La Sablière (M. de). II, 173.
La Rue (*Sermons* du P. de). I, 75.
La Tour (Maurice-Quentin de). II, 103.
La Tour (Château de), appartenant à Mme de Séran. II, 356.
Latour. — V. Delatour.
Lattaignant (Gabriel-Charles, abbé de). I, 194.
Launey (Bernard-René Jourdan de), gouverneur de la Bastille. III, 271, 277.
La Ville (L'abbé Jean-Ignace de). II, 9.
Lavirotte (Louis-Anne de). I, 180.
Le Bon (Joseph). III, 330, 331.
L'Écluze, dentiste et acteur de l'Opéra-Comique. II, 182-184.
Le Fèvre (L'abbé), docteur de Sorbonne. II, 278, 280.

Mémoires de Marmontel. III.

LE FRANC DE POMPIGNAN (Jean-Jacques, marquis). II, 165-168.
LE FRANC DE POMPIGNAN (Jean-Georges), évêque du Puy et archevêque de Vienne. III, 217.
LE GRAND DE SAINT-RENÉ. III, 265.
LE KAIN (Henri-Louis Cain, dit). II, 116.
LEMIERRE (Antoine-Martin). II, 74.
LEMOYNE (Jean-Baptiste). II, 163.
LE NOIR (Jean-Charles-Pierre). III, 95.
LÉOPOLD II, empereur d'Autriche. III, 315.
LE ROY (Julien-David). II, 76.
LESPINASSE (Julie-Jeanne-Éléonore Lespinasse, dite de). I, 253; II, 94, 229, 237.
LESSART. — V. Valdec.
Limoges (Évêque de). — V. Coëtlosquet.
LINARS (Claude-Anne, comte de). I, 79, 80.
LINARS (Annet-Charles, marquis de). I, 72, 81.
LINGUET (Simon-Nicolas-Henri). II, 343-345.
LOLOTTE. — V. Gaucher.
LOMÉNIE DE BRIENNE (Étienne-Charles), archevêque de Toulouse. II, 341; III, 129, 131-153.
LORRY (Michel-François Couet du Vivier de). III, 319.
L'OSILIÈRE (M. de). I, 156.
LOSME-SALBRAY (De), major de la Bastille. III, 277.
LOUIS XV. II, 214, 300-306.
LOUIS DE FRANCE, dauphin. II, 22, 205, 215.
LOUIS XVI. II, 339; III, 45, 85, 87, 196-200, 215, 216, 221, 227, 245, 252, 286, 310, 317, 318, 320, 321.
LOWENDAL (Ulric-Frédéric Woldemar, comte de), maréchal de France. I, 224, 239.
L. P*** (Mme de). II, 357, 359.
LUBERSAC (J.-B. Joseph de), évêque de Chartres. III, 217.
Lucile, opéra-comique, paroles de Marmontel, musique de Grétry. II, 329.
LUXEMBOURG (Le duc de). III, 215.

MAÇON DE LA BALUE (J.-B.), négociant. III, 328.

Maillebois (Yves-Marie Desmarets, comte de). II, 359.
Mairan (J.-J. Dortous de). I, 232, 233; II, 89, 215.
Malesherbes (Chrétien-Guillaume de Lamoignon de). III, 320, 328.
Maleseigne (M. de). II, 12, 13.
Malfilatre (Jacques-Ch.-L. Clinchamp de). II, 73.
Malmaison (La), propriété de Mme Harenc. II, 201, 202.
Maloet (Dr P.-L.-M.). I, 269.
Malosse (Le P. Jacques-Antoine), jésuite. I, 12, 33, 113.
Malouin (Paul-Jacques). II, 54.
Maniban (Jean-Gaspard de), président au parlement de Toulouse. I, 137.
Manuel (Pierre). III, 318.
Marbeuf (Yves-Alexandre de), évêque d'Autun. II, 290, 295.
Marchais (Élisabeth-Josèphe de Laborde, baronne de), plus tard comtesse d'Angiviller. II, 22, 27.
Margueritte (J.-A. Teissier, baron de). III, 284.
Marie-Antoinette. II, 370; III, 309, 318, 321.
Marie-Josèphe de Saxe, dauphine de France. II, 18.
Marigny (Abel-François Poisson, marquis de). I, 262; II, 1-5, 286, 310-314, 324-326.
Marigny (Marie-Françoise-Julie-Constance Filleul, marquise de), femme du précédent. II, 287, 309-314, 324-326.
Marivaux (Pierre Carlet Chamblain de). I, 232-233; II, 90, 210, 222-224.
Marmontel (Mme), femme de l'auteur. — V. Montigny (Mlle Leyrin de).
Massillon (*Sermons* de Jean-Baptiste). I, 62, 75.
Masson (M. Frédéric), cité. II, 43-45 n.
Maurepas (Jean-Frédéric Phélypeaux, comte de). III, 87-117.
Maurepas (Mme de). III, 105.
Mauriac (Collège de). I, 11, 23.
Maury (Jean-Siffrein, abbé). III, 4, 51, 56-61, 193, 311-314.
Maury (L'abbé), curé de Saint-Brice, frère du précédent. III, 20.

Ménars (Château de). II, 324, 326.
MERCY-ARGENTEAU (Florimond-Claude, comte de). I, 265.
MIRABEAU (Louis-Antoine Riquetti, chevalier de). I, 200-204.
— . (Victor Riquetti, marquis de), dit l'*Ami des hommes*. I, 204.
MIRABEAU (Gabriel-Honoré Riquetti, marquis de). III, 184, 224, 244-251, 254, 285.
MIRAY, aide-major de la Bastille. III, 277.
MIROMÉNIL (Armand-Thomas Hue de). III, 124-125.
MONCLAR (J.-P.-Fr. de Ripert de). II, 181.
MONCRIF (François-Augustin Paradis de). II, 39.
MONET (Jean). I, 183.
Monsieur. — V. Provence (Comte de).
Montauban (Académie des belles-lettres, ou Société littéraire de). I, 134.
MONTESQUIEU (Charles de Secondat, baron de). I, 232.
MONTGAILLARD (Marquis de). I, 173.
MONTICOURT. II, 111.
MONTIGNY (Mme Leyrin de), sœur de Morellet, et belle-mère de Marmontel. II, 378; III, 3.
MONTIGNY (Mlle Marie-Adélaïde Leyrin de), fille de la précédente et femme de Marmontel. II, 378; III, 3-10, 18-24, 36, 45-47, 52-53, 72, 316, 324, 327, 340.
MONTMORIN SAINT-HEREM (Armand-Marc de), III, 125-129, 195.
MONTULLÉ (Jean-Baptiste-François de). II, 203.
— (Mme de). II, 204.
MORA (Pignatelli, marquis de). II, 235-236.
MORELLET (L'abbé André). II, 87, 91, 229, 377; III. 6, 9-10, 67-68.
MORIN, répétiteur au collège de Toulouse. I, 104, 105, 106, 107.

NARBONNE-LARA (Comte Louis de). III, 194.
NAVARRE (Marie-Gabrielle Hévin de). I, 183-204.
NECKER (Jacques). III, 13, 34-36, 96-116, 121-124, 151-174, 195, 200-205, 214, 218-219, 223-225, 227, 258-259, 301-305, 307.

NECKER (Sophie Curchod de Nasse, dame), femme du précédent. III, 13-18.
NECKER (Louis), dit DE GERMANI, frère et beau-frère des précédents. III, 35.
NICOLAI (Famille de). III, 328.
NOLHAC (Le P.), jésuite. I, 89-94, 100, 101.

Observateur littéraire (L'), journal fondé par Marmontel et Bauvin. I, 149.
ODDE, camarade, et plus tard beau-frère de Marmontel. I, 125; II, 13, 260, 356; III, 1.
ODDE (Mme), sœur de Marmontel et femme du précédent. II, 14, 260; III, 1.
Ode à la louange de Voltaire, par Marmontel. II, 354.
OLIVET (L'abbé Joseph Thoulier d'). II, 199, 211-213.
ORLÉANS (Louis-Philippe-Joseph, duc d'), plus tard *Philippe-Égalité.* III, 144, 259.
Ormes (Château des), propriété de la famille d'Argenson. II, 261.
ORMESSON (Henri-François Lefèvre d'). III, 77, 117.
ORRY (Philibert), marquis de Fulvy. I, 131, 141-142.

PAAR (Comte de). I, 263.
PANARD (Charles-François). II, 79.
PANCKOUCKE (Charles-Joseph). II, 365.
PARRENIN (Le P. Dominique). II, 89.
PATTULO, Irlandais. II, 23.
PAULMY (Marc-Antoine-René de), marquis d'Argenson. II, 212, 362.
PELLETIER, fermier général. II, 110, 113.
Pénélope, opéra, paroles de Marmontel, musique de Piccini. III, 53-54.
PERSON, lieutenant des invalides de la Bastille. III, 277.
PÉTION (Jérôme). III, 316, 318.
PICCINI (Nicolo). II, 370; III, 11, 41-45, 48, 53-54.
POMPADOUR (Jeanne-Antoinette Poisson, dame Lenormant d'Etioles, marquise de). I, 257-260; II, 1, 5, 15-17, 23, 39-41, 144, 151-155, 210, 214-215.

PORTAIL (Jacques-André). II, 102.
PROVENCE (Louis-Xavier, comte de). III, 161, 163-164.
POULTIER DE NAINVILLE (Pierre), intendant de Lyon. II, 121.
PRADES (Jean-Martin, abbé de). I, 180.
PRASLIN. — V. Choiseul.
Pucelle (*La*), poème par Voltaire. II, 186, 195.
PUJALOU, étudiant du collège Sainte-Catherine à Toulouse. I, 119-121.
PUVIGNÉ (Mlle). I, 243.

QUESNAY (François). II, 22-27, 39.

RADONVILLIERS (L'abbé Claude-François Lizarde de). II, II, 211, 212, 215.
RAMEAU (Jean-Philippe). I, 230, 274-275.
RAYNAL (L'abbé Guillaume-Thomas). I, 188; II, 225-228.
REGEWSKI (M.-M.). II, 34.
REYNAL (Jean). I, 114.
RIBALLIER (L'abbé Ambroise). II, 278.
RIBOU. I, 145, 163.
RICHELIEU (Louis-François-Armand Du Plessis, duc de). I, 237, 242, 360-363; II, 360-363.
RIGAL, avocat. I, 209, 210.
Riom (Collège des Oratoriens de). I, 59.
ROBESPIERRE (Maximilien-Marie-Isidore de). III, 330, 331.
ROBINET (J.-B. René). II, 364.
ROHAN (Louis, prince et cardinal de). II, 107.
— (Marie-Sophie de Courcillon de Dangeau, duchesse de Pecquigny, puis de). II, 45.
Roland, opéra, paroles de Marmontel, musique de Piccini. II, 375; III, 11.
ROMME (Gilbert). III, 331.
ROQUELAURE (Jean-Armand de Bossuejouls, comte de), évêque de Senlis. II, 362.
ROSELLY (Raisouche-Montet, dit). I, 145, 216-217.
ROSETTI (Mlle), maîtresse de Papillon de La Ferté. II, 118.
ROUSSEAU (Jean-Jacques). I, 253-256; II, 188-190, 240-242, 246-259; III, 23-32.

Roussille (L'abbé), de l'Académie d'Angers. II, 265-266.
Roux (Augustin). II, 243.
Rupin (M. Ernest), cité. I, 2, 44 n.

S*** [Sau...?] (Mlle). II, 139, 140.
Sabatier de Cabres (L'abbé). III, 144.
Saint-Amand, receveur général du tabac à Toulouse. II, 169.
Saint-Bonet (Corrèze). I, 69, 70.
Saint-Brice (Seine-et-Oise). III, 20, 34-35.
Saint-Ferréol (Bassin de). II, 170.
Saint-Florentin (Louis Phélypeaux, comte de), duc de La Vrillière. II, 127, 144, 199, 274.
Saint-Germain (Eure). III, 317, 319.
Saint-Hilaire (Mlle), maîtresse de Blondel de Gagny. II, 117.
Saint-Huberty (Anne-Antoinette Clavel, dite). III, 44, 54.
Saint-Lambert (Charles-François de). I, 281 ; II, 92, 229, 250-252 ; III, 10, 12.
Saint-Simon (*Mémoires* du duc de). II, 363.
Sainte-Assise (Château de), appartenant à M. de Montullé. II, 201-202.
Sainte-Barbe (Collège). III, 81-82.
Sainte-Catherine (Collège), à Toulouse. I, 107.
Saldern (M. de), ministre de Russie. II, 296.
Sartine (Antoine-Raymond-Jean-Gualbert, comte de). II, 127-130, 140 ; III, 105-108.
Saurin (Bernard-Joseph). II, 211.
Saxe (Hermann-Maurice, comte de), maréchal de France. I, 220-227, 236, 239.
Scrupule (Le), conte, par Marmontel. II, 64.
Seckendorf (comte de). I, 265.
Séguier (Antoine-Louis). II, 212, 361-362.
— (Jean-François). II, 176.
Séran (Adélaïde de Bullioud, comtesse de). II, 285, 297-306, 309, 311, 332-335, 356, 366.
Serilly (Ant. Megret de), ancien trésorier général de la guerre. III, 328.
Soliman II, conte, par Marmontel. II, 64.

SOMBREUIL (Charles-François Vérot, marquis de). III, 264, 267.
SOUFFLOT (Jacques-Germain). II, 103.
SOURDIS (René-Louis d'Escoubleau, marquis de). I, 224.
STAEL-HOLSTEIN (Anne-Louise-Germaine Necker, baronne de). III, 17.
STARHEMBERG (Georges-Adam, comte de). I, 265.
STUART (Mlle). II, 308-309.
SUARD (J.-B. Antoine). II, 67, 129, 362 ; III, 48.
Sybarites (Les), ou Sybaris (troisième acte des *Surprises de l'Amour*), paroles de Marmontel, musique de Rameau. I, 274.
Sylvain, opéra-comique, paroles de Marmontel, musique de Grétry. II, 329-331.

TABOUREAU DES RÉAUX, contrôleur général. III, 96.
Tancrède, tragédie de Voltaire. II, 193.
TARGET (Guy-Joseph). III, 224, 261, 320.
TENCIN (Claudine-Alexandrine Guérin, marquise de). I, 228, 271-273.
TERRAY (L'abbé Joseph-Marie). II, 272 ; III, 91.
Thermes de Julien, à Paris. I, 140.
THIBOUVILLE (Henri de Lambert d'Herbigny, marquis de). I, 164.
THIRIOT (Nicolas-Claude). I, 292, 294.
THOMAS (Antoine-Léonard). II, 77, 197, 218-221 ; III, 10, 61-67.
THOURET (Jacques-Guillaume). III, 307.
Tournay (Château de), ou des *Délices*. II, 191.
TOURY, camarade de Marmontel. I, 25.
TRIBOU (Pierre). I, 276.
TRONCHET (François-Denis). III, 320.
TALLEYRAND-PÉRIGORD (Charles-Maurice de). III, 194, 226.
TALLIEN (Jean-Lambert). III, 318, 331.
TURGOT (Anne-Robert-Jacques). II, 282 ; III, 39, 91-99.

VAISSIÈRE (L'abbé). I, 5.
VALARCHÉ, camarade de Marmontel. I, 32.

Valdec de Lessart (J.-M. Antoine-Claude). I, 155.
Valenciennes (Nord). II, 318-319.
Vanière (Le P. Jacques), jésuite. I, 16.
Van Loo (Charles-André, dit Carle). I, 230; II, 102.
Van Loo (Anne-Antoinette-Charlotte Somis, dame), femme du précédent. I, 230.
Vaucanson (Jacques de). I, 230, 237-239, 247.
Vaudesir (Georges-Nicolas Baudard de). II, 127, 264.
Vaudreuil (Comte de). III, 71.
Vauvenargues (Luc de Clapiers, marquis de). I, 146-148.
Venceslas, tragédie de Rotrou, retouchée par Marmontel. II, 116.
Vermenoux (Anne-Germaine Larrivée, dame Girardot de). III, 37.
Vernet (Joseph). II, 102.
Verhulst (Gabriel-François-Joseph de). II, 316-318.
Verrière (Marie Rinteau, dite). I, 220-225.
Villars (Honoré-Armand, duc de). II, 178-181.
Villaumont. — V. Bouret.
Villeroy (Duchesse de). II, 337.
Voix (La) des pauvres, épître sur l'incendie de l'Hôtel-Dieu, par Marmontel. II, 353.
Voltaire (François-Marie Arouet de). I, 109, 123, 128-131, 140-143, 179, 281-297; II, 36-37, 166-168, 182-195; III, 28-32.

Watelet (Claude-Henri). II, 211-213, 234.

Zémire et Azor, opéra-comique, paroles de Marmontel, musique de Grétry. II, 329, 346.

Imprimé par D. Jouaust

POUR LA

BIBLIOTHÈQUE DES MÉMOIRES

PARIS, 1891

BIBLIOTHÈQUE DES MÉMOIRES
RELATIFS A L'HISTOIRE DE FRANCE

Volumes in-16 imprimés sur le papier vélin du Marais employé pour la *Nouvelle Bibliothèque Classique*.

TIRAGE SPÉCIAL D'AMATEURS à 300 ex. sur pap. de Hollande, 20 sur pap. de Chine et 20 sur pap. Whatman.

La *Bibliothèque des Mémoires relatifs à l'Histoire de France* a pour but non seulement de fournir aux lettrés un instrument de travail, mais encore d'offrir aux gens du monde une lecture instructive et agréable : aussi ne doit-elle comprendre que des œuvres vraiment intéressantes au double point de vue de l'importance historique et du mérite littéraire. Cette collection est donc le complément nécessaire de notre *Nouvelle Bibliothèque Classique*.

Tous les Mémoires que nous publions, et pour l'édition desquels nous nous adressons toujours aux érudits les plus compétents, sont précédés d'une notice, accompagnés des notes les plus indispensables, et suivis d'une table analytique et d'un index alphabétique.

EN VENTE

Mémoires de l'abbé de Choisy pour servir à l'histoire de Louis XIV, publiés par M. de Lescure. 2 vol. . . . 6 fr.

Mémoires d'Agrippa d'Aubigné, publiés par Ludovic Lalanne. 1 vol. . . . . 3 fr.

Mémoires de Louvet de Couvrai, publiés par A. Aulard. 2 volumes . . . . 6 fr.

Mémoires sur la Bastille (Linguet, Dusaulx), publiés par H. Monin. 1 vol. 3 50

Mémoires de Madame de La Fayette, publ. par Eugène Asse. 1 vol. 3 50

Mémoires de la duchesse de Brancas, publiés par Eugène Asse. 1 vol. . . . . 3 fr.

SOUS PRESSE

Mémoires de *Madame du Hausset,* — *de Ségur.*

4693. — Paris, imprimerie D. Jouaust, rue de Lille, 7.

www.ingramcontent.com/pod-product-compliance
Lightning Source LLC
Chambersburg PA
CBHW070447170426
43201CB00010B/1249